The International Student Handbook
学业生存手册

[荷] 哈尤·赖因德斯（Hayo Reinders）
[英] 尼克·穆尔（Nick Moore） 著
[新西兰] 玛丽莲·刘易斯（Marilyn Lewis）

周彧 译

中国传媒大学出版社
·北京·

图书在版编目（CIP）数据

学业生存手册 /（荷）哈尤·赖因德斯（Hayo Reinders），（英）尼克·穆尔（Nick Moore），（新西兰）玛丽莲·刘易斯（Marilyn Lewis）著；周彧译. -- 北京：中国传媒大学出版社，2020.9

书名原文：The International Student Handbook

ISBN 978-7-5657-2715-3

Ⅰ. ①学… Ⅱ. ①哈… ②尼… ③玛… ④周… Ⅲ. ①大学生－学生生活 Ⅳ. ①G645.5

中国版本图书馆 CIP 数据核字（2020）第 107648 号

First published in English under the title The International Student Handbook by Hayo Reinders, Nick Moore and Marilyn Lewis, edition: 1. Copyright © Hayo Reinders, Nick Moore and Marilyn Lewis, 2008 *. This edition has been translated and published under licence from Springer Nature Limited. Springer Nature Limited takes no responsibility and shall not be made liable for the accuracy of the translation.

著作权合同登记号　图字：01-2020-3053 号

学业生存手册
XUEYE SHENGCUN SHOUCE

著　　者	［荷］哈尤·赖因德斯（Hayo Reinders）
	［英］尼克·穆尔（Nick Moore）
	［新西兰］玛丽莲·刘易斯（Marilyn Lewis）
译　　者	周　彧
策划编辑	曾婧娴
责任编辑	曾婧娴
特约编辑	刘冬爽
装帧设计	郝薇薇
责任印制	李志鹏
出版发行	中國待僳大學出版社
社　　址	北京市朝阳区定福庄东街 1 号　　邮编：100024
电　　话	010-65450532　65450528　　传真：010-65779405
网　　址	http://cucp.cuc.edu.cn
经　　销	全国新华书店
印　　刷	北京雁林吉兆印刷有限公司
开　　本	787mm×1092mm　1/16
印　　张	21.25
字　　数	401 千字
版　　次	2020 年 9 月第 1 版
印　　次	2020 年 9 月第 1 次印刷
书　　号	ISBN 978-7-5657-2715-3/G·2715　　定价　118.00 元

版权所有　　翻印必究　　印装错误　　负责调换

Contents

序 / VII

Chapter 1 他们需要帮助

案例一：Chamroeun（尚伦）/ 3
案例二：Hanna（汉娜）/ 3
案例三：Tanako（塔娜科）/ 4
案例四：Laura（劳拉）/ 4
案例五：Phond（芳德）/ 4
案例六：Ken（肯）/ 5
案例七：Fukang（付康）/ 5
案例八：Tanya（塔尼娅）/ 5
案例九：Marco（马尔科）/ 6
案例十：Umut（乌穆特）/ 6

Chapter 2 提高学术英语水平

你需要提高哪些英语技能 / 9
规划你的学习：设定目标 / 15
你属于哪种类型的学习者 / 17
你是策略型学习者吗 / 18
选择正确的学校和课程 / 23
了解你所在大学的语言中心 / 26
建立语言档案 / 28
写语言日志 / 30
轻松学英语 / 31

Chapter 3 词汇

这个单词是什么意思 / 41
词汇的不同类型 / 41
正式与非正式语言 / 44
你的词汇是什么等级 / 45
你都用了哪些词汇 / 46
如何学习新单词 / 49
用抽认卡来学习词汇 / 54
如何充分利用词典 / 56
学习词汇的在线与移动工具 / 61
利用语料库来学习新单词 / 63

Chapter 4 上课

常见的问题 / 71
上课的目的 / 71
各国迥异的上课风格 / 72
为上课做准备 / 73
记笔记 / 75
讲课的组织架构与语言 / 82
在课堂上提问 / 87
做一个更好的听众 / 87
结论 / 90

目 录

Chapter 5　小组学习

为什么要上小班课　/ 93
学生选择是否去上小班课的原因　/ 94
为小班课制订计划　/ 97
如何在小班课上发言　/ 99
寻找发言的机会　/ 102
文化与小班课　/ 106
结论　/ 107

Chapter 6　阅读

看看其他学生的经验　/ 111
大学生为什么要阅读　/ 114
大学生都读什么　/ 115
阅读不同类型的学术文章　/ 116
制订你的大学阅读计划　/ 117
查找阅读材料　/ 119
学会利用图书馆资源　/ 120
在网上和数据库中查找阅读材料　/ 125
成为一个更高效的读者　/ 129
批判性阅读　/ 132
阅读的方法　/ 137
提高你的阅读水平　/ 137
提高你的阅读速度　/ 141
阅读策略　/ 143
记录你的阅读进度　/ 144
在线阅读　/ 148
结论　/ 152

Chapter 7　大学写作

困扰留学生的是什么　/ 157
如何理解论文题目　/ 158
写作类型　/ 160
为你的论文收集信息　/ 161
结论　/ 165

Chapter 8　论文写作过程

从话题到论题　/ 169
写论文的引言　/ 173
根据论题写出每一段的主题句　/ 175
从主题句到段落　/178
论文中的参考引用　/ 179
整合论文　/ 181
把不同的观点联系起来　/ 183
校对　/ 185
同伴反馈　/ 187
标点符号　/ 192
结论　/ 193

目 录

Chapter 9　测试评估

了解你的课程测试　/ 197
测试评估的种类　/ 197
了解测试评估的标准　/ 200
从反馈意见中学习经验　/ 202
考试　/ 207
在时间压力下答题　/ 210
做演讲　/ 216
综合测试　/ 225
结论　/ 227

Chapter 10　与老师沟通交流

为什么要与老师沟通　/ 231
使用电子邮件　/ 231
面对面提出请求　/ 234
电话联系　/ 241
班级代表　/ 242

v

Chapter 11 解决问题

控制焦虑情绪 / 247

求助渠道 / 254

文化冲击 / 255

学术问题 / 260

结交朋友 / 265

财务问题 / 267

寻宝游戏：在新城市寻找最实惠的东西 / 270

小结 / 273

结论　接下来应该做什么 / 275

附录 1　大学词汇表 / 277

附录 2　参考资料 / 283

附录 3　参考答案 / 291

序

亲爱的读者：

出国留学是一件令人激动的事情。对于大多数学生来说，在异国他乡的日子可以说是他们一生中最有收获的一段时光了。但如果你的母语不是英语，那可就很具有挑战性了。你需要理解一种新的语言，阅读大量的资料，还要进行小组讨论，这些对于母语非英语的学生而言都是很不容易的，而且需要花费非常多的时间。本书的宗旨就是帮助你克服这些困难。后面各章节会给你提供一些建议，让你有机会实践必要的技能，充分把握留学的每一分每一秒。书中例子可以让你对之后的内容有一个大致的了解，而后面的一些小任务则用一种有趣的方式来检验你的理解是否到位。

本书的作者都有在国外旅游、留学和工作的经历。第一作者哈尤（Hayo）这样写道：

> 学习语言是我一生中最有价值的经历，它让我真正了解了我去过的国家，也让我最终在国外定居下来。如果当时我也能有一本这样的手册，给我一些建议，也许就会轻松很多了！

尼克（Nick）写道：

> 在意大利上大学就像是一次绝妙的探险，我也因此而成为一名语言教师。这段求学经历丰富多彩，我从中收获了许多。那里的一切都与英国的大学迥然不同，当然，最大的差异还是语言！

玛丽莲（Marilyn）这样写道：

> 我曾经去地球的另一边，学习一门我已经学了很多年的语言。本以为经过了多年的学习，我对这门语言已经比较熟悉了，但是到了那里之后，我不禁怀疑：这么多年的语言学习有用吗？我虽然可以流畅地阅读和写作，但是在口语方面，我仍然费了一番工夫才逐渐适应了当地人的语速。

我们都喜欢从其他人的经历中学习新东西，也希望了解老师对我们的期望，因此本书涵盖了作者们在大约12个国家学习和教书的一些经历。此外，还有很多学生和老师为本书提供了有用的建议。

那么从哪儿开始阅读呢？你可以把整本书通读一遍；也许某些话题对你更重要或者更符合你现在的需求，应该好好利用目录，更有针对性地挑选你感兴趣的章节展开阅读；本书所附的大学词汇表对书中重要的术语作了解释，你也可以利用这个词汇表来查找所需要的信息。如果你还是不能确定从哪儿开始，那就先阅读一下 **Chapter 1** 的内容，其中包含了许多真实的留学案例。利用这些案例，你能找到一些普遍的问题，然后更有针对性地阅读之后的"建议阅读章节"。当然，你还可以阅读每一章的概述部分，了解该章所谈论的主要话题。

我们希望本书能够帮助你愉快地度过留学生活，并获得成功。现在就开始阅读吧，享受学习的过程，说不定有一天你的留学经历也会被编进书中呢！

哈尤·赖因德斯（Hayo Reinders）

尼克·穆尔（Nick Moore）

玛丽莲·刘易斯（Marilyn Lewis）

Chapter 1
他们需要帮助

学习目标

在本章中,你会认识很多新朋友,看看你是否和他们一样也有这些困扰:
- 学校的老师似乎不太关心你的生活
- 不太理解自己的考试分数
- 总是为讨论课感到忧心忡忡
- 因为记笔记而跟不上老师的讲课进度
- 与周围同学很难交流
- 无法适应大量的英文阅读任务

引言

　　我们已经与本章中的同学们合作了很多年。他们的母语都不是英语,而且他们对大学学习都多多少少有些担忧。在人物介绍之后,会有几个问题,可以帮你了解他们现在所面临的困扰。如果你已经有了主意,那就看看本书附录参考答案中的建议吧;如果你也有和他们同样的困扰,不妨按照提示,看看建议阅读章节,说不定会对你有所帮助。

案例一：Chamroeun（尚伦）[①]

Chamroeun（尚伦）是一名本科生，平时大部分的课都是大班课，几乎没有与别人交流的机会。比起大班课他更喜欢上小班课，因为上课人数少，老师能知道每一个同学的名字，会鼓励大家在课上积极发言，提出疑问。如果对课后作业有疑问的话，还可以在下课后去她办公室详细询问。

Chamroeun 几乎每次课后都会去老师的办公室，可以说是常客了。一开始，他只问有关作业的问题，老师也非常乐于帮助他，于是他也渐渐开始和老师聊一些有关自己女朋友的事情。结果他发现，虽然老师能够在学习上给他很多帮助，但是似乎对他的个人问题并不是很感兴趣，甚至建议他去找辅导员。

Chamroeun 对此感到很困惑。因为在他的国家，老师对学生各方面都很关心，所以实在想不明白老师为什么要建议他去找辅导员。他说："我又没疯，她为什么要这么做？"[②]

问题：

（1）Chamroeun 遇到了哪些问题？

（2）你能对老师的这种态度做出解释吗？

案例二：Hanna（汉娜）

Hanna（汉娜）总是在作业发下来的时候感到出乎意料。有的时候分数远远超出预期，但有的时候却恰恰相反。比如说，她上周的作业只得了 B，但是这份作业花费了她整整一周的心血。最令她感到惊讶的是，老师又对其中的某些地方提出了表扬。她完全无法理解老师怎么可能在分数如此低的情况下还对她提出表扬。

Hanna 不知道该怎么告诉她父母。以前在国内读本科时，她总能拿到最高分，而且也正是因为这样的好成绩，她才拿到了出国留学的奖学金。但是在国外的研究生阶段，她却表现得如此糟糕。她感到非常无助，也觉得很丢脸。

问题：

（1）Hanna 遇到了哪些问题？

[①] 本书中出现的人名翻译均为音译。——译者注

[②] "辅导员"一词的原文为 counsellor，意为顾问、辅导员。在英美国家的大学辅导员，一般是负责对学生的心理、生活或是财务等问题提供咨询和帮助的顾问。Chamroeun 的老师建议他去找辅导员，在 Chamroeun 看来似乎是暗示他在心理方面需要帮助，所以让他难以理解。本书对该词的译法为，在表示提供心理辅导的顾问时译作"辅导员"，表示提供财务、学术指导的顾问译作"顾问"。——编者注

（2）谁能够帮助她解决这些问题呢？

案例三：Tanako（塔娜科）

Tanako（塔娜科）是一名很受欢迎的学生，在国外也能毫不费劲地交到朋友。大家总是称赞她英语说得好，常常说"你说的我们都能理解"，而且她也从来不需要别人重复他们所说过的话，一次就能听懂。

但是，说到作业，老师却经常建议她在写作方面寻求别人的帮助。为什么所有的朋友都能很好地理解她，但老师却不这么认为呢？这似乎有点说不通。

问题：

（1）Tanako朋友们的评论与老师的完全不同，这是为什么呢？
（2）你会给她怎样的建议呢？

案例四：Laura（劳拉）

Laura（劳拉）是一个很害羞的女孩。她很害怕上讨论课。更糟糕的是，课上老师经常会点名让同学回答问题，每次上课她都感觉自己很丢脸、很傻。其他同学也许会认为她什么都不懂，但事实并非如此。同学和老师所说的话，大部分她都能够理解，她只是很害怕讲出来而已。

她想，除非是要发作业，否则只要逃掉讨论课就可以了，这样就不会总是丢脸了。

问题：

（1）对于Laura的这种态度，你会如何解释？
（2）你会给她什么样的建议？

案例五：Phond（芳德）

Phond（芳德）出国攻读硕士学位刚刚一年。其实她自己并不想留学，因为这对她以后的职业生涯并没有什么用，但是她的父母却认为有一个国外文凭可以让她在国内找到一个好工作。

在第一次课堂测验中，Phond只得了B-，这让她非常震惊。她立刻去找老师，觉得老师一定会理解她的处境。她对老师说："文凭对我并不重要，但是我父母却把它看得特别重，还花了一大笔钱把我送到这里来读书。您能帮我改改分数吗？"

出乎意料的是，老师很严肃地对她说："不可以，绝对不可以。"另外，老师还认为她刚来到国外学习一门新的课程，能在第一次考试中得到 B- 已经是一个很不错的分数了。

问题：
（1）谁的说法更站不住脚：是老师，还是学生？为什么？
（2）你会建议她怎么做？

案例六：Ken（肯）

Ken（肯）无法把课堂上老师所讲的内容都记下来，为此他很困扰。不论他笔记写得有多快，都赶不上老师说话的速度。更糟糕的是，当他回过头来重新看笔记时，发现根本就看不懂。他很害怕最后会因为无法理解上课的内容而考试不及格。

问题：
（1）Ken 认为没有记好笔记就会不及格，他的这种想法正确吗？
（2）你会给他什么样的建议来帮助他解决这个问题呢？

案例七：Fukang（付康）

Fukang（付康）还是无法适应国外留学的新生活。在国内，他通常都会和其他人结成小组一起学习，课后也会待在一起，大家还会因某项运动或是共同的爱好加入社团。但是在这里，同学们一下课就各自离开了，与其他人没有什么交流。虽然国外的大学里也有一些社团，但是大家通常都是各自有伴或是一个小圈子的人在一起，别人很难与他们交流。所以 Fukang 觉得非常孤独，对学习也越来越难提起兴趣。

问题：
（1）Fukang 怎样才能融入大家而避免被孤立起来呢？

案例八：Tanya（塔尼娅）

Tanya（塔尼娅）非常喜欢留学的新生活，但有一件事除外，那就是公共演讲。只要老师一说下周要在全班同学面前做演讲，她就开始觉得很不舒服，又是头疼，又是口干,甚至感觉自己生病了。主要原因是她的口语表达能力远不如她对别人讲话的理解能力。更重要的是,即使是用她的母语来演讲,她也不喜欢。所以她想问问老师,看能不能不做公共演讲,也许这是个不错的想法。

问题:

(1)你觉得 Tanya 的这种解决方式怎么样?

(2)如果你是她的朋友,你会建议她怎么做?

案例九:Marco(马尔科)

Marco(马尔科)的问题主要是在阅读课本的时间上。虽然他都能看懂,但是阅读速度很慢,弄得常常熬夜,以至于第二天早晨还会起不来床上第一堂课。

一天,他问他的一个朋友:"为什么老师不能把课本摘要都发给我们?在我们国家老师就是这么做的。"

问题:

(1)为什么老师不把课本摘要发给学生?

(2)如果你是他的朋友,你会给他什么样的建议来帮助这位熬夜看书的同学呢?

案例十:Umut(乌穆特)

Umut(乌穆特)发现了一篇非常好的文章,对她做作业很有帮助,于是她在论文中大篇幅地使用了这篇文章的内容。但是现在她却收到了老师发来的一封邮件,而且看上去很紧急。信件里多次出现了"serious"(严肃)、"plagiarism"(剽窃)和"explanation"(解释)这几个字眼。虽然她不懂"plagiarism"这个词是什么意思,但她觉得肯定是犯了大错误(如果想对 Umut 的情况有更多的了解,请见 Chapter 11)。

问题:

(1)你觉得 Umut 是不是不诚实?

(2)你会如何跟她解释"plagiarism"这个词?

Chapter 2
提高学术英语水平

学习目标

本章可以帮助你：

- 找到对你来说最重要的语言技能
- 了解自己当前的英语水平
- 设定英语学习目标
- 知道自己是什么类型的学习者
- 找到最好的语言学校
- 了解大学里都有哪些语言学习辅助中心
- 建立语言档案
- 写语言日志
- 找到一些可以边学边玩的好方法

引言

要想让留学生活有所收获，最重要的就是要有良好的英语运用能力。经研究发现，我们所得出的结论与很多学生的说法非常一致，即英语不好就拿不了高分，甚至还会不及格。所以尽可能在留学前就花点时间提高自己的英语水平吧，即使是已经到了国外也不能放松。针对这个问题，本章介绍了一些提高英语水平的方法。

你需要提高哪些英语技能

想要提高英语水平，首先要知道自己的弱项在哪里。对需要关注的重点领域了解得越多，你需要花费的时间就越少，也就能更好地知道自己需要努力的方向。

那么怎样才能知道自己需要优先关注的重点领域呢？下面提供了一些方法。

给自己的英语打分

你可以用下面的自我评价问卷给自己的各项英语能力打打分，之后再决定应该从哪里入手。

如果你觉得有必要专门提高一下自己的口语和听力技能，可以利用下面的自我评价表格 I、II 来帮你决定应该从哪里着手提高口语水平。做好记录，看看表格中哪项口语技能最符合你的情况。可以用后面的自我评价记录来给自己的英语水平打分。

你可以咨询一下你的老师。如果你已经毕业了，那就问问你以前的老师。把他们的建议写在下面：

把你（大学时）的成绩，特别是你的英语成绩写在下面：

如果你已经开始读大学了，那就看看老师是如何评价你的写作水平的。有没有特别提到语言方面的问题？找找看有没有出现"unclear"（不清楚）、"messy"（混乱）、"difficult to follow"（很难看懂）、"unstructured"（松散）、"chaotic"（没有条理）和"imprecise"（不准确）这些字眼。把老师的评语写在下面：

做一次模拟测试,比如雅思或者托福。很多图书馆都有这方面的练习册,这样就不必参加正式的考试了,可以省去一大笔考试费用。最后,你会得到一个总分以及若干个单项得分,把它们都写在下面:

总分: 　　　　　　　　　　　写作:
听力: 　　　　　　　　　　　词汇:
口语: 　　　　　　　　　　　其他:
阅读:

给自己的英语打分或者让别人给你打分。

做一个需求分析。

自我评价表格 I

	接受		转换		产出	
	听力	阅读	口语转换	写作转换	口语产出	写作产出
C2	任何类型的口语材料都可以理解，不论是直播节目还是重播节目，即使语速较快也没有问题，只需要有一点时间来适应口音。	几乎所有类型的书面语型的书面语言型，包括抽象的、结构或语言复杂的文章，例如手册、专业文章和文学作品。	可以毫不费力地参与任何对话或讨论，对一些习惯用语和固定搭配非常熟悉。表达流畅，能够准确传递出意义之间的微小差别。如果难点进行回溯有问题发生，也可以对过程非常顺利，其他人几乎不会察觉。	表达清楚、准确，有明确的个人风格，能够灵活有效地将文意传达给读者。	描述或论证清楚流畅，语体恰当，有逻辑，能够引起听者的注意并记住重点。	写作清楚，表达流畅，文体恰当，能够写作较复杂的书信、报告和文章，结构严密，逻辑性强，可以引起任何读者的注意并记住重点。能够为专业作品或文学作品撰写结论和评论。
C1	能够理解较长的讲话，即使结构不够清晰，关系比较隐晦，不够明确的讲话也能把握其主旨。看电视电影也不是很费力。	能够理解较长且较复杂的文章，对事实性和文学性文章之间的差异有所领会。对于比较专业的文章以及较长的技术说明，理解也不成问题，即使文章与本专业领域毫无关系也能正确理解。	表达流畅自如，不必花太多的时间寻找合适的表达上。能够灵活有效地使用语言来达到社交和职业目的。能够准确熟练地形成正确的想法，将自己的想法与他人联系起来。	写作能够突出某些事情或经历对自己的重要性。	对复杂主题的描述详细清晰，能将各个副主题结合起来，提出某些特殊的观点，并得出恰当的结论。	表达清楚，结构有条理，描述充分，能够在论或报告中对复杂的主题进行详尽的阐述。可以撰写不同类型的文章，能够根据不同的读者写出相应的文体。
B2	能够阅读反映现实问题的文章和报告，抓住作者的立场和观点。也可以读懂文学散文。	能够阅读反映现实问题的文章和报告，抓住作者的立场和观点。也可以读懂文学散文。	能够流畅自如地与英语国家的人进行日常交流，在对话主题比较熟悉的情况下，能积极参与讨论，阐明并坚持自己的观点。	写作能够突出某些事情或经历对自己的重要性。	能够对许多自己感兴趣的主题写出详尽清晰的文章。能够完成论文或报告，达到传递信息的目的或是给出支持或反对某一观点的理由。	能围绕许多自己感兴趣的主题写出详尽清晰的文章。能够完成论文或报告，达到传递信息的目的或是给出支持或反对某一观点的理由。

（续表）

	接受		转换		产出	
	听力	阅读	口语转换	写作转换	口语产出	写作产出
B1	对于在工作、学习和娱乐等日常生活中的讲话，能够基本理解其主要观点，但前提是对话题比较熟悉，发音比较清晰标准。也可以听懂看懂许多广播或电视节目的主要内容，不论是专业的、个人的还是相关的，只要语速相对较慢且表达清楚就不成问题。	能够理解与日常生活或工作有关的文章，以及个人信件中对于事件、感情和愿望的描述。	能够应对绝大多数在英语国家遇到的情况。即使是在毫无准备的情况下，只要话题比较熟悉，自己很感兴趣、爱好，又与日常生活（如家庭、工作、旅行和时事）密切相关，就可以轻松地交流。	能够书写个人信件，描述个人的经历和感受。	能够以简单方式连句成章，描述某种经历、事件、自己的梦想、希望和志向。能够简要地给出某种想法和计划的原因并加以解释。可以讲述一个小故事或者描述一本书或电影中的情节以及自己在观看之后的反应。	文章中各成分之间的联系比较直截了当，话题多为自己比较熟悉的或是感兴趣的。
A2	能够理解在与自己有关的个人、家庭、购物、当地地理环境和就业等领域遇到的短语和最常出现的词汇。能够从简短清晰的信息和通知中抓住重点。	能够阅读比较简短的文章，对于日常生活中比较熟悉的材料，比如广告、简介、菜单和时间表，可以从中发现一些比较特别且能够预知的信息。能够理解比较简短的个人信件。	能够进行简单的日常交流，对于自己比较熟悉的主题和活动，可以简单地进行直接交换。即使是由于理解不够充分而造成对话无法进行下去的情况下，也可以处理一些较为简短的交流。	能够撰写简短的信息以及急通知和简单的感谢信。	能够使用一系列简短语句或句子来简单地描述家人及其他人、生活条件、教育背景以及最近的或是一次工作经历。	能够用一系列简单的短语和句子来完成作并加入一些简单的连接词，如把各成分连接起来，如 "and"（和）、"but"（但是）和 "because"（因为）。
A1	在对方讲话比较清楚的情况下，可以听出与自己、家庭及周围环境有关的比较熟悉的词汇和基本短语。	能够理解自己比较熟悉的名字、词汇和比较简短的句子，比如通知、海报或目录。	能对方进行简单的口语转换，但需要对方再慢速地重复或者解释一遍之前所说的内容并帮助自己组织语言。在有紧急需要或是对话题比较熟悉的情况下，能够提出和回答比较简单的问题。	能够书写比较简单的明信片，传达节日的问候，能够填写申请表格中的个人信息，如姓名、国籍和地址。	能够使用比较简单的短语和句子描述自己的居住地和所认识的人。	能够写出比较简单且独立的短语和句子。

自我评价表格 II

	初级	中低级	中级	中高级	高级
理解	在简单的日常对话中，可以理解对方清楚、缓慢地解释其频繁且不厌其烦地重复的话，也可以理解的。	对于慢速清晰的讨论来说，若话题比较熟悉，语言清楚标准，基本可以抓住论题的重点。尽管有些时候要求对方复述某些词和短语，但只要讲话清楚，那么日常的对话交流基本上是可以理解的。	对于长时间的讨论，只要讲话够清楚，发音够标准，可以抓住重点。尽管有些时候会要求对方重复刚刚所说过的话，并且可以不频繁地要求对方复读或解释刚刚所说过的话，基本上是可以理解的。	能够理解讲话的大部分内容，但并不是毫不费力。如果对方是非英语国家的人而并非英语听者英语水平的高低来对其语言进行调整，那么可能会觉得很难有效地参与到讨论中来。只要对方讲话讨论清楚，没有太多的习惯用语，那么理解就不成问题。	针对最为常见的问题及与研究领域几个有关的主题，能够同时与多个人展开讨论，准确抓住某一观点的重点。对于发音标准的对话，即使是比较嘈杂的环境中，也可以理解其详细内容。
对话	可以应对简单短的社交对话。但理解程度仍然不足以使对话按照自己想要的方式自由进行下去。	在日常生活中，可以对比较感兴趣的话题进行简短的交流。	即使没有准备，只要话题比较熟悉，就可以参与到对话交流中去。可以使对话或讨论进行下去，但有时候为了确切地表达自己想要说的内容，反而很难跟上对话或讨论的进度。	能够在非正式的社交场合中自由交流。只要话题具有很强的相关性或者感兴趣于研究的领域，就可以陌生人（如嘉宾）进行对话交流。	针对最为常见的主题，可以积极参与到长时间的对话交流中去。即使是比较复杂的环境中也可以与英语国家的人进行自如交流，不需要受到特殊照顾，就像是两个英语国家的人在交流一样。
沟通	可以进行简单的日常交流，主要是工作和娱乐的话题熟悉，就有限的信息进行简单的交流。可以在商店、邮局、银行等地方进行简单的沟通（如买东西）。	可以就日常生活中一些比较熟悉的话题，如旅行和购物等进行交流，让对方理解自己的意思。	可以处理大多数在旅行、住宿安排、或外事访问中与签证延期机构的交涉（如签证延期）时所遇到的沟通交流。能够找出简单的事实信息并将该信息传递给其他人，必要时可以获得更多的细节性信息。	能够理解、交流、检查、证实和总结简单的事实信息的信息进行交流沟通，也能够处理比较难的非常规情况。尽管有时候可能会因对方语速太快而造成说话同时过长而要求对方重复刚刚所说的内容。	能够正确理解包含很多细节、解释某个问题的信息进行交流沟通，解释某个问题，能够清楚地表明态度，当遇到分歧时，妥协是很必要的。

（续表）

	初级	中低级	中级	中高级	高级
讨论	当对方说话清楚、缓慢且直接时，可以简单地对日常的实际问题展开讨论。	只要能在必要的时候要求对方重复关键信息而且对方说话比较直截了当，就可以将自己所想说到的用语言表达出来。	对比较感兴趣的话题能够展开讨论，可以礼貌地谈及自己的信仰、观点及不同意见。	能够解释问题的原因，对各种可供选择的建议或解决方案进行比较，并对其他人的观点加以评论。	不论是正式的讨论还是非正式的，都能够积极参与进去，能清楚地表达自己的观点。能够解释并坚持自己的看法并提供相关的原因、论证和评论加以证明。
描述	可以描述自己的家庭、生活条件、教育背景或最近的工作经历。	可以描述日常生活中的周围环境及个人背景信息（如人物、地点、工作或学习安排、历）。也可以描述计划安排、个人习惯、日常生活、喜欢的东西和不喜欢的东西，各种活动以及个人的一些经历。	能够详尽地描述自己的经历、真实的或想象的事情，会讲故事，可以描述电影/书籍中的故事情节以及自己的感受和反应。也能够描述自己的梦想、希望和志向。	能够直截了当地描述自己兴趣领域内许多熟悉的主题，对无法预料的事件（如一次事故）也可以描述得很详尽。	能够清楚详尽地描述很多别人感兴趣的问题。

自我评价记录

理解		对话		沟通		讨论		描述	
水平：		水平：		水平：		水平：		水平：	

参加一次机考

如果看完上表你还是不知道自己的英语水平如何,那就试着参加一次在线的测试评估吧,这个测试是专门用来评估你的语法、词汇和听力水平的。而要想知道自己的口语水平,可以看一下本章接下来的内容。你可以通过以下网址进行测试:

https://www.britishcouncil.org/english

规划你的学习:设定目标

既然你已经对自己的英语水平有了一定的了解,那就是时候为自己设定一些具体的目标了。这样做可以帮助你记录自己的学习进度,让你确切地知道还需要付出多少努力才能达到目标。下面是具体的步骤:

(1)写下所有你想要提高的技能(既包括普通英语技能,如"发音"和"听力",也包括学术英语技能,如"课堂发言"和"议论文写作")。

(2)写下自己的当前水平和目标水平。目标水平指的是在某一技能上你认为你需要达到的水平。你不需要在所有技能上都做到最好,最起码肯定不是在第一年。可以采用最容易的10分制打分方法,从1分(差)到10分(优秀)。

普通英语技能	当前水平	目标水平
1.		
2.		
3.		
4.		
学术英语技能		
1.		
2.		
3.		
4.		

下一步就是要找出应该从哪种技能入手，你可以选择你最迫切想要提高的技能。例如，如果你主要是想在网上学习的话，即使你的口语很差，也没关系，不必急于提高。但是，如果你需要从第一周开始就要做大量的阅读，那么阅读就是你需要迫切提高的技能了。

（3）看看每一种技能的迫切程度如何，在下面表格的"迫切程度"一栏中填入适当的数字：1代表不迫切，2代表比较迫切，3代表非常迫切。

迫切程度	水平	总分	排名

（4）下面，看看之前的一个表格，把"目标水平"这一栏的分数单列出来，然后用你的"目标水平"减去你的"当前水平"，把所得的结果写在"水平"这一栏下面。例如，如果你第一种技能的目标水平是8，而当前水平是5，那么你要写下来的数字就是3。

（5）现在用"迫切程度"乘以"水平"，把所得的结果写在"总分"这一栏下。

（6）把你的总分做一个排名。"总分"最高的技能排名第一，第二高的排名第二，以此类推。

第6个步骤中所得的数字可以让你知道哪个技能是你应该优先加强的，之后又是哪些。最后一步就是要设定一些具体的目标，而对于你想要优先提高的技能，列出你所要采取的方法。让我们看看得分最高的四种技能，把它们按照排名顺序写下来，然后写下你觉得每种技能都有哪些困难。

技能	困难	如何提高

有了这些信息，你就可以开始学习了，这样会更加有效率。本章接下来的内容主要介绍了一些如何开始学习的小窍门。

你属于哪种类型的学习者

每个人的学习方法都各有不同。有的人可以在电视还开着的情况下坐在沙发上学习，而有的人就只能在一个绝对安静的环境中坐在书桌前学习。学习语言也是如此，没有哪种方法是正确的或者错误的，但是要知道最适合自己的方法是什么。回答下面的问题，然后把每项得分加起来，你可以在第294页找到答案。

	0 不知道	1 不是这样	2 部分正确	3 完全正确
A. 英语学习中最重要的就是语法规则。				
B. 用词汇表来学习新单词非常有用。				
C. 我需要学会新单词和语法规则。				
D. 有个好老师很重要。				
E. 在阅读时，我会把我不认识的单词都查出来。				
F. 一犯错误，我就想要立刻改正。				
G. 我常常觉得自己在开口说话前没有足够的时间思考。				
H. 学英语时，有一本结构清晰的笔记本很重要。				
I. 抓住每一次讲英语的机会很重要。				
J. 语言是有一定语法规则的，但是由于英语国家的人通常也不知道这些规则，所以我并不需要把它们都学会。				
K. 听广播和看电视是学习英语很好的方法。				
L. 学习英语最好的方法就是要把自己当成是英语国家的人，然后再和同伴对话。				
M. 如果在阅读中遇到不认识的单词，我通常只会猜测它们的意思。				
N. 犯错误也没关系，重要的是要尽可能地多说。				

（续表）

	0 不知道	1 不是这样	2 部分正确	3 完全正确
O. 不论何时遇到英语国家的人，我都会尝试着练习自己的口语。				
P. 虽然老师能够提供一些帮助，但是自己才是要对自己学习负责的人。				

你是更喜欢通过图像和声音来学习英语，还是更喜欢通过阅读、写作或触摸来学习？VARK 调查问卷可以帮你找到答案，之后你可以看一些与你的学习方式有关的学习小贴士。你可以从以下网址找到 VARK 调查问卷：

https://vark-learn.com/home-mandarin/

另外还有一个调查问卷也可以帮你认识自己是属于什么类型的学习者。这个问卷并不只针对语言学习，所以如果你想知道自己在其他领域还有何种学习偏好的话，也是很有用的：

https://www.webtools.ncsu.edu/learningstyles/

你是策略型学习者吗

如果你能看懂一些纯英文的学习材料，那就说明你的英语学习已经有一段时间了。你知道你是怎么做到的吗？也许是因为你上过英语课，读了很多的英语书籍，背了很多单词，可能还包括听英文歌曲和看英文电影，但是你做的远远不止这些，你也使用了一些语言学习策略。策略指的是能够帮助你学得更快更多的技巧或方法。举个例子，当你在学习新单词的时候，你可能会把这个单词写下来或是用它来造句。通常，我们不会意识到我们使用了哪些策略，但是我们都知道，策略型学习者要比非策略型学习者更容易成功。下面让我们看几种学习策略。你还可以在本书中找到更多的例子，比如说讲词汇的那一章中就提到了很多。

记忆策略

当见到陌生人时,你是如何记住他们的名字的?

写下来

在脑中重复一遍

找一个和他的名字发音相近的词

这些都是记忆策略,而且我们每天都会用到。在语言学习中,我们也会使用记忆策略。为了找到记忆一种新语言的最好方法,我们首先看一下大脑是如何工作的(见下图)。

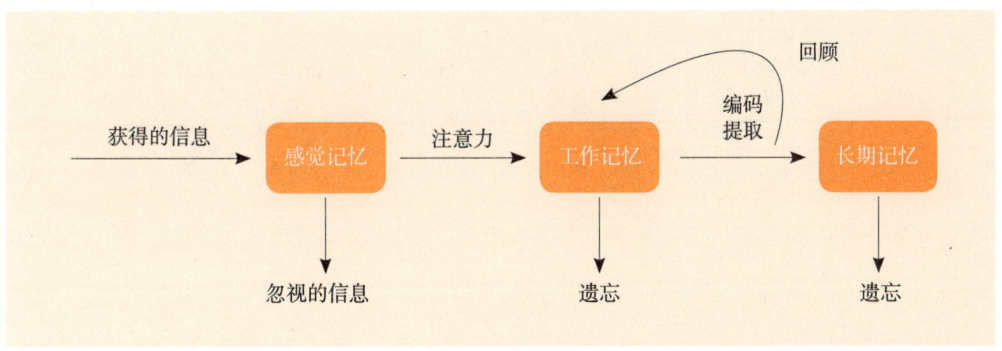

可以看到,大脑有三种记忆储存方式。第一种叫作"感觉记忆"。所谓"感觉"就是指一切与你的感官有关的东西,比如你触摸到的东西、闻到的、尝到的、听到的或者看到的东西。这种记忆储存方式只能将信息储存很短的一段时间,甚至少于一秒。如果你不注意你所听到或读到的信息,比如说一个新单词,那么你很快就会忘记它。如果你能有意识地注意一下,那么这个新单词就有可能转移到你的"工作记忆"中去。之所以叫作"工作记忆"是因为这部分记忆是为你工作、为你所用的。你的大脑就是用这部分记忆来处理语言问题的。也许你会对自己重复默念那个单词,也许你会很快地把它写下来,也许你还会把它拼出来,不管采用哪种方式,在处理这个单词的时候,你就已经开始把它向你的第三个记忆储存区转移了,也就是你的"长期记忆"。储存在长期记忆里的东西可以保留很长的一段时间。

许多人在学习的时候都会犯以下两个错误:

(1)对语言不够重视。他们觉得看电影的时候喝一罐啤酒或者打打瞌睡有助于学习英语。这样也许可以学到一点，但是除非你在看电影的时候能够主动留意你所听到的语言（或者是从字幕上看到），否则的话，你的感觉记忆是不会保留这些信息的。换句话说，这些信息是不会被转移到你的工作记忆里的。

（2）并不使用自己的工作记忆。在老师讲解一个新语法点的时候，他们会仔细聆听，甚至也会集中注意力来学习。但是一旦老师开始讲下一个新的语言点或者下课时，他们就会忘记刚刚所讲的内容。这样，大脑就没有时间来处理新信息，更无法将这些新信息转移到长期记忆区里了，你就很可能忘记很多你所听到的信息。

所以，如果你想学点什么的话，就要主动一点，集中注意力，重视语言的学习。

另外，如果不复习，你所学到的东西也会很快忘记。看看下面这幅图，你就会知道自己忘记东西的速度有多快了。而且仅复习一次是远远不够的，你需要复习很多次，并且每两次复习之间要隔一段时间。你在学习英语时也是这样做的吗？

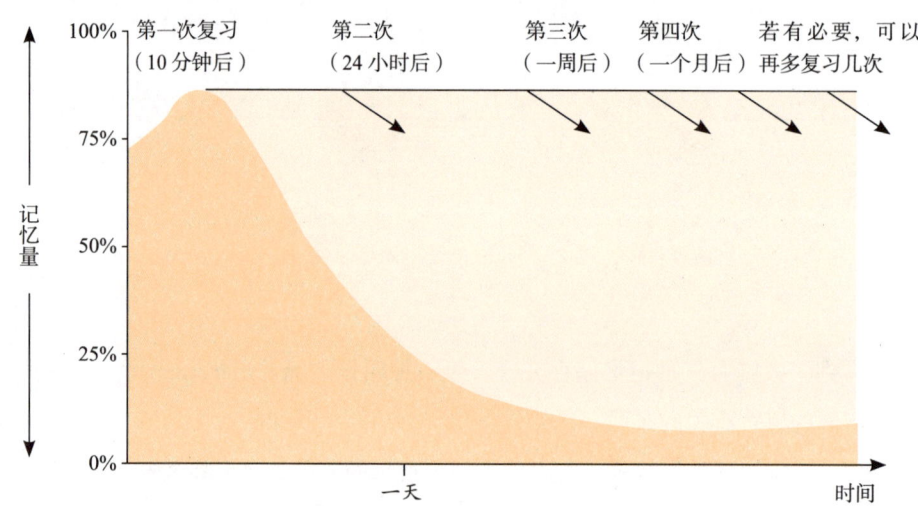

沟通策略

Ken最近刚到伦敦，很快就要投入到学习中了。他学英语已经很多年，但这还是他第一次独自一人来到一个英语国家。来了之后，他发现跟别人交流很困难。下面看看Ken和即将成为他同学的Susan(苏珊)之间简短的对话。你觉得Ken用了哪些策略呢？把能想到的策略写在下面。答案在后面的段落中可以找到，这样你就能很方便地边读这段对话边对照答案了。

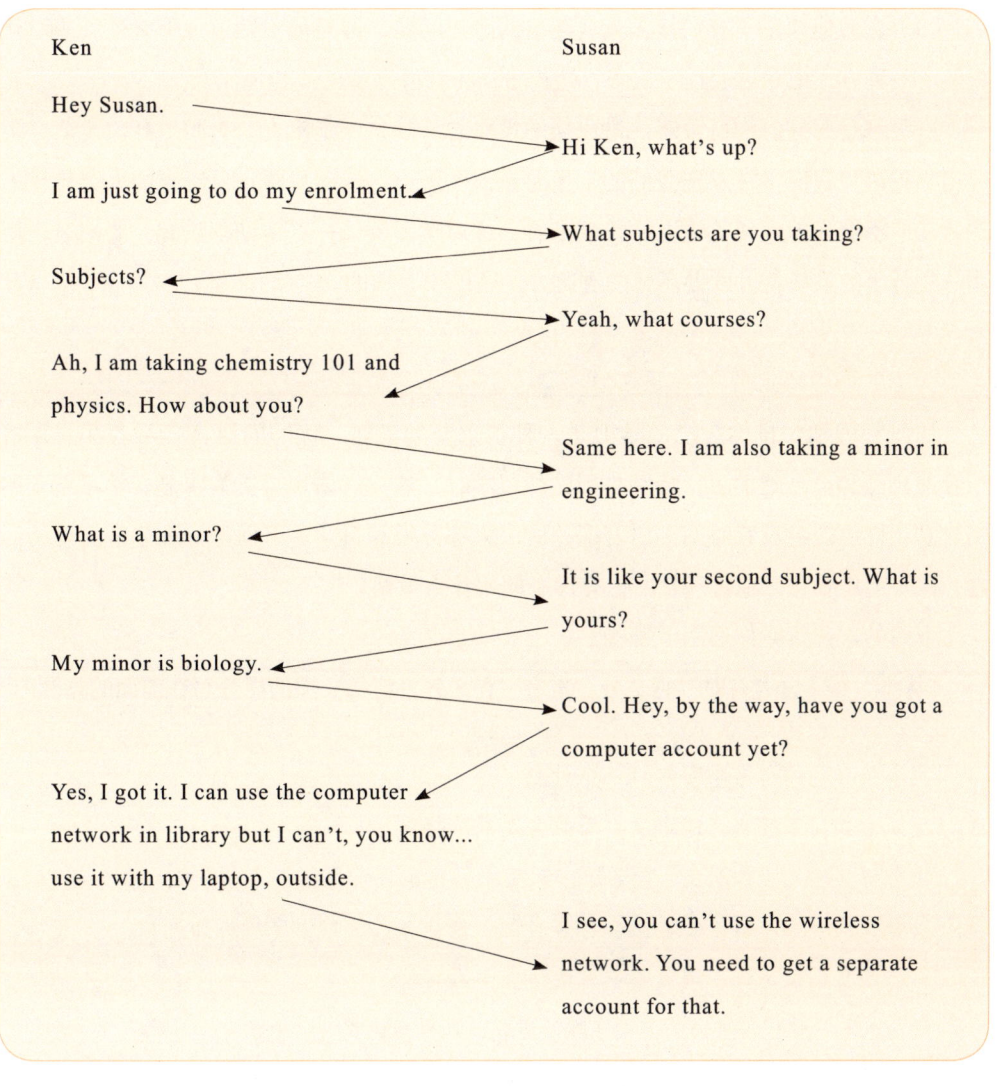

① _____
② _____
③ _____
④ _____

即使是这么短的一段对话，我们也可以从中找到好几种策略：

（1）首先，Ken 说 "subjects?" 是在重复 Susan 的话。注意，这是一个问句，表明他并不知道这个词的意思。这样一来，他可以让 Susan 对这个词加以解释。

（2）接着他又问了一个比较具体的问题，"minor" 这个词是什么意思。别害羞，大胆地问出来！

（3）之后他谈论了有关接入无线网络的账户问题，但是他不知道该怎么说，所以他就换了一种方式把意思表达了出来，这样 Susan 就可以猜出他要说什么。

这些都是很好的沟通策略。最成功的策略之一就是要走出去，大胆地开口说话，不要担心犯错！我们常常发现我们的学生总是待在屋里，或者只跟自己国家的人交流，下课后基本不会在外面说英语。从长期来看，这对学习英语一点帮助都没有。要知道，使用一些简单的策略就可以提高你的理解力，这是很有用的。

学习管理策略

如何管理和安排你自己的学习是一种很重要的策略。优秀的语言学习者都非常擅长管理自己和自己的学习，特别是到国外留学时，这一点体现得更为明显。学习刚开始的时候，你可能会没有时间上语言课，所以大部分得靠自学。下面是一个非常简单的问卷，做一下看看自己在管理学习上有没有使用什么策略。

下面的这些策略你都用了哪些？

"从不"得1分，"有时"得2分，"常常"得3分，将每一项的得分写在前面的方框内。

- ☐ 我会给自己的语言学习制订一个计划。
- ☐ 我知道如何掌控自己的进度，而且会定期这样做。
- ☐ 我会与其他人（如朋友、同学）一起完成一些语言学习任务，也会自己独立完成。
- ☐ 我会找机会练习口语（甚至会自言自语）来让自己的口语变得更加流利。
- ☐ 我会给自己设定每一周或每一月的语言学习目标。
- ☐ 我会采取一种积极主动的方式来学习语言，如果是让我被动地学习，那我宁愿不学。
- ☐ 我会思考自己需要学习什么才能完成目标。
- ☐ 我会思考学习的方法，这样才能不断地加以改善。
- ☐ 我很愿意冒一定的风险来实践自己的语言技能，很具有冒险精神。
- ☐ 我会反省自己的错误，从中吸取经验教训。
- ☐ 我会调动自己的积极性来学习，即使发展并不顺利也不会放弃。

资料来源：改编自 https://www.southampton.ac.uk/。

做完后，算一下总分。如果你的得分低于24分，那就再回过头来看一下这些策略里有没有哪些是你想要尝试的。策略型学习者并不只靠使用策略，但多了解一些总没有什么坏处。本章和其他章节的一些小贴士可以给你一定的帮助。

选择正确的学校和课程

选择一个正确的学习地点是很重要的。因为你要在那里待很长一段时间,还会有很大的资金投入,所以花点时间做一个正确的选择吧。不过只选择学校可远远不够,还要知道什么样的课程最适合自己。比如说,你是需要先提高自己英语的总体水平,还是可以直接进入学术英语的学习?你应该上中级课程还是高级课程?本章的内容可以帮助你了解自己的英语水平,学校也会对你的英语进行测试,以便决定你应该上什么课程。之后你可以用下面这个清单来决定哪个学校最好。只有先一次性地填好第一部分才能进入之后的步骤,对每个学校进行评估。

内容
我现在的总体水平为:
对我来说最重要的技能包括:
1.
2.
3.
4.
我使用英语的场合和目的是:
我需要多练习来参加下面的语言测试:
我要达到下面的目标:
我有　周 / 月的时间来完成这个目标。
质量
老师的平均教学经验:
班级的平均人数和最大人数:
同学们的国籍结构:
教师的教学能力:

评价（来源于其他学生或网络）：

设备与服务

学校是否配备：
- 资源教室　　　　　　　是☐　　否☐
- 可借阅的资源　　　　　是☐　　否☐
- 良好的计算机设备　　　是☐　　否☐
- 自主学习中心　　　　　是☐　　否☐
- 普通教室 / 休息室　　　是☐　　否☐

是否有语言 / 课程顾问帮你计划你自己的学习？　　是☐　　否☐

你可能还想知道有关其他活动和服务的情况。学校是否：
- 能够为你提供有关住宿方面的帮助？比如家庭寄宿和宿舍等。　是☐　否☐
- 提供旅行服务？　　　　　　　　　　　　　　　　　　　　　是☐　否☐
- 提供课外活动？　　　　　　　　　　　　　　　　　　　　　是☐　否☐

实际问题和经济问题

每周我能支付的最大额度：

学费：

其他附加费用：

如果我提前结束学业，之前缴纳的学费能退给我吗？　　是☐　否☐

如果可以的话，退还的比例是多少？

能否先试听一些课程，看看自己是否喜欢这所学校？　　是☐　否☐

本校的学生是否有一些特殊的机会进入某一所大学或学院学习？　是☐　否☐

课程的时间安排我能否接受？　　　　　　　　　　　　是☐　否☐

其他意见 / 观点：

你需要学什么类型的英语课程

你是否需要在上大学前读英语预备课程，取决于你的英语水平。不过即使你的托福或者雅思分数很高，听课不成问题，最好还是能在上大学之前花点时间学学英语，这样可以帮助你建立自信，还能让你先习惯一下一直用英语交流的环境，特别是能够提高你的学术英语水平。记住，一旦你的大学学习生活开始，你就没有时间来专门提高自己的英语能力了。下面列出了几种不同类型的课程：

（1）普通英语课程，主要用于提高英语沟通能力，提供技能（阅读、写作、听力和口语）和语言本身（语法、词汇和语音）方面的帮助。

（2）学术英语课程（EAP），与普通英语课程很相似，但研究的课题更加学术，学到的技能和语言更接近大学水平，本书所讲的内容也主要是这方面的。授课教师为语言教师，而非学者或大学老师。学生大都计划在大学中学习不同的课程，而要想学习这些课程，通常英语水平都需要达到中级或中级以上。

（3）语言考试培训课程（雅思或托福）。主要针对你要参加的语言考试进行培训，练习回答考试题型。

（4）基础学科计划，包括一个英语语言计划。这种语言计划虽然也属于学术性质的，但所涵盖的内容更加宽泛，因此会包括其他的一些学习内容，如英语语言课程。

阅读下面的案例，看看哪种语言课程最适合他们。之后可以看一下第 295 页的参考答案，一位学业顾问为他们提供了一些建议。你同意吗？

Waleed（瓦利德，沙特阿拉伯）："我的英语现在只处在中低水平，而要想上大学，雅思必须要考到 6.0 分，所以我希望能尽快提高自己的雅思分数。我对自己的英语没什么信心，口语和听力还行，但是写作和拼写却很糟。我想我会去另外一个国家学习英语，这样才能满足上大学的条件。我父母希望我下学期就能开始我的大学学习。我现在应该学什么样的英语课程呢？"

Li Ping（李平，中国）："我需要雅思考到 6.5 分才能上大学。我已经上过雅思的准备课程了，而且我也学得很努力，但是我的分数就是提高不上去。现在我已经对准备雅思考试有点厌倦了。"

Sun Woo（孙宇，韩国）："我的英语大致处于中高级水平，但是我之前从没有上过大学，我去年夏天刚刚高中毕业。当然，我是必须要参加雅思考试的，不过我有一点担心，因为我们朋友们说在英语国家的大学里学习和在韩国的高中学习是非常不同的。所以我想在上大学之前了解一下其他同学的英语水平状况。"

Ekaterina（叶卡捷琳娜，俄罗斯）："我觉得我的英语还不错，足以拿一个不错的托福分数进入大学学习，但是我还不太确定自己是否有能力写长一点的论文、读一些文章和做演讲。我之前在俄罗斯读过大学，所以我知道大学生活是什么样的！现在离开学还有三个月的时间，我是否应该参加托福准备课程的学习呢？"

Ernesto（埃内斯托，智利）："我的英语还算不错。几年前我曾经上过一个高级课程，不过现在也忘得差不多了，所以我需要再重新复习一下。我希望能和课程中的其他人愉快相处。几个月后我就要开始攻读硕士学位了。我需要参加托福考试才能进大学学习。我并不想进行太多的论文写作，因为我已经有一个学位了，而且一旦硕士学习生活开始，我每天要面对的都是论文。"

了解你所在大学的语言中心

如今，在许多大学里，都会有一些可以供学生学习英语的地方。在某些大学里它们被称作：

- 自主学习中心（self-access centre，SAC）。
- 独立学习中心（independent learning centre）。
- 写作中心（writing centre）。
- 语言中心（language centre）。

这些都是提高英语的绝佳场所，而且你还能提出问题，并得到对于自己进步的反馈。所以花点时间去了解一下你大学里的语言中心吧，绝对受益匪浅。

看看下一页的清单并回答问题，这可以帮助你了解大学里的语言中心都有哪些资源。也许你还可以把你的答案给那里的工作人员看看。

Chapter 2　提高学术英语水平

利用 SAC

什么时候对外开放？

工作人员在什么样的情况下会为你提供帮助？

找资料

如何找到你想要的资料？看看中心是否提供以下服务：

- 配备有电子目录，可以通过选择主题、水平或技能来搜索资料。
- 可以在书架上搜索资料，看看它们是以什么样的方式归类的（如技能或主题）。
- 提供一些语言学习的活动。

看看那里有什么资源能够帮助你提高以下技能：

中级语音技能：

1.

2.

高级关系代词的使用：

1.

2.

中高级沟通技能：

1.

2.

假设你想要写一篇学术论文，中心里的哪些资源可以为你提供帮助呢？

寻求帮助

中心里有没有人能够帮你解决以下问题呢？

- 为你提供书籍借阅建议。
- 看一下你在中心完成了哪些任务。
- 为你的个人学习计划提供帮助。

管理你的学习

成功的学习者往往会给自己的学习设定计划并进行思考。许多的自主学习中心都为学生提供了这方面的帮助。你所在的中心是否配备：

- "教你学习"或有关"学习技能"方面的书籍。
- 能够帮你设计语言学习策略的表单。
- 可以询问的工作人员。
- 能够帮你制订语言学习计划的语言"顾问"或"指导"。
- 可以帮你找到自己需要加强的领域并为你设计一个学习计划的计算机资源，如"需求分析"。

建立语言档案

语言档案是一种很有用的工具,可以帮助你记录自己的语言学习成果。你也可以记录自己的学习进度,并展示给其他人看,比如你的语言老师(如果有的话)和你未来的老板。下面列举了一些建立语言档案的原因:

(1) 为了得到老师的反馈。

(2) 为了把它展示给新的语言学校或新老师。

(3) 为了在投简历的时候把它添加到简历当中,申请面试机会。

档案样本

这里有一个语言档案样本,你可以把它复印下来并填入自己的内容,也可以作为参考来创建自己的语言档案。在这个样本中,我们把英语作为语言学习的对象,对于其他语言来说也是适用的。

语言档案

姓名:	
语言:英语	
学习英语的时间	
0~1 年	☐
1~2 年	☐
2~5 年	☐
5 年以上	☐
在英语国家一共待了多久	
0~1 个月	☐
1~6 个月	☐
6~12 个月	☐
12 个月以上	☐
根据以下各项对每一次海外经历进行描述	
• 目的国家/地区:	
• 停驻时间:	
• 出国目的(如果是去学习英语,那么请描述一下课程的水平与目标):	
我每周会有 _____ 分钟/小时的时间用到英语(读英文报纸或看英文电影的时间也可以算进来)。我学习英语的主要目的是为了:	

Chapter 2　提高学术英语水平

（续表）

使用英语的经历	
描述一下你曾经用到英语的任意经历。例如，可以是与英语国家的笔友之间互通书信，也可以是在学校完成某一个项目时要用英语写作的材料。	

上过的课程

证书与文凭（英语）

已完成的自学课程
课程名称：
日期：

考试得分（如托福、雅思）

考试类型：	考试类型：
得分：	得分：
日期：	日期：

其他
对于学术文章来说，我的阅读速度是每分钟 _____ 字（见 Chapter 6）。
我现在处于 _____ 的词汇水平（见 Chapter 3）。

我的技能

我的英语强项是：	我想要提高的地方是：
1.	1.
2.	2.
3.	3.

我的目标
我学习英语的目标是（包括目标完成的具体日期/年份）：
1.
2.
3.
4.

写语言日志

写语言日志是一种非常好的方法，可以把你所学到的东西及自己的进步记录下来。语言日志可以帮你：

（1）计划自己的学习。

（2）记录自己的进步。

（3）思考哪些地方做得好，而哪些地方做得不好。

（4）找到自己需要提高的地方。

（5）保证自己正在努力提高的语言技能是正确的。

（6）实践自己的写作技能。

日志样本

下面有一个语言日志样本，你可以把它复印下来并填入自己的相关信息，也可以参考这份样本写自己的语言日志。

语言日志

姓名：   语言：英语
今天／本周我学习了以下技能：
使用了以下材料：
时间规划：   计划学习的时间：   周一 □ 周二 □ 周三 □ 周四 □ 周五 □ 周六 □ 周日 □   实际学习的时间：   周一 □ 周二 □ 周三 □ 周四 □ 周五 □ 周六 □ 周日 □
我有／没有机会练习我的英语口语。   如果有，描述一下你是在什么样的情况下用到的。

（续表）

做得好的地方：
想要继续提高的地方：
可以尝试的想法：
我希望别人能够帮助我：
现在重新读一下你之前写的日志。对于上次／上周你想要提高的地方，你是否做了努力？是否尝试了你的那些想法？
是否从老师那里获得了帮助？
我下次／下周的目标是：
我计划学习的时间是： 周一 □　周二 □　周三 □　周四 □　周五 □　周六 □　周日 □

轻松学英语

　　学习英语并不总是那么辛苦。许多成功的学习者说，他们会在读杂志的时候挑出许多新单词，在与朋友喝咖啡的时候提高自己的口语，或者通过看电影的方式来加强对不同口音的理解。下面我们提供了一些轻松提高英语水平的实用小方法。

有下载音频播放器吗？一定要听哦

如果你有音频播放器的话，为什么不从数以百计的免费播客里下载一个学习语言的呢？另外，还有很多播客是专门针对语言学习者的，比如说 http://iteslj.org/links/ESL/Listening/Podcasts/。

除了这些播客，你还可以听音乐学英语。如果你的音频播放器可以显示歌词，那就更好了，可以边听边读。

要知道，并不是所有的歌都适合学英语。如果你想要熟悉某种口音的话（如澳大利亚英语），你可以选择那个国家的乐队。还有一些电脑软件可以在重放的时候改变歌曲播放的速度，同时不会改变音高（音调）。音乐家们常常用这种方法来练习，对于语言学习者来说，这也是一种非常有用的手段。

另外，BBC（British Broadcasting Corporation，英国广播公司）也有一个很不错的网站，其中有一个板块是听音乐学英语、对话艺术家、视频短片等内容，你可以到 BBC 官网上查看相关的内容。

如果你想练练听力，但是又找不到特别好的材料或者想把看到的文章转成音频格式，那就下一本电子书吧，还可以用一种朗读软件把你电脑上的文字材料转换成音频读出来，而且声音还很自然。比如，你可以从任意一个网站上复制一篇文章（如报纸或者在线杂志），然后让电脑朗读出来，以音频文件的格式存下来，这样就可以在等公共汽车的时候播放了！这里有一个还不错的软件下载地址：www.nextup.com。

在线练口语

为什么不加入 Skypecast（相关软件请到 Skype 官网进行下载）参与讨论呢？Skypecast 指的是一种在两人或多人之间进行的在线会议，大家在定好的时间加入讨论就可以通过 Skype 和其他人对话了。其中，讨论组长会决定由谁在什么时候发言。在出国前，这是一种很好的口语练习方法，而且因为都是匿名的，所以不用不好意思，没有人会笑话你的英语。

看电影和电视

看电影是一种很好的提高听力水平的方法。看看下面的小技巧，它们可以帮你从看电影的过程中学到更多。

看电影的策略

要想看懂英文电影并不是一件容易的事，特别是在片中人物说话带有口音或者语速太快的时候。如果只是随便看看然后试着去理解它，倒也会有一些帮助，但如果能用些策略的话，理解起来就更容易了。这样可能会多花一点时间，不过你却可以学到更多！

看电影之前

由于英语不是你的母语，所以你得为看电影做好准备。找到的信息越多越好，这样可以帮助你更好地理解电影内容。比如说，你可以利用以下这些：

（1）电影名称（你觉得这部电影会讲些什么呢）。

（2）内容简介（电影视频网站上关于电影内容的介绍）。

（3）其他可以找到的信息，例如电影剧本（有关电影的全部文本材料）、练习、小测试等。通常用网络搜索一下就可以找到（可以从下面这个网站开始：www.simplyscripts.com）。在这里，你可以找到电影和电视脚本以及角色信息等。

（4）有关电影主题的背景知识。你是否了解电影中所描述的那个地方、那里的人和那里的文化。

看电影时

当然，你可以选择舒舒服服地坐下来享受一部电影，但是如果你能更主动一点，你会学到更多。研究显示，优秀的语言学习者会主动参与到学习过程当中。他们会不断地寻找新信息，并将这些新信息与已知信息进行比较。下面给你一点提示：

（1）问问自己下面会发生什么——对自己提出挑战。

（2）如果有哪里理解不了，那就暂停一下，倒回去再看一遍。不过不要经常这样做。

（3）看电影可以提高你的泛听水平。因此，你应该专注于听，而不能太过于关注每一个单词。如果有某一个不熟悉的单词经常出现或者似乎比较重要，那么你可以查一下它的意思。如果你是在电脑上在线看电影的话，可以先暂停一下，用在线词典（见第286页）查查这个词的意思。

（4）如果理解电影有困难的话，可以使用字幕，不过最好尽量不要用。等用了一段时间觉得没问题之后，再把字幕关掉。

（5）看电影的时候，注意一些特殊的语言形式，可以是某种口音，也可以是某种用法（如某种打招呼、称赞或感谢的方式等）。

电影结束之后

电影的结束并不意味着学习的结束。你可以回想一下电影的情节，也可以针对你所看到的和学到的做点什么，这样你可以学到更多。

（1）跟你的朋友们聊聊这部电影。

（2）给你的朋友发邮件，描述一下这部电影的情节以及自己的一些想法。

（3）如果你必须使用字幕（而且很喜欢这部电影！）的话，那就找个时间再看一遍吧，不过这次不要用字幕，看看你能理解多少。

（4）停下来认真思考一下，你觉得这部电影里的英语哪里给你造成了最大的困难。是口音吗？还是不认识的单词？或者是片中人物说话的语速？通过这样的思考，你可以知道你接下来应该做什么。

除了上面所提到的这些总的指导原则，这里还为你提供了一些小练习，可以专门用来提高某些专项技能。

概括

怎样通过看电影来提高英语呢？概括是大学里一种非常重要的技能，你的作业常常是需要对一本书或一篇文章进行概括。

（1）选择一部电影。

（2）在看电影的时候写下一些关键词或短语。

（3）看完后概括一下这部电影（简单地描述一下发生了什么）。刚刚你记下的那些关键词可以帮你回忆起来。

可能的一些想法包括：

（1）我喜欢（或不喜欢）这部电影，因为……

（2）这部电影让我感到……

（3）我会把这部电影推荐给……，因为……

（4）这部电影的主角是……

描述与比较

1. 这部电影的名称是什么？

2. 描述一下这部电影的主要角色。

3. 你想要遇到这样的人吗？为什么想或为什么不想？

4. 写一段话，将片中这个人物与你认识的某个人做个比较，比较一下他们的外貌、举止和个性。

Chapter 2　提高学术英语水平

词汇积累

- 在看电影的时候，把你不认识的单词写下来。然后把视频进度条倒回去一点，重新看一遍。现在你能理解这些单词的意思了吗？注意它们的用法，是礼貌用法，还是非礼貌用法？或者是属于中性？是在朋友之间使用，还是在比较正式的场合使用？
- 看完电影后，花几分钟的时间查一下字典，看看这些单词都是什么意思。你猜对它们的意思了吗？之后试着用这些单词来造句。

1. 新单词
意义
例句

2. 新单词
意义
例句

3. 新单词
意义
例句

4. 新单词
意义
例句

与一个朋友合作

这是一种很好的练习听力和口语的方法。你们每人看一半的电影，见面后再互相交流一下另外一半的内容。

学生 A:

- 选一部你们都没有看过的电影。
- 找个时间只看一下电影的前半部分。
- 可以做笔记，帮助自己记忆电影情节。
- 写一些问题来问你的同伴，看看电影的下半部分都发生了什么。
- 跟你的同伴见面聊聊，互相问问题。你们可以只回答"是"或"不是"，可以做笔记。

电影名称
见面的日期和时间
看电影前半部分所做的笔记

学生 B：
和对学生 A 的要求基本一样，只不过看的是电影的后半部分。

找语伴

学习语言还有另外一种有趣的好方法，那就是找语伴。找一个想要学中文同时又说英语的同伴，之后你们可以互相练习对方的语言，练习时间各占一半。这对于你们俩来说都是非常有好处的，因为你们完全不用付学费就可以练习口语或其他技能。有一些学生会选择面对面的方式来进行语言练习，其他人更喜欢在线的方式。如果你想在出国前就开始语言练习的话，这是一种很好的方法。一开始，你可以在下面这个网站上找练习的伙伴：www.mylanguageexchange.com。

有些人只喜欢聊天，但是只要结构清晰，语言的交换就能够达到最好的效果。开始之前，先回答下面这几个小问题：

我的母语是：

我的英语水平是：

我想要提高的地方包括：

我想谈论的话题包括：

练习时要注意控制时间，保证你们俩都能有一半的练习时间。在练习前最好先决定你们要聊的内容，这样就都可以做好准备。如果你们能互相说明自己的偏好，那将会非常有帮助：

（1）你是喜欢在每次犯错的时候对方都指出你的错误，还是喜欢你的同伴先把你的错误记下来，对话结束之后再告诉你呢？

（2）你是希望你的同伴用正常语速和你交流，还是说得慢一点？

（3）你是想要你的同伴解释一下其中的语言点，还是更希望能有一个自然流畅的对话？

在练习之前先谈谈这些内容，这样可以保证你不会失望。

玩电脑游戏

玩电脑游戏可以学英语吗？当然可以！你可以购买一些专门为英语学习设计的教育类游戏，不过很多学生都觉得这类游戏不够刺激。有一个更好的方法是就玩你喜欢的游戏，不过把它当作一种练习英语的方法来玩。

如果你平时在玩游戏的时候通常用的是中文，那么可以将"设置"里的"界面语言"改成英语。

如果是那种可以和别人对战的在线游戏，你可以把你角色资料的语言改成英语，这样你就可以遇到其他说英语的人，和他们交流，比如你可以和他们聊天或是通过 Skype 来语音对话。还有一些游戏，例如 Sims（模拟人生），本身就是基于对话沟通的，也许这类游戏是你最好的选择。

其他一些有用的游戏都是在线形式的，比如 Second Life（第二人生）。如果你喜欢这种在线的方式，那么为什么不用这类游戏来提高英语呢？如果你是在自己的电脑上玩的话，可以同时打开一个在线词典（见 Chapter 3），这样当你遇到不认识的单词时，就可以快速地查一下字典。另外，还有一类语言游戏，比如 Scrabble（拼字游戏）。你可以把它们当作一种棋类游戏，但通常都是在线的。

最后一个建议就是看看你是否喜欢与所谓的聊天机器人交流。聊天机器人实际是一种拟人的小型电脑程序，人们可以和它对话，而且有时候这种对话可以自然得令人惊讶。这是专门为第二语言学习者设计的。我们不建议你把聊天机器人作为主要的学习方法来提高英语水平，但是它仍然不失为一种很有用的练习方法。你可以从这个网站开始：https://www.daden.co.uk/chatbots。

还有一些电脑游戏需要你能够使用英语，比如用英语说服其他人做一些事。游戏 Ace Attorney（逆转裁判）就是一个很好的例子。在这个游戏里，你是一名律师，需要用有力的论证才能打赢官司。这是一个非常有趣的学习方法哦！

Chapter 3
词汇

学习目标

本章可以帮助你：

- 真正了解"认识一个单词"究竟意味着什么
- 了解词汇的不同类型
- 知道自己所掌握的词汇等级
- 知道自己在写作中都用了哪些词汇
- 找到学习新单词的方法
- 找出新单词的意思
- 使用抽认卡来记忆单词
- 充分利用字典
- 学会如何使用同义词词典
- 挑选电子词典
- 学会如何使用语料库

引言

　　单词，单词，还是单词。为什么英语里要有那么多的单词？虽然没有人知道英语单词的确切数目，也没有人知道人们的平均词汇量是多少，但是我们能够知道，人们平均的词汇使用量大约为 2 万个词族（例如，study 与 student 这两个单词是属于同一个词族的）。

　　幸运的是，在英文中，我们并不需要了解和使用那么多的单词。在学术文章中，70% 的单词都是英文里最常用的，而入门级的学术文章，所需单词总数大约为 7000 个。这样的话，即使是遇到生词，也可以通过语境及已有的单词量理解其他单词的意思。要知道，你认识的单词越多，你就越能轻而易举地从语境中学习新单词。因此花点力气扩大你的词汇量是值得的！

这个单词是什么意思

你认识"commendation"这个单词吗?你的答案其实取决于这个问题究竟要问的是什么。

(1)你知道这个单词的意思吗?能够把它翻译成中文吗?

(2)你是完全知道吗?还是仅仅知道大概的意思?

(3)是否能够把这个单词用于写作或口语交流?

(4)这个单词是否常用于写作或口语交流?

(5)你会读吗?会写吗?

(6)通常情况下,它都和哪些词一起使用(也就是哪些词可以和它搭配)?例如,是 give a commendation 还是 offer a commendation?还是两个都可以?

(7)它是否可以接介词?例如,是 a commendation for 还是 a commendation with?

(8)它是褒义还是贬义?用在正式场合还是非正式场合?

即使不认识这个单词,那你也应该认识"recommendation"这个单词吧?这样的话,也许你就能大概猜出"commendation"的部分意思了,至少可以知道它代表着某些积极的事物。因此,即使是不认识,你也能大概猜到一些。

可以看出,要想真正认识一个单词,还有很多功课要做。问题是究竟要对每个单词掌握到什么程度?是否真要掌握每个单词的用法?还是对于某些单词来说,只需要能够认出它们就可以了?

你并不需要知道每个单词的所有信息,这也就节省了你很多的时间。有些字典可以告诉你单词的使用频率。例如,柯林斯字典(Collins Cobuild)就用小的菱形来表示单词的使用频率。其他字典也会有不同的标志。这对学习新单词非常有用。

词汇的不同类型

也许你会发现有一些词在某些情况下使用频率会比较高,比如像"okay"和"great"这类词在对话中很常见,而其他词则只用于书面语。有一些主要用于正式的场合,比如演讲,而有一些则用于非正式的场合,如和朋友聊天。

研究人员发现有一些词（如"the"和"is"）在任何情况下都很常用。事实上，即使是学术文章，最基本的 1000 个单词也占到了 70%。因此，在学其他生词前，应确保认识这些最基本的单词（究竟哪些词属于这最基本的 1000 词，请见下文）。在这 1000 个最基本的单词基础上，接下来的另外 1000 个单词出现的频率仅占到 5%，所以加起来的话，掌握这 2000 个单词，你就可以理解超过 3/4 的文章内容了。

正如你所预料的那样，学术单词在大学课本中非常常见，占到总数的 10%。这些单词有很多个意思，你肯定需要一一了解。然后你可以通过一些小练习来加强对这些单词的理解。

大学课本中同样包含了你所学学科的相关技术术语。例如，金融领域的"merger"以及生物学领域的"osmosis"。通常这些单词在课本中会有解释，而且其中有很多单词对于中文读者来说都是很陌生的，因此如果老师能够在课堂上提及或者教科书中给出了解释，就更加便于学习了。

词汇的四大种类

总之，词汇可以被划分为以下四大种类：

类型	描述	举例
日常词汇	此类单词最为常见，被普遍使用，并不专属于学术词汇。	and, so, but, because, the, big, must
学术词汇	常用于学术写作中，但并不专属于某一学科。	research, define, analyse
学科专有技术词汇	此类单词对于你所学的学科极为重要，但不那么常用，主要是用于技术层面。	（解剖学专业词汇）metatarsal, mesothorax, cadaver, glottis
普遍低频词汇	此类单词并不专属于学术文章，而且也不常用。	cronyism, mewling, crowbar

词汇的类型

请阅读以下内容，它引自初级教科书 Botany for Gardeners。首先请回答此问题：根据下面这段话，你知道植物是如何为储存水源而做出适应性改变的吗？

ADAPTATIONS FOR WATER STORAGE

To obtain water, perennial species in arid regions either develop a long tap root to reach underground sources or, as is common among many species of cactus, spread horizontal mats of fibrous roots, just below the soil surface. Although shallow roots become parched and lifeless in the heat of summer, they quickly return to growth and full metabolic activity within hours after rain has soaked the soil. Having taken full advantage of infrequent and unpredictable water supplies, many desert plants survive periods of drought by using water stored in leaves or stems. The succulent leaves and stems of such genera as Mesembryanthemum, Sedum, Crassula, and Echeveria contain enlarged water-storage cells capable of supplying the plants' basic needs for many months. Stem succulents, such as cacti and cactus-like Euphorbias, sometimes store sufficient moisture to last for years. As much as 95% of the total volume of succulent plants is devoted to water storage.

资料来源：B. Capon（1990）. Botany for Gardeners: An Introduction and Guide. Portlan: Timber Press. P.107。

现在我们来看一下这段话中的单词。请对其中的词汇进行分类，每类请举三个例子。答案请见第 296 页。

类型	举例
日常词汇	1. 2. 3.
非技术型学术词汇 （见学术词汇列表）	1. 2. 3.
学科专有技术词汇	1. 2. 3.
普遍低频词汇	1. 2. 3.

是技术词汇还是普遍低频词汇

对于某些单词来说，我们很难判断它们到底是技术词汇还是普遍低频词汇。试着判断一下，看看它们是否能够用于技术层面。在上面的这篇文章中，这些单词对植物学家来说是否有特殊的意义。

正式与非正式语言

除了不同的类型和不同的使用频率，单词也有正式与非正式之分。例如，你可以说：

I need to exit the premises in order to purchase supplies.

你也可以说：

I'm going out shopping.

学术语言通常都是比较正式的，因为它要求意思尽可能准确，我们在日常对话中是不会经常用到学术单词的。但这并不意味着你要写得多么复杂，你只要能够说出哪些单词在学术论文中更加常用就可以了。

（1）在下面几组单词中，你能说出哪些在学术文章中更为常用吗？

Think about	Consider
Summarise	Put together
Investigate	Find out
Establish	Find that...
Describe	Talk about
Very small	Minute

答案见第297页。

正式的文章都不太"情绪化"。换句话说，这样的文章更多的是基于事实，而非感觉。有一个练习可以帮你更好地了解这种区别，那就是找出新闻报道与个人传记之间的区别。当你在看报纸时，你看到的是一个一个的事实。然后，将你看到的电视现场采访节目，跟报纸上的报道对比，想想为什么采访节目更加"情绪化"，如果存在这种因素的话。

你要能够感觉出哪些单词包含更多的情绪。例如，有一些词虽然它们的意思一样，但是"感觉"不一样。

（2）你认为下面哪个单词的情绪更加强烈？

killed assassinated butchered

下面几组词，你能把它们按照情绪的强烈程度由低到高依次排序吗？答案见第297页。

explosion / growth / big increase

huge success / successful outcome / victory

great / fantastic / good

insulted / trashed / embarrassed

（3）我们不仅要看单独的每个单词，还要考虑整个句子或文章的语气。请看下面这些例子。怎样通过改写来减弱它们的情绪？答案见第297页。

> The argument is over the top.
>
> That is nonsense.
>
> The great article.
>
> I don't like this.
>
> This is a bad research project.

一种方法就是用委婉的语气，如加入"could"或"might""maybe"或"it appears that"这样的词，以表明还有其他的解释和可能性。这一点在Chapter 7和Chapter 8中有详细的介绍。

你的词汇是什么等级

如果没有良好的词汇水平，你的大学生活可能就会过得更加艰难了。但是如何才能确切地知道自己的词汇水平呢？这里有一个简便的方法：

（1）在线测试：www.er.uqam.ca/nobel/r21270/levels/。

（2）选择测试A或测试B。

（3）选择你想要测试的词汇等级：1000词指的是本测试只测试英语中最常用的1000词。

（4）确保要把大学词汇列表包括进去。

（5）在下面的表格中填入结果。

测试（A 或 B）	等级	分数

这个网站建议你每个测试至少能够达到 83% 的正确率。作为一名大学生，你应该也想要通过 5000 词和大学词汇列表，甚至可能还有 10000 词的测试吧？

你都用了哪些词汇

你所使用的词汇有哪些？也许你的单词处理器会告诉你论文的单词总数，但是你仍然不知道你究竟使用了多少种单词或同一个单词的使用频率。想要得到这些答案，我们可以上这个网址查询：www.er.uqam.ca/nobel/r21270/textools/web_vp.html。

使用方法：

（1）从电脑中复制此文章（例如某一课程的论文）。

（2）打开此网站，在文本框中粘贴所复制的文章。

（3）点击"do it"来获得结果。

得到的结果可能有点让人迷茫，所以我们来看一个例子吧（见下页的图片）。这里使用了我们所写的一篇学术文章。

让我们从右边看起。我们可以看到，文章共有 6799 个单词，不同的单词 1314 个。"token"（单词）这个词在这里指的是文章中的每一个单词。例如，后面括号里这个句子有 9 个 token。（The sentence you are now reading has nine tokens.）"type"（类型）这个词是指每一个互不相同的单词。因此"the man who bought the dog"这句话只有 5 个 type，因为"the"这个词出现了两次。而"Tokens per type"（每种类型所包含的单词）能够告诉我们每一个单词的平均使用频率，大约为 5.17。这个数字看上去似乎很大，但是这其中也包含了"a""the""or""of"这类词。"Type-token ratio"（类型单词比）对于较短的文章非常有用。如果数值很低，说明你的文章中同一个单词用了很多次，这也就意味着你的文章可能比较无聊或者不够确切。

我们再往下看，可以看到很多不同的"Onlist"（列表内）数字，这些数字主要是针

```
Home > VocabProfile > VP output
WEB VP OUTPUT FOR FILE: Untitled
Recategorized words: None
Note: In the output text, punctuation (but not sentence capitalization) is eliminated; figures (1, 20, etc) are replaced by the word
using constituents; and in the 1k sub-analysis content + function words may sum to less than total (depending on user treatmen
in 1k list).

                          Families  Types  Tokens   Percent      Words in text (tokens):    6799
          First 500:         ...     ...   (4377)   (64.38%)     Different words (types):   1314
K1 Words (1 to 1000):        423     653    4997    73.50%       Type-token ratio:          0.19
          Function:          ...     ...   (2754)   (40.51%)     (Tokens per type:          5.17)
          Content:           ...     ...   (2184)   (32.12%)     Function-content ratio:    0.41
K2 Words (1001 to 2000):     77      108    343     5.04%        Onlist Tokens:             6093
AWL Words (academic):        185     292    753     11.08%       Onlist Types:              1053
Off-List Words:              ?       263    706     10.38%       Onlist Type-Token:         0.17
                            685+?   1314    6799    100%         Onlist Families:           685
                                                                 Onlist Family/token:       0.11
                                                                 Onlist Family/type:        0.65

Output text: Hayo THE STATE OF THE ART OF SELF ACCESS IN NEW ZEALAND RES
```

对程序在做分析时所引用的单词列表。并不是所有的单词都在列表内，也许是因为有一些太专业了，但也有可能是因为其中有一些程序无法识别出来的拼写错误。所以请记住，写论文一定要检查一下拼写！

我们再往左边看，这里有一些很有价值的信息。"First 500"（前 500）告诉我们有多少单词是属于英语里最常用的单词。在这篇文章中，这些单词占到了单词总量的将近 2/3。而且请记住，这可是一篇学术文章。可以看出，你只需要知道并掌握这些基本单词就可以了，因为它们太常用了。

接着我们可以看到，有 73% 的单词是属于最常用的 1000 词，其中 40% 为 "Function"（功能词汇），剩下的 32% 为 "Content"（内容词汇）。功能词汇指的是那些起到语法作用的词汇，但它们本身是没有什么意义的，比如说介词 "at" 和 "up"、冠词 "the" 以及代词 "she"。内容词汇指的是像 "house" 以及 "university" 这一类的名词或者类似 "write" 和 "check" 这样的动词。从这个例子中我们可以看到，功能词汇的数量要稍高于内容词汇。当然，这一比例也取决于你所写作的文章类型。如果是关于某一建筑的描述，内容词汇的数量可能就要更高一些了。

"K2 Words" 指的是英语中最常用的 2000 词。在这篇文章中，只有 5% 的单词属于这一类别。AWL 的英文全称为 "Academic Word List"，即学术词汇列表，这类单词对于学生来说非常重要。虽然这些单词在日常生活中并不常用，但是我们可以看到它们却占到了文章单词总数的 11%。如果你正在写一篇论文，但是你的 AWL 单词数量却非常低，那么你就得小心了，这说明你的文章可能太随便，不够正式。

文章单词列表

如果你想把你文章里使用过的所有单词做一个统计，你可以使用这个网站：www.lextutor.ca/freq/eng/，右图所示的就是 Lextutor 网站的界面。

利用这个网站，你可以知道在你的文章中，哪些单词是最常用的。在这个例子里，最常用的单词（除一些语法词之外，如"of""and""or"等）包括像"centre""language"和"self-access"这一类的单词（都与文章主题有关）。这种列表可以帮你找到你最常用的任何一个单词，不过重复太多总是不太好，最好能在同义词辞典里多找几个同义词（见本书第 56 页"同义词词典"）。

词汇实践

既然你已经知道自己用了哪些词汇，那么你所用的词汇与英语国家的人有什么不同吗？问问你的朋友，看能不能对他的论文做一个分析，把结果写在下面。你发现什么区别了吗？（如果找不到任何人能给你他们论文的复印件，也许你可以从你的老师那里拿一些范文来用。）

另外一种方法就是把你写的初稿和你修改后的版本进行比较，看是不是使用了更多的词汇？或者使用的词汇种类更多？学术词汇的情况又是如何呢？

你的论文　　　　　　英语国家学生的论文

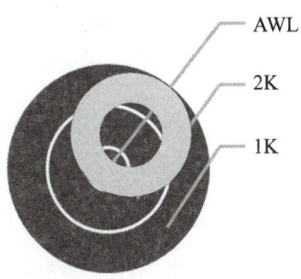
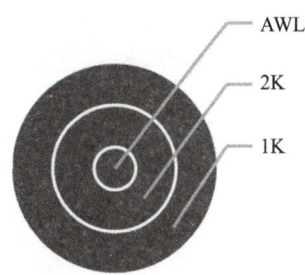

总字数：　　　　　　　总字数：
类型单词比：　　　　　类型单词比：
内容词汇：　　　　　　内容词汇：
功能词汇：　　　　　　功能词汇：

如何学习新单词

只有在学了另外一种语言后,你才会知道学习单词的重要性。它和学习语法一样重要,但也有一些人会说学习单词更重要,不过由于英语的单词量很大,所以学习的时候你必须动点脑筋,不能死记硬背,只重视数量是不行的。首先要学习的是那些最常用的单词,然后才是学术词汇和学科专有词汇。同样重要的是,你也应该思考并记住学习新单词的方法,因为总会有一些很好的方法可以帮你提高学习效率。

下面这些建议,你做到了哪些

学生告诉我们,他们用了很多不同的方法来学习新单词。这里列出了几种,你用过这些方法吗?在每一个你用过的方法前做一个记号,最后再把它们汇总起来。

为了找到新单词:

我会在课本或者其他读物上把不认识的单词划出来或者摘抄下来

这是一种很好的想法,不过刚开始要注意,一定要选择那些出现频率较高的词汇,你肯定不想把精力花在那些你以后再也不会见到或者用到的单词上吧。

我会在听讲座的时候或是课上把新单词写下来

这种方法是可行的,不过也要小心:因为即使单词都认识,跟上老师的进度也很不容易。所以除非是某个单词被重复了很多遍,否则的话,你应该更加关注整体的信息,而不是单独的词汇,这一点很重要。最好能抽出单独的某一段时间来专门学习词汇。

我会用发的词汇表来学习新词汇

老师给的词汇（通常是以词汇表的形式）或者附有简短定义的学科专有词汇列表也很重要，因为它们和你所学的学科有着密切的联系。

我会利用网上的 1000 词、2000 词和学术单词列表来检查自己单词的掌握程度

这是一种非常好的策略。你可以在以下网址找到 1000 词和学术单词列表的链接：http://esl.about.com/library/vocabulary/bl1000_list1.htm。

为了记住新单词：

我会把单词按意义进行分组

这种方法很有效，因为这也是我们大脑储存信息的方式。同一类的单词通常也更容易同时记住。下图给你提供了一个范例，你可以再往里添加更多的单词。

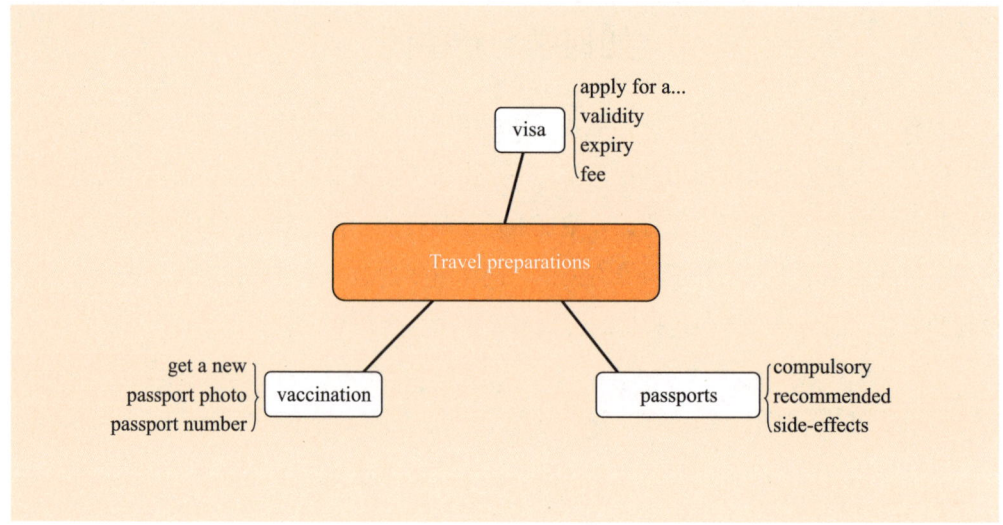

我会试着用我想要记住的单词编一个故事

有的学生会使用一些记忆技巧，比如说讲故事，例如："I am going on holiday and will bring..."（这里可以添加一些新单词）。而其他人会用新单词来描述某个人（特别是在善于使用副词和形容词的情况下）或者某种过程（对学习动词很有帮助）。

我会给单词分类

例如，cats 和 dogs 都是 "animals"（动物），所以它们可以被分成一类。"animals" 和 "humans"（人类）都属于 "living creatures"（生物），以此类推。像这样把单词联系起来对记忆非常有帮助。

上面的三个例子都与词汇的分组有关。那么下面列出的这些单词有多少种分组方式呢？跟别人聊聊你是如何给它们分组的，以及为什么这样分。

acute, clinical practice, complain of, complications, diphtheria, doctors, fever, high rates, illness, infected, pain, patients, penicillin, preventable, preventative, rheumatic fever, suffer from, swabs, therapy, treatment

我会把新单词和图像联系起来

有一些学习者的形象思维能力要比其他人更强。对于他们来说，把新单词和图像联系起来是一种很好的记单词的方法。比如说：单词"bumblebee"（一种昆虫）。

"The bumblebee sat on the newsreader's nose and read the newspaper." 或者你就可以在学这个单词的时候想象一下这个画面。

我会定期复习

这一条可能是最重要的。研究显示，如果不复习的话，仅需要一天的时间我们就会忘记 75% 的新信息（见 Chapter 2）！所以有一个计划极其重要。如果你正在非常刻苦地学习，要想做到这一点是很难的，不过真相也很简单：要是你不复习，你同样也学不会新单词。那就赶快定一个系统的计划吧！

我会用抽认卡来记单词

这也是学习新单词最好的方法之一！本章后面的内容将会对这一点进行更详尽的讲解。

为了使用新单词：

我会在早晨先选出五个新单词，然后提醒自己今天要把它们都用上

这个方法对很多学生来说都很有效，因为有那么多的单词，你不可能一下就把它们都用到。挑选那些对你来说很重要的单词，要学会使用这些单词，而不仅仅是认得它们。

我在书桌旁或电脑上贴上单词表，当我写论文的时候，它会提醒我使用这些单词

太好了！另外，不要忘记老师给你的单词表哦。

这些你都做到了吗？如果都做到了，那就太棒了！如果你的得分比较低的话，可以看看这些建议里有哪些是你可以采纳的。你还可以和另外一个同学一起，这样你们就可以互相帮助、互相提醒。

找出新单词的意思

当你在文章里遇到新单词的时候，总会觉得这些单词很难，但只要你了解了它们的意思，就可以很容易记住这些单词了。看看下面这句话，把 **********s 当作一个新单词。它会是什么意思呢？把你觉得可能的单词都写下来，越多越好。

The albatross deaths have attracted attention at international **********s.

那究竟在实际的文章中是用了哪个单词，你可以在本段结尾处找到答案。你写下来的许多单词都会和原有单词的意思相近或者有联系，就像是同义词。思考一下单词的意思可以帮助你记忆新单词（这个单词是"conferences"）。

现在看一下你的课本，找一个你不认识的单词。试着用下面的这些提示来找出这个单词的意思：

（1）句中其他的单词是如何为你提供帮助的。

（2）组成这个单词的各个成分是否让你联想起其他相关的单词。

（3）猜猜这个单词会是什么意思。

（4）不到最后关头不要使用字典。

有一个技巧是看一下组成这个单词的各个成分。英语中的许多单词都是由其他语言的词汇组成的。有的时候知道这一点可以帮你猜出这些单词的意思。

例如，你有没有听说过"post-modern age"这个短语？这里的"post"来自拉丁语，意思是"after"（……之后），所以"post-modern age"意思是历史上处于现代时期之后的后现代时期。我们把"post"叫作前缀，因为它总是置于单词前。

你能认出下面的这些前缀吗？把表格的空白处填满。答案见第297页。

前缀	在英语里的意义	举例
ante- & pre-		pre-war period
anti-	= against	
auto-		autonomous, autocrat
bi-		bicycle
inter-		interaction
intra-	= inside	
mis-		misinterpreting=interpreting the wrong way
mono-	= one	

（续表）

前缀	在英语里的意义	举例
multi-	= many	
neo-		neo-colonialism
pan-	= all	
tele-		telephone, television

英语里同样也有很多用在词末的词缀。请看下面的例子：

后缀	在英语里的意义	举例
-ance, ence（noun）	state of being	Residence, permanence
-age（noun）	belonging to	Percentage, coverage
-ful（adj）	with	doubtful, meaningful
-less（adj）	without	doubtless, purposeless

学习学术词汇

在上面的内容里，我们主要介绍了词汇的不同种类，探讨了学术词汇对于大学学习的重要性。现在，我们看看在哪里能够找到对你来说最重要的词汇，以及如何学习这些词汇。

如果你的得分不是很理想，那么你应该很想练习一下这些词汇。你可以使用下面这个网站。

新西兰的研究人员创造了一个不同学术领域里 570 个最常用的单词列表。你可以通过下面这个网站看到这个列表：http://www.vuw.ac.nz/lals/research/awl/headwords.html，此列表的名称为学术词汇列表（Academic Word List）或 AWL。

你可能已经注意到了，这个列表被称为"headwords"，指的是有些单词是被收在一个词目下的，如"analyse"和"analysis"。这里的"analyse"就是一个词目，其他相关的词汇都是从它衍生而来的。

你认识多少？

因为这些词汇都非常重要，所以最好能从上面这个网站把这个列表完整地下载下来，然后测试一下自己对这些单词的掌握程度。

这些单词你都认识多少？占总数的百分比是多少？把日期和百分比写在下边。

日期：　　百分比：

你想做练习吗？在下面的这个网站中，你可以找到几十个针对学术词汇的练习：

http://www.englishvocabularyexercises.com/

用抽认卡来学习词汇

　　学习单词是一回事，而记住它们就是另一回事了。使用抽认卡（一种纸质的小卡片）来记单词非常有用，可以很有效地帮你记住想学习的单词。下面我们就具体介绍这种非常精巧的方法，可以大大提高你的学习效率。

　　在卡片的一面写上你想要记住的新单词、表达或句子。另一面写上定义、用法举例（可以是你自己遇到的）、翻译、搭配（见第 57 页）以及其他你想要记住的信息（如读音、听到这个单词的语境等）。

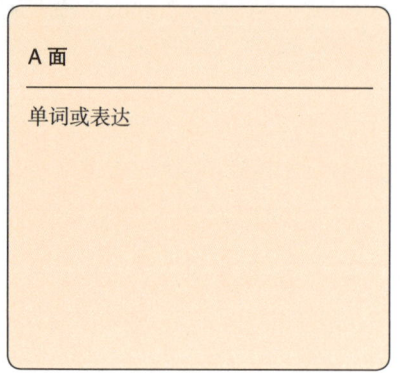
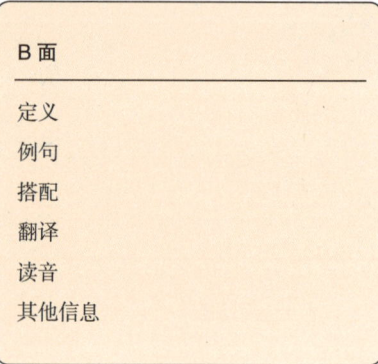

　　这种书写卡片的方式可以让你在很久后再看到这个单词时仍能知道它的意思及用法。

　　下面是一个范例：

A 面	B 面
To be fed up with something or someone	定义："If you are fed up, you are unhappy, bored or tired of something, especially of something you've been experiencing for a long time"（Collins Cobuild） 搭配：fed up with something or someone "We're fed up with having to clean up behind the tourists"（广播里的一位警官） 翻译：厌倦、厌烦、不愉快、沮丧

这里有一个用抽认卡来学习新单词的好方法：

（1）把所有的新卡片放在一堆。

（2）第二天，练习这些卡片上的单词。把你认识的单词另外放一堆，编号为"2"，不认识的继续留在第一堆里。

（3）第三天，重复第二天的做法。把第一堆里你认识的单词放到第二堆，而第二堆里你认识的单词重新放一堆，编号为"3"，不认识的单词继续留在原来的位置。如果与此同时你又学了一些新单词，那么就把这些新单词放在第一堆里。以此类推，直到一共码了五堆为止。

（4）每天都练习一下这些卡片上的单词，直到所有的单词都到了第五堆。你可能需要花较多的时间才能把那些比较难的词汇放到第五堆。但这种方法的好处是，对于比较容易的词汇，你就不必花太多的时间。

（5）如果现在你仍然认识第五堆的某个单词，那么你就可以把它放在第六堆。第六堆里的单词比较特殊，因为你每个月只会练习一次。如果在练习的时候你仍然没有忘记这个单词，那就把它放到第七堆。第七堆里的单词每半年才会练习一次。如果到那个时候你仍然认识这个单词，那么你就可能永远也忘不了它了。

玩游戏学单词

单词卡是玩词汇游戏的好工具。例如，你可以和你的朋友一起玩，每人拿 20 张卡片，互相测试。如果你的同伴答对了，你就把这张卡片给他。如果答错了，你就自己留着。首先拿到 20 张卡片的人获胜。

如何充分利用词典

词典是你会常常使用的一种工具。很多人只是用词典来查某一个词的意思，很少有人知道词典能够给我们提供的信息可远远不止这些。在介绍词典的用法之前，我们先看看词典都有哪些种类：

翻译词典（translation dictionary）

这是最受留学生欢迎的一种词典了（例如：英汉词典），你可以很快地查到一个单词的中文意思。使用翻译词典并没有什么错，不过它更适合作为一种实用工具，而不是用来学习词汇。

英英词典（English-English dictionary）

你可以在一本英英词典里找到大量的信息，不仅仅是单词的意思，还包括单词的用法。后面我们会看到几个例子。给初学者使用的词典通常会包括研习专页、提示注解以及有关各词项关系的信息。初学者的词典与词汇书不同，词典的主要功能是告诉你单词的意思，而词汇书的主要功能是帮你学单词。

专业词典（special dictionary）

如果你学的是医学专业，你可能会需要一本医学词典来解释你遇到的医学术语。幸运的是，这种词典是存在的，而且还有其他类似的专业词典，如有关法律、科学和许多其他学科的词典。你可以去附近的书店看看，有一本这样的词典会非常有用的。

同义词词典（thesaurus or dictionary of synonym）

同义词词典指的是给出单词同义词项（synonym，与原词具有相同或相近意思的其他词汇）的词典，比如"flat"和"apartment"就是一组同义词。与同义词相对的是反义词（antonym），如"good"和"bad"。同义词词典在写论文时非常有用，特别是当你为了避免重复而苦于找不到替代词的时候。

搭配词典（collocations）

搭配指的是要一起使用的词汇。所以我们会说"have an argument"，而不是"do an argument"。对于英语不是母语的人来说，要想准确掌握搭配的规则是很难的，如果不注意的话，常常会改变原有的意思，而且听上去也不太自然。现在有专门的搭配词典（collocation dictionaries），可以为写作提供很大帮助。

如果我们在搭配词典里查一下"flower"这个单词，可以找到以下信息：

Adj.	colourful, fragrant	A fragrant rose
Quant.	bouquet, bunch	A bunch of roses
Verb + flower	have, to produce	The nursery grows roses
Flower + verb	to set seed	Roses set seed after flowering
Flower + noun	petal, stem	A rose can have many petals
Prep. Phrases	in flower	The roses are in flower

由此可以看出，你能够在搭配词典里找到很多与"flower"搭配的形容词。同时，还给出了与它搭配使用的数量词（我们会说"a bunch of flowers"，而不是"a group of flowers"）。再往下，我们可以看到能够接"flower"的动词以及"flower"能够接哪些动词和名词。最后，我们可以看到与"flower"搭配的介词是"in"。另外，词典还给出了一些含有这个词的常用短语。真的是非常有用，特别是当你在写论文的时候。

另一个对于学习者来说比较难以掌握的就是短语动词。短语动词是指接有介词或副词的动词：

bring（something）up

hurry up

短语动词都有它们特有的意思。例如，从字面上来理解，"to bring something up"意思是带来（如把一本书带到另一个房间）。但是它通常的意思是"开始一个新课题"（to start a new topic）或者"在对话中提到某事"（to mention something in a conversation）。所以即使你分别知道动词"bring"和介词"up"是什么意思，但如果你不知道"to bring something up"这个短语的特殊意思，你也肯定猜不出来。

关于短语动词还有一点是你需要知道的，那就是有一些短语动词是及物的（transitive），也就是说它们可以接宾语，比如我们刚刚举的这个例子："he brought up a new topic"（其中"a new topic"就是宾语）。而其他的短语动词是不及物的

（intransitive），比如"to show up"，意思是来到（to arrive），这类短语动词是不能接宾语的。不过短语动词本身是不会告诉你它们是及物的还是不及物的，所以你需要查阅词典才能知道。

类似的，有一些短语动词可以分开使用（separable），也就是说宾语可以放在动词和介词之间。举个例子："to make up a story"，你可以说"I made the story up"，也可以说"I made up the story"。

所以你还是需要这样一本词典，因为对于大多数动词的这种用法，你是很难判断的。现在，几家大的出版商都有这种短语动词词典和练习册卖。

有一个网站可以为你免费提供有关短语动词方面的帮助：
www.phrasalverbdemon.com/

有的时候你可能会想，先用汉语把论文写好，然后再用软件翻译成英语就可以了。建议你还是好好想想吧！看看下面这个例子，你知道这首歌是什么吗？

end the eye it led inside the sleigh O'er which is being opened rushing field us inside the middle laughing the inside fun a spirit and it dawned it made and and laughed to go song the bell in the bob tail ring and and and fun tonight song A-sleighing end other the thing, daughter Rang daughter Rang kind of Ohio and daughter Rang daughter Rang kind inside Ohio inside the middle daughter Rang daughter Rang sound are born inside the sleigh which is being opened

其实这首是圣诞歌曲《Jingle Bells》，是从英语先翻译成韩语，然后再译成英语的。

词典能够提供哪些信息

看看下面的例子，你是否能把其中不同种类的信息列举出来。

Chapter 3　词汇

> **举例**
>
> accentuate /ˈksentʃueɪt/ accentuates, accentuating, accentuated. ◆◇◇◇◇
> To accentuate something means to emphasize it or make it more VERB
> noticeable. *His shaven head accentuates his large round face... The* =intensify
> *whole air of menace was accentuated by the fact that he was so cordial*
> *and soft-voiced.* Vn

资料来源：Collins Cobuild。

词典里都包括了哪些信息？

1.
2.
3.
4.
5.
6.

参考答案见第 298 页。

当然，除了这些还有很多其他种类的信息，不过这个例子至少可以让你知道：一本词典可以给你提供很多有用的信息。一些词汇甚至会包含更多的信息，如不同的意思会有不同的条目、短语动词以及正式与非正式、只用于口语、具有冒犯性或者技术词汇等信息。

你能找到以下问题的答案吗？

现在既然你已经知道一本词典可以给你提供多少信息，那么就看看你能否回答这些问题吧。你需要一本完整版（而不是袖珍版）的词典，参考答案见第 298 页。

1. 可以说 "the meeting was called by the leader" 吗？

2. "furniture" 是可数名词吗?

3. "darn" 这个词具有冒犯性吗?

4. "break out" 和 "break away" 这两个短语动词有什么区别?

5. "legislature" 的重音在哪里?

6. "appalling" 的同义词是什么?

正确使用同义词词典

  我们在前面提到过,同义词词典是一种提供意思相近词汇的工具书,现在一些网站也有同义词查询的功能。如果你想要扩大词汇使用量或者让词汇更有趣,那么同义词词典是非常有用的。然而,在使用的时候也要小心,因为几乎没有哪两个词的意思是完全一样的,用法也不可能完全一样。所以,还需要用一本普通词典再查一下你用同义词词典查到的词汇,看看是否符合你想要使用的语境。下面这个任务可以带你过一遍整个流程。

  想象一下这样的情景:你需要用英语写一篇论文,内容是有关你自己学习词汇的方法。你在论文中写了这样一句话:"One of the best ways to learn new words is using vocabulary cards."

  然而,你意识到"way"这个单词已经用了很多次,想换一个别的词。于是你在一个在线的同义词词典上找到了可以代替"way"这个单词的其他词汇。请按下面的步骤做:

  (1)访问 Merriam-Webster 在线词典,网址是 www.m-w.com/,输入"way"这个单词,然后选择"thesaurus"(同义词词典)。从得到的结果来看,"way"有 10 个不同的义项。哪一个更符合现在的语境呢？答案见第 299 页。

（2）在 Synonyms & Antonyms of way 的词条下，可以看到以下信息：

the means or procedure for doing something

//figured out the best way to accomplish the task

Synonyms for way

approach, fashion, form, how, manner, method, methodology, recipe, strategy, style, system, tack, tactics, technique

Words Related to way

mode, modus operandi；blueprint, design, game, game plan, ground plan, intrigue, layout, line, model, plan, plot, program, route, scheme；expedient, move, shift, step；practice (also practise), process, routine；policy

一开始是同义词。从词义上看，哪个词看上去更可能用在原句当中呢？你可能需要词典的帮助，才能找到最恰当的单词。

相关词汇（related words）

通常情况下，最好是选择词典推荐的"synonyms"（同义词）。而利用相关词汇的主要目的是为了退一步重新思考一下你究竟想要表达什么意思。相关词汇确实可以给你一些不同的想法，但是却很有可能让你脱离原来的意思，不符合你想要表达的语境。

（3）现在可以用这些词来写新的句子。想一想你要如何根据不同的词汇来改变句子语法。

（4）这些句子的意思有什么不同吗？

学习词汇的在线与移动工具

如果你只是把词典放在家里，即使你的词典是世界上最新的英英词典也没有用，因为当你在听讲座、在咖啡店里约见学习小组或者在公车上看书时，你就会发现，你需要一个随时都能查阅的词典。你可以把词典下载到手机、平板电脑、笔记本电脑或者你的U3[①]里。与传统的纸质词典相比，这些设备有很多优势。作为一名留学生，你可能早就已经用过这种在线或者移动工具了。不过，如果你仍然每天抱着一本大词典，或者想过要升级一下你的电子词典学习工具的话，下面的任务可以帮你决定购买哪种电子工具。

挑选电子词典

电子词典确实很贵，而且由于它们体积很小，很容易就被落在车上、掉进水里或被偷。因此在买之前，最好先想一下它值不值得你买。你可能会想用这笔钱去买其他更重要（或更好玩）的东西，也可能觉得买一个光盘装到电脑里或者用手机词典就足够了，不需要买那么贵的电子词典。下面这些问题可以帮你决定自己究竟需要什么样的电子词典来完成学业。

标准	注解	问题
语言数据的质量	老师们认为，虽然电子词典的技术是21世纪的，但是里面的语言数据却早已经过时了。学习者常常会从电子词典上查到一些奇奇怪怪的词汇，甚至有一些在英语里根本不存在。所以要保证你的新设备有知名出版商出版的优秀学习词典的最新数据。	• 你的电子词典里都装了哪些词典？ • 是单语的（英英）还是双语的（英汉）或者英汉双解的？（双解词典会比较理想。） • 里面有例句吗？ • 可以发声吗？如果可以的话，发音效果如何？（很多一流电子词典的发音听上去仍然很呆板。）
设计	设备或软件的设计也会影响使用体验。	• 屏幕有多大？单词的所有义项能放在一页里吗？ • 基本的搜索功能好用吗？ • 能够很容易地在词典和单词复查之间切换吗？ • 如果设备本身带有键盘的话，键盘够大吗？
功能	电子词典有很多功能是纸质词典所没有的。看看你的电子词典都有什么功能，以后是否会用到这些功能。	• 能把你查过的单词做成一个个人数据库吗？如果可以的话，你都可以储存哪些信息？ • 你能把里面的数据传到其他软件/硬件设备上吗？如打印机或微软的表格（Excel）文件？ • 能否对你新学的单词进行测试？ • 有没有其他你需要的功能，如词汇游戏、日志、计算器、地址簿和闹钟等？ • 电池寿命如何？

---

① U3：一种基于USB闪盘的随身智能应用平台。——编者注

词典光盘

许多英英词典在出售的时候都配有光盘。你可以只买光盘,这比电子词典便宜多了。把光盘装到你的笔记本电脑上,纸质词典就可以放在家里了!这样不论你在什么时候用笔记本电脑,都可以使用词典,省去联网的麻烦。

有一些网站还提供英语游戏,你可以下载到手机上。BBC 就是其中之一。

里面有很多非常好玩的游戏,不过并不是所有的游戏都可以在你的手机上玩,所以还是具体情况具体对待吧。

用手机学习

现在有很多公司都提供了手机词典下载的服务。手机词典并不像我们上面所看到的电子词典那么大,但当你需要马上查一个很重要的单词时,它们是非常有用的。

利用语料库来学习新单词

简单地说,语料库就是许多文章的集合。对于学习者来说,英语语料库非常有用,可以让他们知道在真实环境中英语国家的人是如何使用英语的,例如在报纸上、书中和文章里,还包括在口语环境下,如讲座中和电视里。语料库和词典是不同的,因为语料库并不提供词汇的翻译或释义,而是告诉你在英语里哪些单词最常用以及它们的用法。语料库可以帮你回答的问题包括以下几种:

(1)在英式口语里,"scared"通常接什么介词?

(2)可以说"X scared Y"吗?

(3)什么时候用"scared",什么时候用"afraid"?

下面我们看看能不能回答这些问题。

免费在线语料库

要想知道语料库是如何运作的,最容易的方法就是找一个例子试一试。这里我们给你推荐一个免费的网站:https://lextutor.ca/conc/eng/,在这个网站上,你可以利用检索工具或者程序来搜索整个语料库。

我们先试着回答上面的第一个问题。访问这个网站,你会看到下图所展示的界面。

刚看上去可能会觉得有点复杂,不过我们慢慢来,一步一步地跟着走就会觉得没那么麻烦了。我们对"scared"这个词比较感兴趣,所以我们在第一个文本框中输入这个词。除了"equals"这个仅能够查到你所输入的单词选项以外,你还可以选择"starts"(以……开始)、"ends"(以……结束)或者"contains"(包含)。如果你想要查询到所有以"inter"开头的词,如"international"或"interaction",这个是非常有用的。你还可以查到包含"roll"这个成分的所有词汇,如"enrolling"和"troll"。根据我们的情况,我们要选的是"equals"。

下面我们需要选择语料库种类。点击一下那个下拉框,里面列举了几个语料库供选择。其中最有用的几个包括:

University Word list	在写学术论文的时候尤其有用
BNC Written	在只对书面语比较感兴趣的情况下有用
BNC Spoken	在只对口语比较感兴趣的情况下有用

根据我们的情况,我们要选的是 BNC Spoken(British National Corpus,英国国家语

料库）。如果你对美式英语感兴趣，你可以选择 US TV Talk Corpus（美国电视谈话语料库），不过这个语料库比较小。这就是我们在开始检索前要选择的所有信息，其他的都不用做任何更改，只需要点一下"Get concordance"（进行检索）就可以了。下图展示了最后的检索结果。

这里的每一句话都来自 BNC Spoken 语料库。点一下那些带有下划线的词，你就可以看到完整的句子，不过通常只看显示出来的那部分就已经够用了。在这 21 个例子里，都只用了一个介词"of"。

你还可以在语料库里搜索词组，只要在"With associated word"这个文本框里输入你想要查的词就可以了。例如，如果我们要搜索带有介词"of"的"scared"，我们会发现检索出来的 10 个例子都在之前的 21 个例子里出现过。

用在线检索工具查找搭配

在查找词与词之间的搭配时，检索工具也非常有用。例如，我们想查找与某些词搭配的介词：

I am really interested _____ finding out more about music from Cuba.

如果你想知道这里应该用什么介词的话，那就按照下面的步骤操作：

（1）打开这个网站：https://lextutor.ca/conc/eng/。

（2）在"Keyword: equals"这个文本框中输入"interested"。

（3）在"In corpus:"这个下拉框中选择"BNC SP-V-Wr(2m)*"。

（4）点击"Get concordance"。

看看搜索出来的例句，找找哪些与你的句子有类似的语法结构和意思。"interested"

后面最常接哪个介词？

一种学习词汇的好资源

这里有一本很不错的书，可以帮你有效地利用检索工具：

J. Thurstun and N. Candlin（1997）. Exploring Academic English: A Workbook for Student Essay Writing. Sydney Macquarie University.

轮到你了！

现在看看你能不能完成下面的任务。你能回答前面那三个问题吗？参考答案见第299页。

1. "scared"通常接什么介词？

2. 可以说"X scared Y"吗？

3. 什么时候用"scared"，什么时候用"afraid"？

用相同的方法补充下面句子中缺失的单词。这些例子都来自学术词汇列表。参考答案见第299页。

（1）The implication _____ this theory is that companies should do all they can to keep their staff motivated.

（2）The boom experienced in the mid 1990's coincided _____ the fall in the value of the dollar.

（3）They decided to concentrate _____ their core markets in the following decade.

对检索进行分类

　　有一些检索样本采集器，可以让你对检索进行分类，如 www.lextutor.ca 中的那种。你还可以选择把它们分到左边或者右边。如果你对关键词后面的词更感兴趣，你可以把它们分在右边；如果你对搜索关键词前面的词更感兴趣，那你可以把它们分在左边。

Chapter 4

上课

学习目标

本章中你可以了解到：

- 学生们在上课方面都有哪些问题
- 上课的目的
- 各国迥异的上课风格
- 记笔记的实用小技巧
- 为上课做准备
- 上课的各个组成部分
- 老师的语言
- 成为一个更好的听众
- 在课堂上可以问哪些问题

引言

大学生活的很大一部分时间是在上课。由于老师讲的内容理解起来比较困难,因此你还需要记笔记,以备日后复习。在本章我们将帮助你为上课做好准备。

常见的问题

下面列出了学生们在上课时遇到的一些问题。要想知道你应该看本章中的哪部分内容，你可以在自己觉得比较困难的问题处做一个记号，然后根据提示翻到相应的页码，重点看这一部分内容。

如果你也遇到过类似的问题……	请看本章中的此部分内容
• 上课风格和我以前听过的都不太一样，我有点不太适应。	"各国迥异的上课风格"（见第 72 页）
• 我很难理解老师讲课时的意思。 • 我很难判断究竟这一点重不重要。 • 我不知道老师什么时候就讲到下一点了。	"讲课的组织架构与语言"（见第 82 页）
• 老师讲得太快了，我跟不上。 • 当我之后再看笔记时，我看不懂了。 • 我不知道这些单词应该怎么拼写。	"记笔记"（见第 75 页）

上课的目的

上课的主要目的是什么

回答下面的问题，看看它们是不是上课的原因，根据你自己的想法选择"可能是"或"可能不是"。参考答案见第 300 页。

> **上课的目的是……**
>
> 1. 为了保证学生们都能认真对待他们的学习。
>   ☐ 可能是　　☐ 可能不是
> 2. 为了检查出勤率。
>   ☐ 可能是　　☐ 可能不是
> 3. 为了给学生们提供其他地方找不到的信息。
>   ☐ 可能是　　☐ 可能不是
> 4. 为了给大学学习增添一点乐趣。
>   ☐ 可能是　　☐ 可能不是
> 5. 为了让学生们提出问题。
>   ☐ 可能是　　☐ 可能不是

6. 为了把不同来源的信息集中起来。

　　☐ 可能是　　☐ 可能不是

7. 为了让学生们互相认识。

　　☐ 可能是　　☐ 可能不是

8. 为了给学生们提供不同于教科书的新信息形式。

　　☐ 可能是　　☐ 可能不是

还有其他原因能够说明为什么上课很有用吗？

你为什么认为上课有用？在下面写出 5 个原因：

1.
2.
3.
4.
5.

各国迥异的上课风格

我们询问了一些留学生对上课的感觉，下面是他们的回答。把每一个评论中最主要的上课风格差异记下来：

Antonina（安东尼娜）说：

在意大利，一堂课会有 300 人来听，我们根本就进不去，所以我们只能在另外一个阶梯教室通过内部通话设备来收听。因为没有图像，所以我们只能听，非常被动。在新西兰，让我感到震惊的是，学生们可以在上课过程中随时向老师提问，而且老师也会为学生提供一些讨论的话题。

Ahmed（艾哈迈德）说：

在沙特阿拉伯，有时候我会觉得老师看不起学生。在"我们"和"他们"之间存在着巨大的隔阂，他们在课外都不会跟我们说话。但是在新加坡，这种师生之间的关系非常开放，老师很容易接近。

José（若泽）说：

在墨西哥，老师似乎会故意刁难学生，他们从来不会把上课内容讲得简单一点，让我们能够理解，而且即使我们都不明白他们讲的是什么，他们也不会担心。但是在美国，老师希望我能够告诉他们我是否理解了，而且他们也会尽量把内容讲得更加清晰。

由此可以看出，各国在老师与学生之间的互动、老师对学生的态度以及课外老师的可接近程度方面还是存在差异的。

为上课做准备

在上课前花一点时间思考一下是非常有用的，这在用母语上课时很重要，在英语授课时就更加重要了。如果你能提前预习老师要讲的内容，那么你就会很容易跟上老师的进度，也会有更多收获。另外，你也会更加清楚自己想要从讲课中得到哪些信息，这会让你的学习更加容易。你可以根据老师发给你的阅读材料和上课的主题来准备。

通过阅读材料预习

如果老师在讲课前推荐了一些阅读材料（可以是发给你们的讲义，也可以是课本里的某些章节）让你们去看，那么你最好看看，因为老师通常会在上课时讲这些内容。

通过上课主题预习

看了上课主题，你可能就已经有一些问题想要在课堂上得到解答了。本小节就主要探讨上课主题，鼓励你去思考这些问题。

看看下面这堂课的主题，这是东南亚经济发展课程的第三次课。如果你要去听的话，把你想得到回答的三个问题写在下面。

第三周　　9月29日　　星期三

Development and Standard of Living in South-East Asia. Accounting for the variation in the region. Challenges for the future.

1.
2.
3.

现在把你的问题和下面这几个问题比较一下：

（1）老师是如何定义"Standard of Living"（生活标准）的？

（2）他的衡量标准是什么？引用了什么数据？

（3）在这个地区，哪些国家的生活标准最高？

（4）哪里的生活质量最低？

（5）为什么会存在这样的差异？

（6）哪些历史因素会影响生活标准？

（7）这一地区在21世纪会面临哪些挑战？

针对下面的上课主题做同样的练习（你可能需要在词典里查一下某些词的意思）。参考答案见第301页。

（1）The Case for Censorship（journalism）

（2）Intermittent Reinforcement（psychology）

（3）The Rise of Social-networking Websites（sociology）

（4）Restorative Justice: a Workable Model?（law）

小结

做一个具有批判性思维的聆听者与做一个具有批判性思维的读者或作者同样重要。而要想做到这一点，很重要的一步就是要做好准备，在上课的时候清楚地知道自己想学的是什么。

作业

如果你几周后要交一份作业，你可能会有一些问题希望在课上得到解答。例如，你可能已经对作业内容有了一些想法，希望能在课上检验一下自己写作的方向是不是正确。

上课准备清单

对阅读材料的思考	上课过程中
阅读材料当中有没有你不明白且希望老师能够在课上解释的地方？	我对……有点疑惑。 我希望下面这些问题能够得到解答： 1. _____？ 2. _____？ 3. _____？
你想在课堂上更多获得哪方面的信息？	我想知道更多有关……的细节。
材料里有没有哪些地方存在争议？你想听听其他人的意见吗？	我想听听老师对……的看法。
材料里的这种想法有没有什么问题？你想让这种想法贯穿整堂课吗？	我不同意材料里有关……的看法。 其他人同意我的观点吗？
通常情况下，教科书里的阅读材料都比较注重理论。你是否希望老师能在上课时谈谈某种想法的实际应用情况？	我想知道如何……应用于实际。
有的时候，教科书只能给你提供一种情况下的证据，但是你很想知道这些证据在其他情况下是不是也适用。	我想知道是否……也能够应用于……/ 在什么时候……
你是否想知道在哪里可以找到有关这一主题更多的阅读材料？	我希望能够有更多有关……的参考资料供我阅读。

记笔记

　　首先，对于母语是非英语的学生来说，用英语记笔记是很难的。你很有可能会因为自己能够听到某些内容而过度高兴，于是把你听到的所有信息都记下来，不管它们重不重要。你会想"这样也没什么不好，至少我以后可以再看看我的笔记，至于课上究竟讲了什么内容，到时候再说吧"。这是一种很糟糕的策略，因为记笔记完全变成了一个不用费脑子的过程，根本没有去思考上课的内容。记笔记本应该是帮助你跟上上课的进度，而且还可以帮你在以后回忆或者思考上课的内容。如果你的笔记没有起到这种作用，那么你最好全神贯注地理解上课的内容吧。

记笔记的不同方式

如果勤加练习，记笔记会变得越来越容易。本小节提供了一些例子，告诉你如何才能更加有效地记录自己的笔记。首先，我们先展示几个例子，之后会介绍几种方法，你可以参考这些方法来整理自己的笔记。

线性笔记

这种笔记指的是把课上的重点按照从前到后的顺序记录下来的方式。这也许是大多数学生在大多数情况下会采取的方式。

看看下面这份笔记，这是在一堂课刚开始时记录下来的，上课内容是从经济角度看专业运动。是什么让这份笔记更加容易看懂呢？把你自己的观察结果记录下来，参考答案见第 301 页。

Professionalism in sport: are footballers worth $X million per week?

Last 20 years sport: pastime   big business – entertainment $
– ticket sales (less important now?)
e.g. Turkish football grounds – ads … one side of ground only (cameras from other side)
Free entry to Wednesday games (Italy)
– TV rights / Satellite TV subs
pay-per-view boxing
e.g. highlights on news? <25 seconds – goal / try only (who has TV rights?)
– corporate hospitality (@sports stadium)
– bar sales (in pubs)
beer / cigarette / junk food advertising $ v. important 4 sport
– advertising – at stadiums / on players / ad. breaks on TV / team – stad. naming rights
e.g. v. warriors ~ t. clear dome
– shirt / scarf / accessory sales (China – Crystal Palace shirts – 2 Chinese players)

RESULT: Players $$$$$ (celeb. culture) fuel all sales. Commodity?
– transfer fees

– wages

– TV ad contracts – sports shoes / razors / after shave etc.

– bad (!) autobiographies

– etc.

(sports media – slaves to business?   lack of critical comment on sport?)

The man the brand. How much does he earn?

per game?

per goal?

per shirt?

per ad?

per razor sale?

图表型笔记

与线性笔记相比,图表型笔记通常复习起来更容易,所以视觉型学习者会觉得图表里的信息更加容易记忆,有利于考试,同时在写作业的时候也很容易查阅。这里举了三个例子,你可以根据不同的上课内容来选择一种合适的笔记组织方式。

例1:简单分类表格。

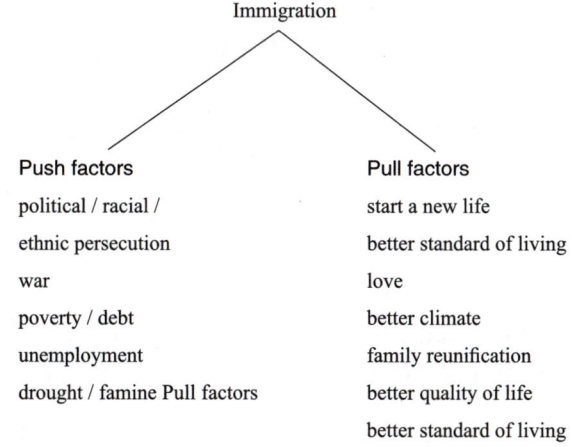

例2：思维导图。

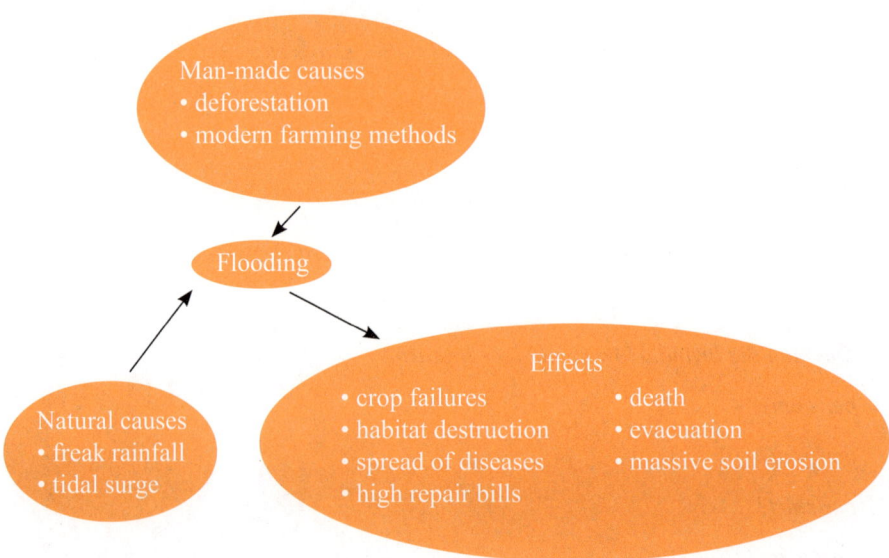

例3：康奈尔笔记系统。

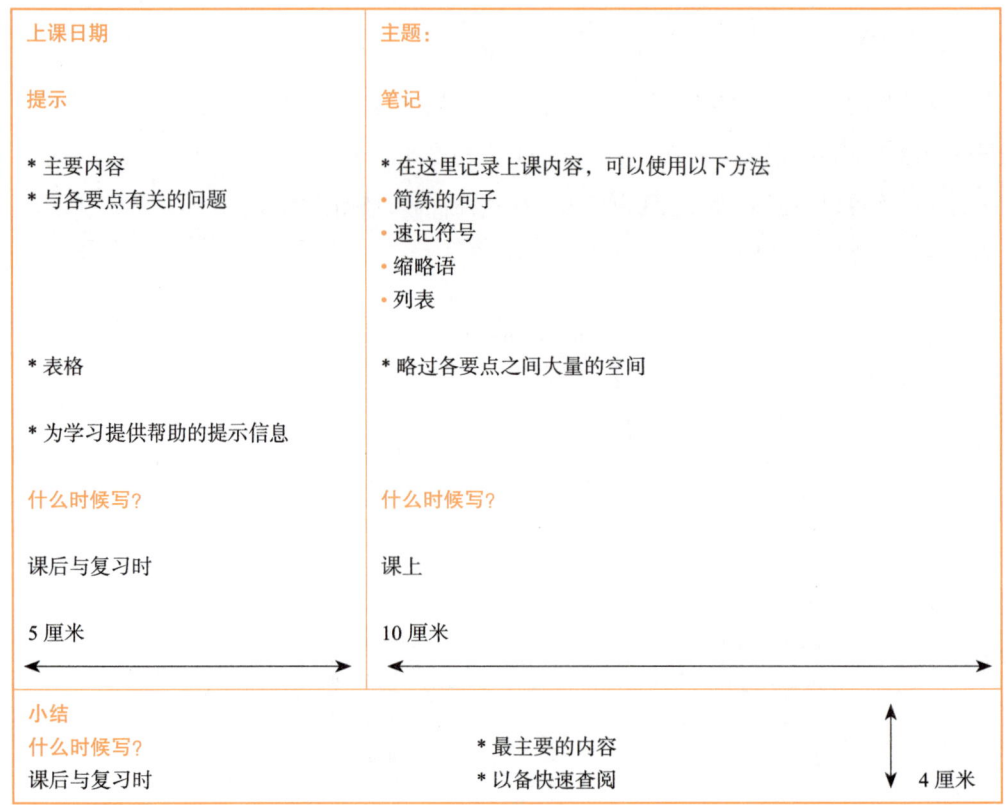

笔记栏（右侧）
这一栏是课堂上记录的内容，可以用一些短句和词语碎片把需要的内容转写下来。去掉所有不必要的单词，可以使用项目符号的列举方式以便查找，尽可能多地使用速记符号（但不能破坏整体的可读性）。建立一套自己的缩略语表，例如用"e.g."或"ex"来代表"for example"，"v"代表"very"，"tho"代表"though"。
提示栏（左侧）
当课后回顾你的笔记时，在提示栏快速写下几个问题，标出一些记忆点，可以帮你把笔记中的一些想法联系起来。在学习的时候也可以看看这些提示，可以帮你回忆起笔记中的一些要点。
小结区域（最下方）
当你在课后补充一些提示信息时，可以把每一页的笔记内容用一到两句话概括出来，抓住主要意思，然后写在表格的最下方。你可以利用这部分的小结内容快速地浏览你的笔记，方便以后查询。

总结

下面这篇文本节选自一个有关如何记笔记的研讨会。首先，把每个部分的开始句标出来。第一部分已经作为例子用下划线标出来了。答案见第302页的参考答案。你可以对要点做一下笔记，试着用上面所讲的某种组织方式，多多采纳研讨会中提出的建议。

> OK. Thank you all for coming. Today our seminar is about good note-taking practice. At the beginning of last year, I did a small study of the note-taking habits of successful students, looking at the techniques they use when taking notes in lectures, and then I asked them for their advice to students who wanted to improve their note-taking. I will present some of the findings of this study and then at the end of this presentation, there will be an opportunity for you to talk about the note-taking strategies that you found the most effective. <u>First of all, let's look at what you should make notes on – I mean the paper – not the topics!</u> Now lots of students use notebooks for their lecture notes. This is fine, but some students find it easier to use a loose-leaf notebook – that means one that you can take the pages out of – rather than one with fixed pages. This means that you can take the pages out and put them into a folder with your course notes. Then you can collect notes and course readings for each course in one place, in

a separate notebook or section of a notebook – write name + date of lecture. Sometimes lecturers give out a handout with the main points from the lectures. You could find it useful to make notes on the handout, in the margins – this will help you organize the notes you make. Also, some lecturers put their own notes on the course website after a lecture. You can print these out and put them in your folder next to your notes. The appearance of your notes is really important too because you will need to refer to them later. If you find yourself making doodles or writing notes to your partner on your lecture notes, remember that not only is this manual activity stopping you from concentrating but it will be annoying and confusing when you look back at your notes – i.e. when you are using them to revise for an exam. It is worth losing a bit of speed in order to write legibly – this saves time in the long run. If you find you don't have time to write neatly, then you are probably writing too much. Note only key words, not every word – and think critically about what you write down. If it is not going to be useful later – don't write! The other thing you can do if you can't keep up is to leave gaps [   ] when the speaker is moving too fast. You can always check with a friend later if you see a gap in your notes. In fact, it's a really good idea to review your notes as soon as possible. You could do this with another student. Read through and improve the organization as necessary. Looking at the layout of your notes, some students make the mistake of writing all their notes in the top quarter of the page. Leave space between points. Indent. Spread it out. Mark ideas which the lecturer emphasises, with an arrow or some special symbol. Put a box around assignments and suggested books so you can identify them quickly. In terms of developing your listening skills, pay attention to signals for the end of an idea and the beginning of another. If you hear these, they will help you follow the flow of a lecture and lay out your notes logically. Transitions such as 'therefore', 'finally', and 'furthermore' usually signal an important idea. Also, pay attention to the lecturer's voice. The voice will often go down in pitch at the end of a section and then up at the start of a new section. As a final point, often the most interesting and useful things you can gain from lectures are the examples, sketches and illustrations that the lecturer presents. Lecturers often talk about their research in relation to points they make, or tell stories from their experience. You can get the theory from a textbook, but often this experience is unpublished and cannot be got from books. They are often the most interesting parts of lectures and you can use them in your assignments and exams – so although stories may seem off the point, they may be worth noting down.

OK. Now, I'd like you to look back over your notes and …

笔记符号与缩略语

下面列举出了一些常用的笔记符号和缩略语,你可以在记笔记的时候使用。

符号		缩写	
@	= at	e.g.	= for example
↑	= rise, increase by, grow to/by	etc.	= and so on
↓	= fall, decrease by, decline	i.e.	= that is
&	= and	no.	= number
$	= money	sth	=something
$$$	= lots of money	s.o.	= someone
~	= approximately	NB	= note that
>	= is more than	ref.	= reference
<	= is less than	doz.	= dozen
∴	= therefore, so	K	= thousand (she earns 89K)
∵	= because	C	= century (C21st = 21st century)
♂	= man; men	m.	= million
♀	= woman; women	esp.	= especially
#	= number (Phone # / Case #)	c.f.	= compare with/contrast with
/	= per (Kb/s = Kilobytes per second)	w/	= with
1980→	= since 1980	govt	= government
←1980	= 1980 and earlier	w/o	= without

如何形成一套自己的记笔记方式

下面为你提供了四种方法。

方法	具体细节
1. 使用已经出版的 EAP（English for academic purposes，学术英语）材料。	现在有很多不错的 EAP 教材，同时还配有讲座录音和笔记任务。其中一个是朗文英语听说教程（Contemporary Topics），这一系列包括三本书——中级、中高级和高级，其中的讲座都进行了分级并配有练习任务。由于这套书对课程内容进行了分级，因此对形成自己的记笔记方式非常有用。
2. 使用网上的上课文本	在 Google（谷歌）搜索中输入你要查的主题及 "lecture scripts" 这两个词，你会从网上得到很多有关这一主题的上课文本，你可以用这些来做笔记练习。
3. 去听一些跟你的学业没有太多利害关系的课	也许你不想在那些很重要的课上练习记笔记，那么为什么不去听一些你并没有选的课呢。这在你没有上大学之前是一种非常好的方法。只要你事先跟老师打好招呼，大部分的老师是很欢迎你去听课的。
4. 把讲课内容录下来	用你的手机录音功能把讲课内容录下来，之后你就可以在听录音的时候做笔记了。这样做会更容易一点，因为你可以在必要的时候随时暂停录音。

笔记

笔记一定要记好，这样当你以后再回过头来看笔记时，就能够知道当时这堂课究竟讲了什么内容。但这并不是说要记得多么完美，不要把时间都浪费在美化你的笔记上，因为只有你自己会用到它们。

讲课的组织架构与语言

老师都讲了什么

老师在讲课时说的话通常可以分为以下七种（见下表）。左边一栏是老师的原话，右边一栏是老师接下来可能会讲的内容。因此，当听到 "and that leads to..." 这句话的时候，也就意味着下面将要开始一个新话题了。

你会听到……	换句话说……
And that leads to... We now come to look at... Right. Well, if we move on... What I'd like to do now is... OK now... For instance... For example... One way this works out is... Let me give you an illustration.	1. 换个新话题。
This means... According to...	2. 举个例子或者解释一下。
X would have us believe... I think this is... The most interesting point here is...	3. 这是别人的看法。
Let me just say in parentheses... By the way...	4. 这是我自己的观点。
I might say here... So where was I? Well anyway...	5. 这个很有趣，但并不是重点。
To get back on the track... So...	6. 现在回到我们之前所谈的话题。
What I'm saying is...	7. 做一个总结。

改编自 J.R. Nattinger and J.S. deCarrico. Lexical Phrases and Language Teaching. Oxford University Press。

给你一个任务，按照下面这三个步骤操作：

（1）从左到右阅读上表的内容；

（2）遮住右边一栏的内容，看你能不能回忆起这些句子的含义；

（3）下面为你提供了更多这方面的例子，看看你能否知道老师的话是什么意思。

这些话……	意思是……
I'd like to talk about... What we're doing today is... This morning we'll start looking at...	
In other words... So the question is... So.../What I'm saying is...	
That's not the same as... The catch here is... That's not what we really mean by...	
And that leads to... We now come to look at... Right. Well, if we move on...	
For instance... For example... One of the ways this works out is... Let me give you an illustration...	
According to... I'm a great believer in... X would have us believe... The most interesting point here is...	
By the way... I might say here... As a sidelight... But I'm getting a little ahead of myself... So where was I? Well anyway... To get back on the track...	
That would go for X as well as for Y... Along the same lines...	

上面哪些话的意思是：（参考答案见第 303 页）

- 换一种方式来解释他刚刚说过的话。
- 举例说明刚刚说过的话。
- 这不是我们要讲的主要内容。
- 这和某事是一样的。
- 这只是人们的观点，并不是事实。
- 下面要讲一个新的分话题。
- 这与其他事物都不同。
- 引出话题。

学会听指示性语言

出色的老师都会在讲课时用一些停顿和语气上的变化（改变说话的音高）来表示某种意义上的转变。试着按照下面的步骤做：

（1）去听一堂课并录音；

（2）抓住上课的主要内容，但不要太过于关注细节。在笔记中，记下所有你听到的指示性语言；

（3）当你再听录音时，注意听一下老师在使用这些指示性表达时的音高。你可以用下面这种方法来表示音高的改变：

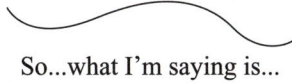

试试看你都有哪些发现。

上课文本

下面这几段文本节选自一堂有关英语语言教学的课。左边一栏是上课原文，把你自己的评注写在右边，你可以描述一下当时发生了什么。前四个例子已经给出。答案见第304页。

老师的原话	说话的目的
Today we are going to have some information about how students can help themselves learn a language. In other words, I'll be talking about what we call language-learning strategies. One definition of these strategies is on your handout. Cohen (1998:4) defined them as "processes which are consciously selected by learners…" In today's lecture I'll be starting by discussing the need for strategies and some definitions of them. I'll be passing on some theories as well as providing you with some examples. Finally there will be some general points about how you might apply the ideas from today's lecture. Let's start with a question. Why is this topic important to you? …	宣布今天的演讲主题。 介绍一个技术用语。 提醒学生不用把定义记下来。 为技术用语下定义。 从这里开始：

（续表）

老师的原话	说话的目的
We have various categories of learning strategies. These are social strategies, cognitive strategies, organizational strategies and metacognitive strategies … Now let's turn to some examples of cognitive strategies for learning vocabulary. You have probably used some of these yourselves. Let's see, how many of you try to remember a word by linking it to another word you know in any language? … Another aspect that students say they need to learn better is listening. Think of all the contexts where you need to listen: on the telephone, in a social conversation, at a public place and of course in a lecture like this one. In some of these places you have to practise selective listening. What we mean by this term is that a person decides to block out much of what is said and listen just for some information that they need. Some of the occasions when you might practice selective listening are … Etc. etc.	

图像

投影仪投射的图像和 PPT 都非常有用，可以帮你把握老师讲的要点，通常这些图像中还包括一些很有用的引言或图表，所以尽量坐到前排以便看得更清楚。你可以让老师把这些资料放到课程网站上或者是通过邮件发给你，这样你就可以下载下来。如果课后你能拿到这些资料，那就不要浪费课上的时间去记了。

有些学生会用手机把这些图像都拍摄下来。至于这种行为在课堂上是否允许，还是先问问你的老师吧！

在课堂上提问

如果你有问题想问老师，你可以在下面这几种情况下提问：

（1）课后与老师一对一的交流时间（见 Chapter 10 "与老师沟通交流"）。

（2）下课后。

（3）在小班辅导课上（见 Chapter 5 "小组学习"）。

（4）当老师在上课时询问"Any questions?"时。

根据有用的程度对问题进行排序

如果你在想这个问题值不值得在上课时问的话，你可以快速地做个小测试。问问自己这个问题是否满足下面这几项条件：

（1）这个问题不仅对一两个同学有用。

（2）这个问题不仅仅是对刚才所讲内容的重复。

（3）这个问题是有关上课内容的，而不是有关组织安排的，如交作业的日期。

（4）这个问题针对的是刚刚所讲的内容，而不是之后会讲到的内容。

另外，还有一些情况要考虑：

（1）老师是否刚刚回答过其他同学提出的一个类似的问题？

（2）老师是否询问过大家有没有问题？

（3）老师是否正注视着全班，等着大家提问？

下面列出的这些问题中，有四个不应该在课堂上问。审阅这几个问题，看看哪一个问题是可以问的，在剩下四个问题的末尾处写上不能问的原因。答案见第 305 页。

（1）Is it OK if we email you about changing the time of handing in the next assignment?

（2）Excuse me. What was that point again?

（3）I have a problem with reading our handwriting on the board. My eyesight isn't great.

（4）Will you be telling us more about that shortly?

（5）How does this point compare with what you said earlier about...?

做一个更好的听众

前面我们主要谈了有关上课方面的内容，接下来将告诉你如何成为一个更好的听众。这对你上课以及完成大学里许多其他的任务都会非常有帮助。

克服听力问题

下面我们列出了一些人们在听另外一种语言时会遇到的问题，就是这些问题使得听课变得非常困难。对于每一个问题，我们都提供了一些建议以供尝试。

我不知道一个单词在哪里结束，下一个单词从哪里开始，该怎么办

例如：

Lennonnmcartney

BondandBond

Centralafrican Republic

HeartofMidlothian

听到什么写什么，并且在你不太确定的单词或词组旁边写一个问号。讲座结束后再问问自己，这里最有可能是什么单词。

了解一下连读的特征，如在语速较快的情况下，词与词之间是如何衔接起来的。这里为你推荐一本不错的语音教材：M. Hewings：English Pronunciation in Use Advanced, Cambridge University Press.

对我来说，语调是最难识别的。我从来都分不清老师是在问问题还是在陈述某件事，该怎么办

在老师讲课时，提问和陈述之间的差别并不是很重要。通常老师问的问题更像是某种标题。例如，老师会说：

What do we know about the spread of this virus?

从而引出下一个话题：

I'm now going to tell you what we know about the spread of this virus.

重要的是要在讲课中注意到这种变化。例如，当一个内容结束时，老师的语调会下降，而当他开始讲下一个内容时，语调又会上扬。另外，老师还会用语调来强调某些重点，所以要仔细听。

大多数情况下，老师讲课中有很多词我都不太明白，该怎么办

学习中很重要的一部分就是要知道那些与你所学的学科有关的词汇。你可以在课本里找到对这些关键词的定义。

通常情况下，当老师第一次提到某个技术词汇时，他会加以解释。所以，当老师给出定义的时候，一定要注意。例如："Photosynthesis – by this I mean the process by which plants get their energy from the sun."

我知道每个单词和短语的意思，但是我却抓不住上课的主题，该怎么办

下面这几项，你做到了多少？

（1）看本学期的课程安排。

（2）回顾上周的上课内容，看有没有提到下次课会讲什么。

（3）阅读课本中的相关章节。

（4）上课时，用手机或平板电脑把讲课录下来。这样在上课过程中，只需要理解主要意思就可以了。记下老师所讲到的话题，把录音文件传到电脑上。如果你需要对某一个话题有更详细的了解，可以重听一遍录音并做笔记。这样做的好处是你可以想听多少次就听多少次。

（5）课后，可以和其他同学聊聊这堂课，这样有助于你把各部分内容串联起来。

最让我感到困扰的是，当听到其他人都笑了的时候，我知道这个笑话我又没听懂，该怎么办

理解另外一种语言里的笑话是很难很难的，有时要取决于你是否了解最近新闻或电视里所报道的事件，还有的时候是因为文化差异。我们也没有什么特别见效的建议能够帮你更好地理解一门新语言中的笑话，不过最好是把注意力都放在你能理解的内容上。如果在别人都笑了的时候而你却没有理解这个笑话，那么你可以把这个笑话记下来，课后再找一个英语国家的人问问。

总结

对于上课来说，有三种重要的"积极听课方式"：

（1）在上课时总体把握主要内容。

（2）如果老师讲得比较详细或者在强调什么内容，那么要重点听一下细节。

（3）听听看老师有没有回答你希望得到解答的问题。

在日志中记录你听课的进步

每一堂课结束后，想想自己这次听得怎么样。你可以问问自己，是否听懂了重点、是否抓住了细节、是否听懂了笑话、有没有问问题以及笔记记得怎么样，然后把答案记录下来。这样做可以让你看到自己的进步。

结论

在本章最后,我们另外补充了 10 个小建议,经过一些学生的实际验证,证明它们还是很有用的。你可能早已经采纳过其中的一些建议了,在你用过的建议旁边做一个记号。总分 10 分,你得了多少分呢?

(1)在上课前可以先了解一下这堂课的主题并预习上课的主要内容。

(2)如果在课前有一些推荐的阅读材料,最好读一读。

(3)在刚开始上课的时候,老师可能会先对上周的内容做一个回顾,然后再简单地介绍一下今天要讲的内容,这个时候一定要注意,因为这有助于你跟上进度。

(4)即使不能完全理解,也不要担心。把那些需要继续研究的话题或者内容记下来,以便以后查询。

(5)不要把所有的内容都记下来,通常老师都会把他们的课件或笔记放到课程网站上(特别是在你要求过之后)。

(6)用手机或平板电脑把上课内容录下来,这样你就可以在课上专注于听主要内容而不至于跟不上。之后,如果你想再回顾一下那些比较难的或者细节比较多的地方,你可以专门听这部分录音。

(7)采取团队合作的方法。找一个学习伙伴,课后可以在喝咖啡的时候互相比较一下你们的笔记。谈谈那些最重要的地方以及你不太懂的地方。

(8)如果课上你有哪个部分没听懂,但是又不想在课上提问,那么你可以课后以书面的形式问问你的老师。

(9)通常老师都会在快要下课的时候介绍一下下节课的内容,可能也会给你推荐一些阅读材料,为下节课做准备。

(10)你可能在上课时没有时间使用词典。所以如果碰到不会的单词,要尽可能地记住,课后再查字典。

Chapter 5

小组学习

学习目标

本章可以帮助你：

- 了解小班课的目的
- 思考为什么有些人不去上小班课
- 听听其他同学的观点，在小班课上应该如何表现
- 为小班课制订计划
- 扩大自己的短语词汇量，更好地参与讨论
- 注意发言的时机与方式
- 在小班课上思考文化差异

引言

　　当你刚开始上课的时候，通常会拿到本学期的课程表，你可能会注意到其中有一些小班课（tutorial）。究竟什么是小班课？小班课上会做什么？你可以在本章找到答案。

为什么要上小班课

小班课或研讨课（seminar）是大学生活中非常重要的一部分。小班课与平时上的大课（lecture）不同，班级规模更小（通常不会超过 20 人），而且学生们都有不同的角色分工。在平时的大课中，学生相对比较被动，只是听老师讲课，记笔记。而在小班课上，大家会谈论自己的看法、提问以及完成小组任务。所以在小班课上，老师会希望学生们能更加主动一点，能够贡献出更多的力量。但是，通常学生都对自己在小班课上的角色不太明确。

小班课的目的

本小节主要探讨小班课的重要性。

想想你自己在上小班课时的感受。你是否同意下面的这些观点呢？把总分加起来（参考第 305 页），看看你对小班课的态度究竟是怎样的。

---

1. 课堂发言有助于学生明确自己的观点。

    同意……………不同意

    1　2　3　4　5

2. 你可以在小班课上了解到其他学生的看法。

    同意……………不同意

    1　2　3　4　5

3. 可以和课外遇到的同学进行交流。

    同意……………不同意

    1　2　3　4　5

4. 你在平时的大课中或者课本上学到的新技术用语可以在小班课上得到应用。

    同意……………不同意

    1　2　3　4　5

5. 可以知道别人是如何看待你的想法的。

    同意……………不同意

    1　2　3　4　5

6. 小班课通常希望每一位同学都能参与进来，所以每个人都会有发言和思考的机会。

同意……………不同意

1　2　3　4　5

学生选择是否去上小班课的原因

我们采访了一些留学生，想了解一下他们是如何看待小班课的。我们发现，他们的关注重点主要集中在下面这几个问题上：

（1）对小班课重要性的理解。

（2）个人的学习风格。

（3）对语言的自信程度。

（4）对课程知识的自信程度。

（5）对老师的看法。

（6）对其他同学的看法。

下面这个任务可以帮你分析一下自己对这几个问题的态度，根据自己看待每一个问题的积极程度标出你所处的位置。另外，我们还针对每个问题给出了一些建议。

1. 对小班课重要性的理解		学生给出的建议：
+	−	
"我觉得小班课很有用。" "对某事物展开讨论是一种很好的了解这种事物的方法。"	"我觉得小班课没什么用。" "我更愿意去听大课，更希望从老师那里获得信息，而不是从别的同学那里获得。"	• 继续尝试。如果你放弃的话，就永远都无法从中获益。 • 做好充分的准备，带着问题去上课（见下一小节）。 • 每周都试着增加自己在课上的发言量。 • 记住 WIIFM 原则（What's in it for me，我能够从中获得什么），让一切变得有意义。 • 跟你的老师谈谈你的感受。

你的态度？

←──────────→

Chapter 5　小组学习

2. 个人的学习风格

+
"与其他同学讨论某一主题并了解他们的观点可以帮助我学习。同时，这也激发了我的思考。"

−
"阅读和听力是最适合我的学习方法。所以小班课的讨论对于我来说纯粹是浪费时间。"

你的态度？

◄─────────────►

学生给出的建议：

- 即使你在小班课上学不到什么东西，这仍然为你提供了一个练习语言的好机会。
- 在小班课上说出一些自己不太确定的想法，听听大家的意见。这比在作业中写出来效果要更好。
- 对于你不太理解的东西，你可以提问。

3. 对语言的自信程度

+
"我总是喜欢尝试说其他的语言。即使是在小时候，我也会试着跟我爸妈的朋友用他们的母语聊天。"

−
"我的英语不好，对此我感到很害羞。"

你的态度？

◄─────────────►

学生给出的建议：

- 想想班上其他比较害羞的同学。
- 当你说话的时候，眼睛要直视老师，（我们希望！）他会给你鼓励的。

4. 对课程知识的自信程度

+
"对于我现在所攻读的学位课程，我在高中的时候就已经达到了比较高的水平。所以我有理由感到自信，我知道别人都在说什么。"

−
"我选这门课的唯一理由就是因为它是必修课。我觉得自己可能学不好这门课。"

你的态度？

◄─────────────►

学生给出的建议：

- 读一遍你的上课笔记，为小班课做准备。
- 当你对现在所讨论的主题了解不多时，可以先从听别人的发言开始，然后再过渡到自己参与讨论。

The International Student Handbook
学业生存手册

5. 对老师的看法

+
"这个老师是我上这门课的主要原因。她可以把一些很难理解的问题讲得很简单。"

−
"老实说，没有人喜欢这个老师。我曾经听到过很多学生说这是他们选择不去上课的理由。"

你的态度？

⟵―――――――⟶

学生给出的建议：

- 我哥哥去年毕业后就开始工作了。他告诉我，与你不喜欢的人合作是为你以后走上工作岗位做准备。
- 当我坐下来上课的时候，我会试着不去想我个人对老师的看法。我会把她想成是其他人。

6. 对其他同学的看法

+
"小班课为学生们提供了一个与其他同学相处的好机会。"

−
"和我一起上小班课的同学中，大部分人在这门课上的成绩都和我一样差。我们之所以会到这个班学习，就是因为我们在填写姓名的时候速度不够快，所以没有抢到一个好时机。"

你的态度？

⟵―――――――⟶

学生给出的建议：

- 把小班课想成是去做许多事：学习、社交及（偶尔）娱乐和放松！
- 可以每周坐在不同的位置上，这样能认识更多的人。

不要放弃小班课

小班课是一个很重要的学习机会。如果不参加的话，你会错过一些很重要的东西的。

为小班课制订计划

对于英语国家的人而言,在小班课上发言有时都是一件很难的事情,而对于留学生来说就更难了。如果你觉得自己很难在课上有所表现,那么还有一种不错的开始方式,那就是做好准备,带着自己的计划上课,就像是去参加一个商务会议一样。如果你去参加这样的会议,你就会提前想好自己要说什么,以及想要从这次会议中获得什么。本小节主要介绍了一些针对小班课的准备方法。

为小班课设定目标

小班课是可以预习的。老师一般会提前为课程做一些介绍,你可以从课程的题目上了解到课程的主要内容。通常小班课会安排在大课之后,这样可以使学生们有机会来讨论他们在课上遇到的问题。有的时候,老师也会给学生们推荐一些阅读材料,希望学生们能在上课之前先读一下。还有的情况下,老师会利用小班课的机会来布置作业。如果你想上小班课,那就先要确保自己已经读过这些阅读材料,去听了大课且事先曾考虑过作业的问题。记得把你的上课笔记和阅读材料带到小班课上。

用下面这个模板来为你本周的小班课设定目标:

小班课课程主题

小班课上课日期		
准备工作	我想在小班课上知道/学到什么?(在这里写下你的问题)	在小班课上,你找到你想要的东西了吗?(如果找到了,在这一栏做个记号)
讲课题目与日期	我想知道我对这些问题的理解和看法是否正确……	
阅读细节(作者/文字/书页)	我不同意这些观点…… 我想知道一些有关这些想法的具体例子……	
作业	• 看看都布置了什么作业 • 谈谈我对……的看法 • 从其他同学/老师那里了解更多的关于……的信息	

开始一段对话或讨论以及询问别人的观点时可以使用的句式：
☐ I'd like to know...
☐ I'm interested in...
☐ Could I ask...?（正式）
☐ Could you tell me...?（正式）
☐ Perhaps you could tell...（正式）
☐ What do you think of...?

想要打断别人时可以使用的句式：
☐ Excuse me...
☐ Sorry, but...
☐ Excuse me for interrupting, but...（正式）
☐ May I interrupt for a moment?（正式）
☐ Just a second...（非正式）
☐ Can I add something?
☐ Can I say something here?
☐ I'd like to say something, if I may.（正式）
☐ Can I ask a question?
☐ May I ask a question?（正式）

解释自己观点时可以使用的句式：
☐ First of all,...
☐ The main reason is...
☐ The main thing is...
☐ The most important thing is...
☐ Secondly,...
☐ The other reason is...
☐ Another reason is...
☐ Besides that,...
☐ And on top of that,...
☐ And finally,...

当你想要提及其他人论证中的观点时可以使用的句式：
☐ The trouble is...
☐ The problem is...
☐ The trouble with...
☐ The problem with...
☐ The point is...
☐ Don't forget that...

当你想要说一些新信息时可以使用的句式：
☐ Do you realise that...
☐ Believe it or not,...
☐ You may not believe it, but...
☐ It may sound strange, but...
☐ The surprising thing is...

☐ Surprisingly,...   ☐ Oddly enough,...
☐ Funnily enough,...（非正式）

当你要说的事情可能会令人感到惊讶或震惊时可以使用的句式：
☐ Actually,...
☐ The only thing is...
☐ To tell you the truth,...
☐ To be honest,...
☐ Frankly,...

当你想换一个话题时可以使用的句式：
☐ Talking of...
☐ That reminds me...
☐ By the way,...（非正式）
☐ Oh, before I forget,...
☐ Why don't we move on to the next point...

当你想要表达一个你不太确定的观点时可以使用的句式：
☐ I think...
☐ I suppose...
☐ I suspect that...
☐ I'm pretty sure that...
☐ I'm fairly certain that...
☐ I wonder if...

当你对自己的看法比较确定时可以使用的句式：
☐ I'm certain that...
☐ I'm sure that...
☐ It's my opinion that...
☐ I'm convinced that...
☐ I honestly believe that...
☐ I strongly believe that...
☐ Without a doubt...
☐ I'm positive...
☐ I'm absolutely certain that...

当你想强调你接下来要说的只是你个人的观点时可以使用的句式：
☐ In my opinion,...
☐ I personally believe...
☐ I personally think...
☐ I personally feel...
☐ Not everyone will agree with me, but...
☐ From my point of view,...
☐ Well, personally,...
☐ In my case...

注释

（1）把你想要知道的东西写下来并带到小班课上，这一点很重要，因为当你感到很困惑的时候，它可以帮你跟上课程的进度。

（2）如果你从小班课上得到了你想要的东西，那当然最好。但如果没有的话，那么你就需要思考一下怎样才能再问一些问题了（见本章后面的内容）。

（3）每次小班课结束时，老师都会介绍一下下节课要讲的内容。她可能会说："Next week, we're going to discuss the question of ..."，也可能会发一些下周要用的阅读材料。记得把下周的模板也带上，这样可以一边听她讲一边把模板填好。

如何在小班课上发言

小班课上的讨论是一个比较严峻的考验。通常大家的语速都很快，还会经常打断别人，对于母语不是英语的人来说，要想插上话，确实很难。不过要记住，老师一般会设置一些小组活动或伙伴活动，这要比全班讨论简单一点。记住第 98 页的这些句式并勤加练习，你一定能更好地参与到小班课讨论当中去的。

尝试一些新表达

每次上小班课的时候，你可以给自己设定一个目标：尝试几个这样的表达方式。课后可以评估一下，看用得是否正确。

讨论的语言：采取主动

上面表格中的这些句式，可以让你更加积极主动地参与到小班课中，也可以帮你引导整个讨论。如果你处在这样一个领导的位置，讨论就会变得容易很多！在你已经使用过的句式处做一个记号，而在你准备开始用的句式旁边画一个星号（*）。

发起讨论：回应别人的发言

留学生常常会觉得小组讨论都是由非常自信的英语国家的同学来主导的，而自己则只能回应别人的发言。其实无论你是否同意别人的观点，你都可以左右讨论的方向。

当你想要回应别人的发言时，你可以有以下选择：

（1）核实一下你对他们的发言是否理解正确。

（2）完全同意他们的观点。

（3）总结他们说过的话。

（4）部分同意他们的观点。

（5）不同意他们的观点。

（6）补充自己的看法。

（7）不发表任何看法。

（8）问问别人的看法。

（9）换一个讨论的话题。

看看下面的这些表达，意义相近的表达被分成一组。从上面这几个主题中选出适合的标题填在每一组的前面。第一个作为范例已经给出了答案。答案见第306页。

---

1. 问问别人的看法。

What do you think about …?   How do you feel about …?

Do you agree with …?   You haven't said much about this. What do you think?

Are you opposed to …?   I think … What is your opinion?

2. _____

What do you think/feel about …?   Would you agree/say that …?

John, what is your opinion on/about …?

3. _____

I'd just like to say (that) …   I think/believe/feel that …

It seems to me (that) …   I am convinced (that) …

4. _____

I just don't know.   I don't feel strongly either way.

I'm not sure.   Actually I can see both points of view/both sides.

Maybe. (Who knows?).

5.

In my opinion, the main thing is …   I believe that the highest priority here is …

I feel that the most important consideration is …   As I see it, the most important point is …

6.

Let's move on to the next point.   OK. We've talked about … what about …?

7.

Yes, I agree.   Yes, I see what you mean.

That's for sure.   That's a good point.

Absolutely!

8.

I don't agree …   I don't think so …

Yes, but I think …   Yes, but don't you think …

I agree to some extent but …   I'm afraid, I must disagree with you.

9.

It could be that …   Maybe it is the case that …

One option would be that …   I partly agree …

Probably you're right.

10.

OK. So that means …   That relates back to what we were saying about …

The logical extension of that is that …

11.

I'm sorry, I didn't catch that …   Sorry, what was that again?

Do you mean that …?   Are you saying that …?

… Is that what you mean?   In other words, …

To put it another way, …

101

注意上面所有核实的方法

当你没有听到或者是听不懂某一部分内容时，核实一下你自己的理解正确与否是很重要的。你可以让发言人再说一遍，也可以换一种方式重复一下对方的话，然后再向对方求证。如果你不核实，你就会错过一个很好的学习机会。

寻找发言的机会

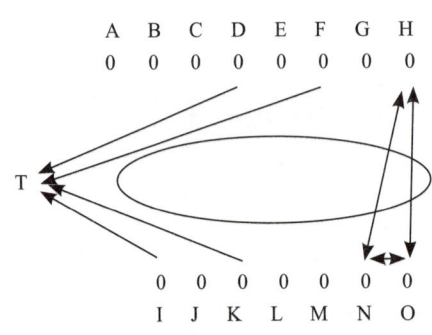

在小班课上，大家可以互相看到对方，这一点非常好。如果你了解学生和老师在小班课上的表现，你就会觉得寻找发言时机也变得更加容易起来。看左图，这幅示意图展示了一堂典型的大学小班课的情况。老师坐在最前面，15个学生围着桌子坐成一圈。

我们首先来看看学生们的行为，下面的内容描述了学生们在小班课上的典型行为表现方式。如果你还没有上过小班课，那么这可以给你提个醒，告诉你通常小班课上都会发生什么。如果你上过的话，你可以想一想你们班上哪些人比较符合这里的描述：

（1）其中有三个学生对彼此都非常了解，而且他们都很外向。如果他们中有一个人提出了一种观点，那么剩下的两个人就会跟着一起讨论。

（2）有四个学生从不发言，除非是老师直接问他们问题。

（3）还有四个学生很喜欢问老师问题，但对于其他同学的观点却不太感兴趣。

（4）有两个学生几乎不怎么说话，甚至老师都会忽略他们。

（5）有三个学生偶尔会跟其他的同学说话，但从来不会回答老师的问题。

如何解释这种行为

现在阅读下面对这些学生行为的解释（a）~（e）并将其与前面的各学生种类（1）~（5）进行配对。答案见第306页。

（a）对于这样的学生来说，老师是这个教室里最重要的人，也是他们学习的焦点。他们看不到与其他同学交流或者做小组任务的重要性，因为他们只想从老师那里得到正确的答案。

（b）这种学生不是很自信，很害怕在全班同学面前讲话，他们可能比较担心自己的英语水平或者科目知识。

（c）这些学生似乎不会积极地参与到课堂活动当中。他们只有在不得不发言的情况下才会作出回应，但仍旧不太能够融入整个气氛。

（d）这样的学生不能够积极融入整个气氛。他们所感兴趣的是小班课本身，但却在课堂活动当中表现得非常被动，也许是因为他们不太熟悉这样的学习方式或者是没有学习的动力。

（e）这些学生可以完全融入课堂的气氛当中，但他们只和自己的朋友交流。

小结

以上所有的学生都在某种程度上错失了小班课给予他们的学习机会。他们可能不知道：

（1）小班课学习就是应该积极主动的（也就是说你应该大胆提问，验证一下你的想法是否正确）。

（2）不论和谁交流，你都可以学到很多东西，不只是你的老师和某几个同学。

（3）小组任务的重要性。

老师的看法

你可能很想知道老师和同学是如何看待小组活动中的互动环节的。例如，下面是一位老师谈到为什么采用某种课程形式的原因：

> 如果大家都比较害羞的话，我会采用结伴的形式。一开始他们只需要和另外一个人交流想法就可以了，之后他们就会慢慢觉得，把自己的想法说给全班听也没有那么难。至于究竟是选择小组任务还是全班讨论，通常情况下，我会先计划好一种形式，然后再过渡到另外一种。我会选择小组任务是因为能够有更多的人参与进来，课堂会更活跃一点。特别是当每一个小组都有不同的任务时，我很喜欢用这种形式，因为对于同一个问题，各个小组也会有不同的看法和角度。这会给小组汇报增添更多的乐趣。但是小组任务有一个最大的问题，那就是学生们常常不知道该如何协作。有时候我会给每个小组的组员分配角色，例如，我会建议每个小组有一个记录员和一个做小组汇报的发言人。另外还有一个问题就是小组任务的进程比较缓慢，所以有时候我会转回到全班讨论来加速进程。

参与反馈表

如果你觉得自己很难参与到小班课当中，可以在课后参照这个表思考一下，可以帮你为下节课定好目标。
小班课上课日期：
小班课课程主题：
今天，我表现得……（根据自己的表现，在下面的箭头上标出你所处的位置） 被动 ◄—————————————► 主动
让我高兴的是： ☐ 我听懂了老师所讲的内容。 ☐ 我理解了其他同学的意思。 ☐ 我参与了伙伴活动。 ☐ 我参与了小组任务。 ☐ 我参与了班级讨论。 ☐ 我的意思其他同学都理解了。 ☐ 我的意思老师也理解了。 ☐ 我问了问题。 ☐ 我回答了问题。
我想要提高：（从上面的课堂表现中选出你想要提高的一项）
为了做到这一点，我会：（思考一下你该如何解决这个问题——你会做出哪些改变？）

哪些问题可以问

如果你想问问题的话，尽量问一些有趣的问题，还要考虑一下这个问题是否能带来比较大的讨论空间。

看下面这两个问题，哪一个能激发更多的回答？

Don't you agree X is terrible？

Why do you think X is terrible？

对于第一个问题来说，问题就在于它只有两个答案：

要么是：Yes I do.

要么是：No I don't.

虽然人们通常不会只回答"yes"或"no"，但是像第二个这样的开放式问题得到的答案会更长。

另外，当人们回答类似第二个的问题时，也会进行更多的思考。

有的时候，特别是当英语不是你的母语的时候，你会希望事情越简单越好，所以你会更倾向于问一些封闭式的问题。封闭式问题的答案通常是可以预测的，而且比较简短，更易于理解，但却无法带来更多的交流。

看下面这个例子，一位老师正在和一名学生交流他写作修改的方式。注意老师是如何用一组封闭式问题和开放式问题来鼓励他的。

对话原文	问题类型
老师：OK. So have you made many changes since we last met?	封闭式
学生：Yes – a few. Mainly I have worked on the links between sections.	
老师：Great. Like we talked about?	封闭式
学生：Yes.	
老师：OK. And when you made changes, can you tell me about the process you went through? What were you trying to do differently?	封闭式 开放式

这里还有一些问题，所带来的也不仅仅是一个简短的答案：

（1）Why do you think that?

（2）Can you explain that to me more clearly please?

（3）What proof can you put forward for that viewpoint?

另外，我们也可以根据所激发出的思考量不同把问题分为不同的类型。我们会在 Chapter 9 的评估中进行详细的介绍。

问题的类型

首先，我们看看问题的不同类型，从最简单的到能够激发所有人思考的问题。下表左边一栏举了几个例子，都是学生所提出的问题，另外一栏列出了这些问题的功能。把这两栏进行配对，答案见第 307 页。此外，你还可以尝试不同类型的问题，看看都得到了什么样的回答。

The International Student Handbook
学业生存手册

学生提出的问题	问题类型
1. Could you please tell us what...means?	• 总结
2. What would happen if someone...?	• 预测
3. What is... had been written in a different century?	• 评估
4. Is this similar to the point you made last week about...?	• 下定义
5. Reading between the lines, is it true that the poet is trying to say...?	• 推断
6. Can we sum this up by saying...?	• 比较与对比
7. In your opinion, what would be the most likely cause of...?	• 假设

文化与小班课

我们问了几个留学时间比较长的学生，看看是什么原因让他们对小班课感到很惊讶。下面是他们的回答，你是否也与他们有同感呢？

Sunny（珊妮，韩国）："刚上大学的时候，我发现不同文化的肢体语言差别非常大，这让我感到很惊奇。当时我还发现一件让我感到很奇怪的事情：有一些国家的学生在小班课上发言非常踊跃，他们会用眼神的接触和挥手的动作来打断别人的讲话，远比韩国学生频繁。我也照着他们去做，确实是起到了一定的帮助，但我仍然觉得在讨论过程中保持眼神接触是很难的一件事。"

Nikolay（尼古拉，俄罗斯）："我很喜欢上小班课。在俄罗斯，每个人都很重视大学小班课程。如果你笑得太多，别人会觉得你很奇怪，但是在这里（澳大利亚），我发现人们都很喜欢开玩笑，也很喜欢笑，甚至老师有的时候都会开玩笑。"

Lu Lu（陆露，台湾）："一开始我很难适应这种上课方式，我不太喜欢说出自己的想法，特别是当我不得不把自己的想法告诉其他长者和老师的时候，会感到很不自在。我现在已经习惯了。当地的学生和老师的交流方式非常直接，这一点我一直觉得不可思议，因为这对于我而言，是很不礼貌的。"

Chapter 5　小组学习

> Ahmed（艾哈迈德，阿联酋）:"我很喜欢小班课上那种口语学习的方式。有时候老师会给我们一些阅读材料，我觉得这样很好。读完材料后，我会和其他同学一起交流，你可以问任何问题。我很喜欢这种积极主动的学习方式，我觉得这比阅读和听课有趣多了。"

上大学前，你可以和其他曾在某个英语国家留学的学生交流一下，问问他们对小班课有什么样的感受。当你开始上小班课时，要记住，这里的人们看待眼神交流、肢体语言、笑声、学习方式及表达自己看法的态度可能和你所熟悉的不一样。

结论

读完本章后，我们希望你能在大学的小班课上有更多的想法，更加了解小班课的情况，抓住机遇。就像大学生活的其他方面一样，如果你做好了准备而且非常清楚你能从中得到哪些收获，你就能更好地参与进去，让课程为你服务。

Chapter 6

阅读

学习目标

本章可以帮你：

- 为你的大学阅读做好计划并记录进度
- 在大学里找到阅读材料
- 带着目的去读书
- 有效阅读不同类型的文章
- 学习成为一个更高效的在线读者
- 成为一个更具有批判性思维的读者

引言

有一件事不会改变——不论你选了什么课程，你都需要做大量的阅读。读中文书已经要花费一定的时间了，更不用说读英语书了，一旦你作出选择，它甚至会花去你一生的时间。重要的是，你要对你所阅读的内容加以甄别，对阅读的技巧进行思考。

Chapter 6　阅读

看看其他学生的经验

我们针对大学阅读这一主题采访了一些留学生,看看他们从阅读当中都学到了什么。下面是他们的回答,在他们最主要的问题下划线。在右边一栏,写上你对这些问题的看法。第一个作为范例已经写好了。想想他们从阅读当中学到的最主要的东西是什么。答案见第307页。

Christophe(克里斯托夫)说	**你的看法**
"在大多数课程刚开始的时候,老师会发给我们一份课程主题列表和阅读清单,通常包括一份重要的规定阅读材料和一些额外的建议阅读材料。我发现,阅读真的是能起到帮助理解的作用,哪怕只是读了规定的阅读材料。老师也希望我们都能读一下规定材料,否则就很难听懂老师上课所讲的内容。在上课以前,我基本没有什么时间阅读额外的材料,而且额外的阅读材料通常也比规定材料更难一些。但即使我只是读了两三段话或者是研究性文章的摘要,当老师提到这些问题的时候我至少知道他在讲什么。课后如果感兴趣的话,我会再读一下这些材料。有些老师会把这些阅读清单放到网上,这样我就可以把它们下载下来或者是打印出来。"	• Christophe有两个选择,要么抽点时间完成阅读任务,要么不要担心这个问题。 • Christophe可能已经在有限的时间内尽了自己最大的努力。

Christophe学到了什么?

111

The International Student Handbook
学业生存手册

Marie（玛丽）说

"一开始我不是特别理解教科书的重要性，特别是那种介绍性的书籍，感觉很无聊、很浅显。后来我才明白，其实它们是很重要的，因为这些书给出了课程关键词的定义。通常课程的设置与课本的内容是相呼应的，其中对一些重要的观点或理论进行了解释，所以如果我在课上有哪个观点不太明白，就可以在课本上找到解释了。另外，在第一学期占到总分33%的期末考试中，几乎所有的答案都能在课本中找到。当我们问老师考试考什么的时候，他说都是我们课上讲的和课本里的内容。如果我没有阅读课本的话，那么我考试可能就不及格了。"

你的看法

Marie 学到了什么？

George（乔治）说

"我学的专业是传媒研究，这个课程需要很大的阅读量。过去老师都会在论文评语中写道——'你必须扩大你的阅读范围'。刚上大学的时候，我对于所有的材料采用的都是同一种阅读方法。我会先去图书馆找我想要的书，然后把书复印下来，再认真地阅读每一篇文章，遇到不会的地方还会查字典，其实这样很不好，会浪费很多时间。后来有一个同学邀请我加入他们的学习小组。我觉得这种做法非常好。我们一共四个人，拿到老师给我们的阅读清单后，我们会把这些阅读任务分给每一个组员。我们每周的任务量是一篇文章或书中一章的内容，之后我们会约个时间见面，谈谈各自读到的文章。每个人有10分钟的时间对自己读过的文章做一个总结。这样做节省了我们很多的时间和精力。在谈论的过程中，我们可以决定自己是否需要再读一遍。另外，这样做还很省钱，一个人买了书，我们大家都可以共享。"

你的看法

George 学到了什么？

Chapter 6 阅读

Rose（罗丝）说

"当我拿到作业评语的时候，老师说我应该在阅读的时候更具有批判性。我不知道这是什么意思。他解释说我应该在阅读的时候进行思考，对文章中所提到的内容和没有提到的内容提出挑战。我觉得要想做到这一点很难。一开始，我只是努力理解每一页的单词，但是批判性阅读意味着不仅要理解这些单词，还要把它们跟我以前知道的和读到过的东西进行对比评估，然后再判断这些想法是否正确，是否有道理，而我又是否同意。我觉得我过去的阅读方式一直比较被动，对我所读到的东西只是被动地接受，这种方法在我们国家是非常可行的。但是我现在知道我需要成为一个更加积极主动的读者。"

你的看法

Rose 学到了什么？

Andrea（安德烈亚）说

"在读硕士学位的时候，我意识到我需要采用不同的阅读方法来读书。只有了解了其他人的研究，才能为自己的研究做好计划。但我的问题是无法将某个人的研究同前人的研究以及我所读到的研究结果联系起来！我当时读的是近25年的研究成果，我发现这些想法和理论一直都在变化，所以我必须在脑中有一个宏观的把握，然后再针对每一项研究进行思考……'现在这个人是因为看了别的研究才会这样想，但是后来我们发现事情并不是这样的！'每一篇文章中的文献综述都非常重要。我的一个老师告诉我优秀的文章都是很有用的，它们主要关注某一研究领域，对研究者的研究成果进行回顾，从而向读者展示当前的研究进程。通过阅读这些优秀的文章，我可以在大脑中形成一条时间轴，然后把其他的阅读材料和研究成果填入这条轴中。"

你的看法

Andrea 学到了什么？

Khaled（哈立德）说	你的看法
"我发现自己读得越多，英语就会越好。而且当我读过某一类型的文章，如研究型文章，并理解了其各部分的意义之后，再读其他同样类型的文章时，速度就会很快了。一开始，我甚至不知道如何用索引来寻找自己想要阅读的章节或是通过查找目录来找到相关内容。这确实是浪费了我很多时间。"	

Khaled 学到了什么？

大学生为什么要阅读

阅读的原因

下面列出了为什么大学生要阅读的原因。看一下这几个原因，想想你最近阅读的材料中有没有与之相匹配的：

- 为了学习新东西。
- 为了开心/娱乐/兴趣。
- 为了提高英语水平。
- 为了准备考试/作业。
- 为了找出对你的课程/大学来说比较重要的信息。

不论你是在读一篇文章还是课本的某一章节，要想提高阅读的效率，首先要想一想下面这个问题：

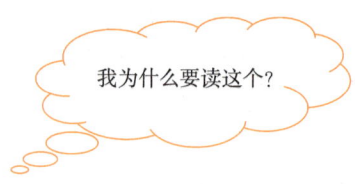

我为什么要读这个？

如果你能回答上面这个问题，接下来你就可以思考一下阅读一篇文章或一本书最好的方法是什么。

例如，如果你阅读一篇文章的目的是为了学习新单词，以便把这些新单词用在论文写作中，那么你就可以按照下面这种方法阅读：

（1）阅读这篇文章，了解大意。

（2）注意文章中那些你认为会在写作中使用的词汇。

（3）仔细阅读文章中使用了这些词汇的具体章节。

（4）在字典里查查这些单词，看看它们是什么意思，应该如何使用。

如果你无法回答上面这个问题，那么你就是在浪费时间。不如索性做点其他有用的事情吧！

大学生都读什么

学术文章的类型

知道你所阅读的文章是什么类型很重要。下面这个任务可以帮你了解一些常见的学术文章类型。

将左边的文章类型与右边的描述配对。答案见第 308 页。

文章类型	描述
规定文章或推荐图书 （prescribed texts or recommended books）	（a）这些书的所有章节都是由一个或几个作者写成的，通常是对自己作品的报告或其他作家作品的总结。
编辑图书 （edited books）	（b）会议演讲嘉宾可能需要把他们所讲的内容写成一篇文章，经编辑后出版。这样人们就可以通过阅读这些文章来了解会议内容了。
单一作者图书 （single-author books）	（c）这些杂志文章主要是对当前某一特定学术领域内所做研究的总结，并对许多研究人员的作品加以探讨，通常由一位知名研究人员或作者写作。
杂志文章 （journal articles）	（d）这些图书是由老师或系部挑选出来的，对于各个课程的学习非常重要，学生应该人手一份。通常阅读清单上会列出这些书的书名，有时候老师也会在课上告诉学生。
优秀文章 （state-of-the-art articles）	（e）这些文章主要是发表在一些对你的学科学习非常重要的学术杂志上，你可以从中了解到一些最新的研究成果。既有纸质版，也有电子版，每年一期或一年几期。
研究报告 （research reports）	（f）虽然杂志里的文章通常都会有字数限制，但是仍然能够对研究人员所使用的方法展开详尽的描述。这也就意味着这些文章能够确切地说明整个研究流程。作者可能是某个研究公司，也可能是某个政府部门。
论文 （theses）	（g）这些书中的各个章节是由不同的作者写成的，但描述的都是同一个主题。主要是由一个或几个编辑搜集起来，而且书中的序言和最后一章也是由他们来完成的。在封面上，你会在人名后看到 ed. 或 eds. 字样，这是 editor 或 editors 的缩写。
会议记录 （conference proceedings）	（h）这些是大学学生所写的研究报告，都会被保存在大学图书馆里。

阅读不同类型的学术文章

学术文章有一个好处，那就是它们通常都有一个固定的套路。因此，当你了解了一种类型的组织方式，再读其他同样类型的文章时就会更容易，速度也会更快。例如，如果你读过并且理解了某一篇论文，你就会发现其他论文和这一篇有着相似的组织结构（不过对于不同语言或不同主题的论文来说，结构可能会不太一样）。

了解文章的组织结构可以让你知道每一部分的重要性。当你需要写不同类型的文章时，也可以为你提供帮助。本小节主要介绍一种学术文章类型——研究性文章。你可以把这种分析方法应用到你所学学科中其他常见的文章类型中去。例如，如果你是一名理科生，需要阅读大量的实验文章，那么就试着分析一下这种类型的文章通常是什么样的组织结构。

研究性文章的组织结构

下图所展示的是通常情况下研究性文章所包含的各个部分及其组织顺序。

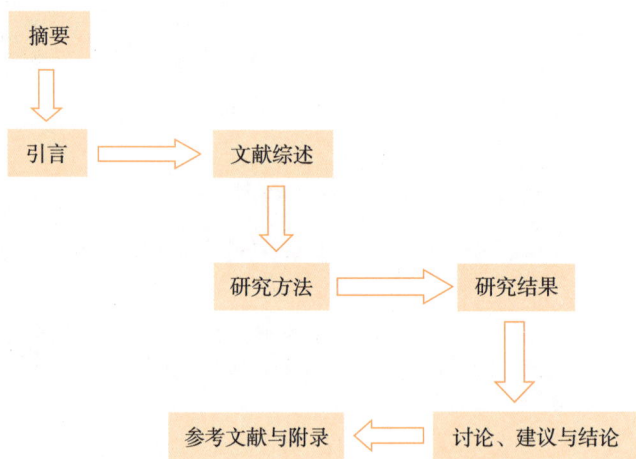

你可能会发现不同学科的文章之间会有一些差异。找一篇有关你所学学科的研究性文章，然后和上图中的顺序进行对比，有什么不同吗？

要想找一些你研究领域或是你感兴趣的主题的研究性报告，你可以去大学的图书馆看看，在一些研究性杂志中可以找到这样的文章。你也可以在 Google 中输入一些与你的兴趣领域相关的关键词，例如，如果你想找关于空气污染程度的研究性文章，可以输入 "2020 air pollution study"。（注：如果你搜索的关键词是一个更早的年份，你可能会得到更多的免费报告。）

Chapter 6 阅读

现在看看下面的这几个问题，然后想想在研究性文章中的哪部分可以找到答案。答案见第 308 页。

1. 研究是如何进行的？
2. 研究结果说明了什么？
3. 谁对研究结果感兴趣？
4. 研究的对象是什么？
5. 为什么这个话题很重要？
6. 研究人员希望找到什么结果？
7. 研究最主要的发现是什么？
8. 研究是在哪里进行的？
9. 研究人员发现了什么？
10. 用了哪些研究工具？
11. 还有谁研究过这个话题？
12. 其他研究者发现了什么？
13. 这次研究的结果和之前其他研究人员所得到的结果是如何联系起来的？
14. 文章中引用的书籍和文章的全名在哪里可以找到？

了解一下你所学学科中常见的一些文章类型。例如，如果你学的是理科，可以分析一下你研究领域内的一篇实验文章。

制订你的大学阅读计划

在课程刚开始或者当你在写一份研究计划的时候，你可能会觉得自己要读的东西多得像山一样高。这是很令人沮丧的，特别是在所有的书都是英文的情况下！你有两种应对的方法：

（1）感到恐惧，去图书馆找列在阅读清单上的图书，越多越好。然后疯狂地阅读，以求取得一些进展。

（2）采取一个更有策略的方法，每周都给你的阅读任务做一个计划。

记住，如果你要写一篇论文的话，你就要把眼光放到整个学期，或者两个学期的阅读上。正如训练跑马拉松，那么在比赛前的几个月里你就要先做大量的练习。没有一个训练计划是很难做到这一点的。对于你的大学阅读也是一样，如果你能退一步采取一种策略性的阅读方法，那么事情就会开始变得更加容易掌控。

掌控大学阅读的三个步骤

这个任务可以帮你做好阅读计划，每周都能够掌控好你的阅读进度。

步骤一：要有一份课程阅读清单

通常你可以从老师那里拿到一份课程阅读清单。有时候这些清单也会在课程开始前公布或是放在课程网站上，还有的时候是在第一堂课上发给学生，它们一般都与课程顺序结合起来。

另外，专门负责某一课程的大学图书馆管理员也可以在课程阅读方面为你提供一定的帮助。

如果你正在写学位论文或是完成某个论题，你就需要准备一份自己的阅读清单。找一篇能够概括之前许多研究人员对这一话题研究成果的优秀文章或一本书，先初步做一个阅读清单，然后让你的导师帮你看看。

步骤二：每周做一个阅读计划

拿到课程表之后，你就应该立即弄清楚每周要在什么时候完成每节课的阅读任务。例如，如果你是一名商学院的学生，周一有市场营销讲座，那么你就需要最晚在周末之前读完规定的阅读材料。如果你还想和其他同学探讨一些问题，你就得更早完成了。同样的，如果你周三有人员管理课程，那么你就需要最晚在周二完成规定的阅读任务。

如果你参加了某个学习小组，那就每周找一个固定的见面时间，大家一起讨论本周的阅读材料。

你还需要每周抽出一天的时间去图书馆找资料，许多学生每周只计划去一次图书馆，一次性地把所有课程需要的资料找出来。这样可以节省时间，比起每去一次图书馆只找每一门课程的资料来说要更好一些。

步骤三：掌控你的阅读计划

你可能没有足够的时间来阅读每一门课的所有材料，所以应该先从最重要的文章开始读，如果还有时间的话，再读其他的文章。你可以通过下面几种方法来判断哪些文章最重要：

（1）看一下你的课程阅读清单，上面可能会有一些表明文章重要性的标志，如"essential"（重要）、"set"（规定）或者"extra reading"（额外阅读材料）。

（2）问问去年选了这门课的同学。

（3）看看这门课的评估日程，有哪些文章与作业和考试有直接的联系。记住，通常考试考察的是学生对于规定阅读文章的掌握程度，所以规定的文章是一定要读的。

（4）看看哪篇阅读材料看上去最有趣。

通常老师会在讲课开始或结束的时候告诉学生下周应该阅读的材料，还会在课程大纲上跟大家再确认一遍或者解释一下为什么这篇文章要比其他的文章更重要。这时候要注意听，必要的时候可以调整一下自己的计划。

小结

在整个课程学习中，要合理推进阅读计划，这一点很重要，不要把阅读的任务都拖到必须交作业的那周或者是你正在准备考试的时候。一般课程初期是很少有评估测试的，所以你应该在这之前把这学期的阅读任务都完成。试着给自己每门科目的阅读任务定一个周计划吧，每周找一个固定的时间去图书馆。

查找阅读材料

一旦你决定好要读什么材料，你就需要去找这些材料。对于某些课程来说，也许整学期老师都只会讲一本书，因此你可能会决定买这本书。虽然买书很贵，但是自己能有一本真的很有用。下面为你提供了几种选择。

校园书店

这也许是最方便的一种方法了。大学课程推荐图书清单中的图书基本都可以在这里找到。记住，你可以和同学一起分担课本的费用。

去你的校园书店看看，了解下面的信息：

（1）课程规定的阅读文章或推荐阅读材料的价格是否有变动。

（2）是否提供学生折扣价。

（3）是否收学生的旧书，然后再以二手书卖出去。（如果有的话，价格一般是多少？什么时候卖？）

其他买书的渠道

问问现在也在上这门课的同学,看他们是在哪里买到的书。了解下面这些信息:

(1)你所在的系部或者宿舍楼里有没有可以让同学们张贴售书广告的通知栏。

(2)有没有好一点的出售大学课本的二手书书店。

(3)还可以通过网络购物平台来购买,如www.ebay.com,人们可以在这里买卖图书。

大学图书馆

见下一小节。

学会利用图书馆资源

现在,图书馆仍然是学生生活中非常重要的一部分。这里有大量的实体图书和资源,也有许多数字资料,如电子杂志、电子书以及资源数据库,这些资源在世界上其他的大学里也可以找到。大学图书馆的运作方式和你过去用过的其他图书馆相比可能会有很大的差异。本小节可以帮你充分利用图书馆的资源。

充分利用图书馆使用指导课

在大学每学期的开始,也可能是学期中的某个时间,图书馆会举办一些使用指导课程。你一定要去听听,虽然这样的课程可能很无聊,但是听一个小时的课是可以在今后帮你节省大量的时间的。记得把你想要找的图书清单或者参考资料带去,这样可以让事情更具体化。例如,如果图书管理员开始讲解如何查找杂志文章,你就可以具体问一下你想找的那一篇。

下面为你提供了一个核对清单,列出了你可能想在课上了解的信息。把这个清单带到课上,在你了解到的信息处做一个记号。

分类	问题	在这里做标记
基本服务	开放时间?	☐
	• 学期中(包括周末)	☐
	• 假期	☐
	规章制度,如不可以使用手机?	☐
	图书馆研讨会的时间?	☐
	其他服务,如装订?	☐
	可以预订的学习室?	☐

（续表）

分类	问题	在这里做标记
图书馆馆藏设置	有多少馆室？	☐
	每个馆室里有什么资料？	☐
	哪一个馆室对你最有用？	☐
	每个楼层都包含哪些馆室？	☐
	书架是如何排列的？	☐
查找图书	图书目录如何使用？	☐
	谁能够为你提供帮助？	☐
	谁是你的学科图书管理员？	☐
	哪个数据库比较有用？	☐
	有没有馆际互借服务？	☐
图书借阅	哪些书可以借阅？	☐
	哪些书不可以借阅？	☐
	哪些书可以短期借阅？	☐
	一共有多少藏书？	☐
	借期是多久？	☐
	罚款金额是多少？	☐
	从哪里拿书？	☐
复印服务	复印机在哪里？	☐
	复印账户如何使用？	☐
	如何收费？	☐
计算机/网络资源	如何在家查找图书馆目录？	☐
	可以使用的数据库。	☐
	在哪里可以打印？	☐
	互联网服务。	☐
	供阅读的电子书。	☐

图书馆迷你词汇表

如果你想有效地使用图书馆资源，那么你就需要知道图书馆使用的一些专有词汇。这里为你提供了一个图书馆迷你词汇表。

author	作者，写书的人。
binding	装订，如果你完成了毕业论文或课题论文，那么你就需要把它订起来。你所在的系部会有这方面的信息，图书馆也可以为你提供这方面的帮助。
call number	书号，图书馆给书编的号码，例如 664.805652.McD.
e-book	电子书，储存在图书馆服务器上可供下载的电子版图书。

（续表）

interlibrary loans	馆际互借，如果你所在大学的图书馆里没有你想要的书，但其他图书馆有，那么你可以向其他图书馆提出图书借阅请求，同时需要支付一定的费用。
isbn number	国际标准书号，图书封底上写在条形码上面的数字。每一书的号码都是独一无二的，例如 ISBN 978-0230-54519-9。这是一种常见的图书识别方式，主要用于图书馆和书店。
key word	关键词，书、杂志或杂志文章的主题/标题中比较重要的词汇。
overdue notice	过期通知，如果你收到了一条过期通知，那就说明你的书过期未还。如果对此不理不问的话，你可能就要被罚款了。
periodical	期刊，杂志的另一种叫法。
recall notice	催还通知，如果你想看的书已经借出去了，你可以要求借阅人把书还回图书馆。如果你收到了一条催还通知，那么你就得赶紧把书还回去（例如在 24 小时之内）或者支付罚款。
reference materail	工具书，字典、地图册等工具书不能借阅。
short loan	短期借阅，这类图书只能借很短的一段时间（有时只有两三个小时）。如果你没有按时归还，就要被罚款。通常图书馆还会设置一个短期借阅桌。
special collections	特别藏书，图书馆可能会有一个专门的区域用于收藏一些罕见的图书，如 16 世纪的诗歌或早期的地图和录音。需提前预约才可以阅读。
subject librarian	学科图书管理员，对某一特殊学科比较了解的图书管理员，如法律、文学、历史和农业研究等。他们都比较熟悉这一领域的知识，可以为你提供帮助。
title	标题，书名或杂志名。有时你可以单独检索杂志。

在图书馆寻求帮助

看看下面这两段留学生和图书管理员之间的对话。哪一段的效果最好？你觉得对话中的两名学生分别有什么感觉？图书管理员又是什么感受？答案见第 309 页。

对话 1

图书馆一个忙碌的周三下午。图书管理员正坐在一块标示牌旁边，上面写着"Ask me for help"（需要帮助请找我）。她有很多工作要做，但是现在学生们已经排起了长队。

图书管理员：Yes?（提高声音）

留学生：I need this book.（指着一张写有书名的纸）

图书管理员：What's the call number?

留学生：...what?

图书管理员：OK. I'll check it in the database...

对话 2

图书馆一个忙碌的周三下午。图书管理员正坐在一块标示牌旁边，上面写着"Ask me for help"（需要帮助请找我）。她有很多工作要做，但是现在学生们已经排起了长队。

留学生：Hi, Lynn（林恩），how are you? I'm having trouble finding this book. I looked it up on the database and found the call number, but I couldn't find it on the shelf.（指着一张写有书名的纸）

图书管理员：Can you tell me the call number?

留学生：It's 919 67TS.67.

图书管理员：OK. I'll check it in the database...

　　你不可能知道什么时候会需要图书管理员的帮助。所以，当你需要帮助的时候，一定要向他们询问。如果你不问的话，他们是不会知道你需要什么的，这样会浪费你很多时间。下面为你列出了七件很重要的事情需要你记住，这样可以使图书管理员有一个好心情。在你觉得值得一试的选项旁边做一个记号。

　　（1）直呼他们的名字。（通常他们会佩戴姓名牌。）

　　（2）在寻求帮助之前先寒暄一下，问声好。

　　（3）简要解释一下你想要做什么来代替直接的请求。

　　（4）向他们显示出你自己已经做了一些努力，例如你已经尝试过在数据库中搜索图书。

　　（5）遵守图书馆规章制度，特别是有关图书馆内手机使用、饮食和大声说话的规范。

　　（6）如果你想要寻求帮助或者想借书的话，不要等到图书馆快要闭馆的时候再去。

　　（7）尊重图书（不涂写乱画，爱护图书）。

学会使用图书馆目录

你可以在大学图书馆里进入图书馆目录,在里面你可以找到该图书馆所储存的所有资源。有时你也可以在校外(如在家里)进入图书馆目录。这个非常有用,因为这样一来你不用去图书馆就可以知道图书馆里有没有你想要的资源,节省了很多时间。

你可以通过以下选项进行检索:

(1)书名或文章题目(Title)。

(2)杂志名(Journal or serial title)。

(3)作者(Author)。

(4)图书馆给书编的书号(Call number)。

(5)这在你只知道标题中一个词的情况下非常有用(Keyword)。

(6)主题(Subject heading)。

你可以知道:

(1)图书馆里是否有你要找的书。

(2)你要找的书储藏在哪个馆室。

(3)这些书放在图书馆的哪个位置(也就是说,放在哪个书架上)。

(4)是否还有可借复本(还是已经被借出去了)。

(5)这些书是否可借。

试试图书馆目录的在线搜索功能

如果你已经知道图书馆目录的地址,那就直接把地址输入到浏览器当中。如果不知道的话,你可以在 https://www.lib.berkeley.edu/ 这个网站中选择一个图书馆。

试着做一下下面这几个搜索任务:

搜索任务 1

搜索 The International Student Handbook 这本书的书名,看看图书馆里有没有这本书。

不要在标题搜索中使用 a / an / the 这几个冠词。

搜索任务 2

搜索一个与你的学科相关的杂志名,看看图书馆有没有订阅这本杂志,是否能在线阅读。

小技巧：如果要查找不同学科的电子杂志列表，可以访问下面这个网站：http://www.e-journals.org

搜索任务 3

"关键词"搜索。如果你不知道某一本书或杂志的全名，这种搜索方式会非常有用。对于我们这本书，你可以输入"international student"来进行关键词搜索。

小技巧 1：如果你想扩大搜索范围，可以输入 stud* 而不是 student 来进行搜索——stud* 可能的搜索结果包括 student / studies / students / study / studious 等。

小技巧 2：你也可以使用 AND, OR, NOT 来缩小关键词搜索范围。例如，你可以搜索"international AND student NOT business"，这样得到的书名里将包含 international 和 student 这两个词，但不包含 business 这个词。

搜索任务 4

通过作者检索图书。你可能知道你想找的图书的作者，或是通过搜索本书多个作者中的一个来查找图书——Lewis, Reinders 或者 Moore。

小技巧：通常情况下，如果你所搜索的作者名非常常见，如 Smith（史密斯），那么你会得到上千条的检索结果！你可以通过输入作者名字的首字母来缩小检索范围，如"M N"，也可以将作者名和"关键词"结合起来进行搜索。

搜索任务 5

对你想要研究的话题进行主题搜索。你可以输入你某一篇论文的题目或"study skills"。

小技巧：你可以询问一下图书管理员，看有没有合适的搜索词条。

在网上和数据库中查找阅读材料

网络是一个用于查找课程阅读材料和学生信息的绝佳平台。有时候你可以在网上找到某些文章的免费完整版，不过在通常情况下，你只能找到某些文章和图书的参考信息，之后你可以通过这些参考信息再到图书馆目录里进行查找。你可以找到：

(1)有关你在大学里研究课题的研究型文章。

(2)可以从图书馆借阅的文章。

(3)对你研究的课题同样感兴趣的人。

(4)可以用在作业中的信息。

一些主要的搜索方法

搜索引擎中的基本搜索功能

通常情况下,最好先从搜索引擎开始,例如,www.google.com 或者 www.yahoo.com。如果你知道你想找什么,那么用最基本的搜索功能就足够了。

搜索任务

打开 www.google.com 网站,输入你想去的大学名称以及 international student office 这几个单词,找到这所大学的留学生办公室的网页。

例如,"university of Illinois international student office"。

高级搜索

谷歌(Google)和雅虎(Yahoo)这两个搜索引擎都配有高级搜索功能,如果你想让你的搜索更具体一点,这种功能是很有用的。例如,你可以只搜索中文网页或只搜索 html 格式的网页。

搜索任务

打开 www.yahoo.com 这个网站,可以找到一些你留学所在国家的研究性文章。

谷歌学术搜索(Google Scholar)

你可以在这个网站上搜索学术论文、毕业论文,甚至是完整的图书。这是个非常不错的工具,特别是当你无法进入大学图书馆的时候。

搜索任务

打开 Google Scholar 这个网站(http://scholar.google.com)

搜索一位在你的学科领域里比较有名的研究人员/作家的名字。

上 Google ScholarHelp 网站,看看这些搜索结果都代表什么意思。

维基百科（Wikipedia）

这是一个由网络用户创建的在线百科全书。任何人都可以在上面添加文章，不需要是什么专家，不过如果信息有误，其他的用户就会把它更正过来。维基百科上的文章有多种语言的版本，对于了解一些基本的事实和定义是一个不错的网站。这里的文章对语言学习者来说是很有用的，因为其中包含了很多对常见词汇的解释信息。不过要谨慎看待你所找到的信息，因为任何人都可以添加和编辑其中的信息，所以可能会不准确。维基百科可以帮你很快地找到一些新信息，但其他的来源会更加可靠一些。

> **搜索任务**
>
> 上 http://wikipedia.org 这个网站，搜索一个在你研究领域里比较基本的理论、想法或主题。例如，如果你学的是艺术，可以搜索"Cubism"；如果你学的是工程，可以搜索"fluid dynamics"；而如果你学的是商务，那么你可以搜索"marketing"。

数据库

除网络之外，许多数据库是另外一种学生和研究人员常常使用的重要资源，其中包括一些刚刚发表的新文章的参考信息（通常是选自几十本甚至几百本杂志）、摘要、有时会提供全文、会议记录、论文等。特定学科数据库指的是只包括一种学科信息的数据库，由于这种数据库有大量经过仔细甄选的信息，因此这会是你研究中最有力的使用工具。大多数的图书馆都会有这样一个网站，里面列出了可用的不同学科的数据库链接，所以在你的学院或学科下找找那些和你最相关的数据库吧。

大多数的数据库都包含多种搜索方法，如通过关键词、出版年份、作者或把它们结合起来进行搜索。在这个过程中，你可能会遇到很多困难，其中之一就是在对某个词进行搜索的时候（使用"关键词"搜索方式）得不到结果。但这不意味着真的没有什么可用的资源，而是应该换一个词来搜索。例如，"finance"和"economy"这两个词是紧密相关的，但是如果只搜索其中之一的话，可能搜到的结果就不会包含另外一个词。换句话说，考虑一下用同义词吧！

所以，如果搜索"problems"得不到结果，那就试试"issues"。如果搜索"elderly"没有结果，那就换成"geriatric"再试试。

另外一个问题就是许多学生搜索了错误的关键词。例如，如果你对印象主义（Impressionism）这个19世纪的艺术运动感兴趣，你可以搜索"painting"，但是这样找到的信息太笼统了，没有什么用处。类似的，你也可以搜索"Monet（莫奈）"或者"Renoir（雷诺阿）"这两位印象派的著名画家，但是这样搜到的结果又太过具体了。思考一下究竟应该搜什么才可以找到你想要的信息。我们来看一个例子，假设你想要找有关"care for the elderly in New Zealand in the 1950s"（20世纪50年代新西兰老年人关爱情况）这一主题的信息。这个搜索非常具体，因为你要找的不仅仅是某一个主题（老年人关爱情况），而且是某一个国家（新西兰）在某一段时间内（20世纪50年代）的情况。所以最好的搜索方法是：

（1）搜索你要找的确切信息。输入"care for the elderly in New Zealand in the 1950s"，也许你能搜到和你要找的标题或主题完全一样的资源呢！

（2）如果找不到的话，那就换成同义词试试，把"elderly"换成"geriatric"，"care"换成"healthcare"。

（3）如果还是什么都找不到，那就扩大一下搜索范围。也许你可以去掉"New Zealand"或者"1950s"这两个限制条件。

（4）还有一种很强大的方法就是使用功能符号，例如AND、OR和NOT，这样可以使你的搜索更具体。其他的功能符号还包括"？"，例如，如果你既想搜索"woman"，又想搜索"women"，你可以输入"wom?n"。另外，你还可以使用"*"，输入"car*"就可以得到"car" "cars"和"cardealer"这些结果。并不是所有的数据库和图书馆目录都用的是同一种功能符号，不过在这里我们为你提供了一个网址，里面列出了一些数据库和图书馆目录所使用的功能符号：https://services.library.ubc.ca/。

在下面这个网址可以找到Google所使用的功能符号：www.googleguide.com/advanced_operators.html。这些都很值得你练习，因为可以帮你节省大量的时间。

搜索在线阅读材料——重要的技能

下面这些策略可以让你避免在网上浪费太多的时间来搜索阅读材料。

（1）搜索越具体越好，可以使用高级搜索功能。如果你不知道自己到底想要找什么，那么你会浪费很多的时间。

（2）限制自己搜索阅读材料的时间并严格遵守。

找到阅读材料后，要以一种批判性的态度来阅读。记住，网上所有的信息都是别人根据自己的情况和目的而写的，所以你要对所看到的信息提出质疑，就像对其他的文章那样。阅读这些在线材料的时候可以问自己下面这几个问题：

（1）这是真的吗？是事实还是某个人的观点？

（2）这篇材料是谁写的？谁付钱给他们？他们有资格说这些吗？

（3）材料中给出的结论是否和我所读过的其他文章及课上老师所讲的内容一致？

（4）材料中的内容有什么问题吗？

（5）有什么证据？

（6）有没有其他的方法来看待这些证据？

记住，最后你是需要把你在网上找到的信息写在作业里的，所以最好把你所找到的搜索结果记录下来。你可以把这些有用的网站保存在你电脑的收藏夹里，也可以把网站的地址粘贴到一个文档里保存起来。

另外，你还应该看看本章后面有关"在线阅读"这一小节的内容。

成为一个更高效的读者

错误的阅读方法

有时当你在大学图书馆里找参考资料的时候，你会发现有的书被做了一些标记，如划线、在空白处写上译文和注解，看上去好像是进行了逐字分析。请不要这样对待图书馆的图书，因为这样一来别的同学就没办法阅读了，而且如果你被图书管理员发现的话，他可能会让你把这本书买下来！

想象一下下面这位同学的阅读过程，有什么问题吗？为什么有一些留学生会陷入这样的困境？答案见第309页。

1. 打开书。
2. 从第一页开始阅读。
3. 第三个单词不认识。
4. 拿出字典。
5. 在字典里查这个单词的意思。
6. 把译文写在书的空白处。
7. 再从头开始读。
8. 划出难点。
9. 停下来查下一个不认识的单词。

10. 挠头。

11. 重复第 5 个步骤，接下来的三个小时都在做同一件事情。

12. 崩溃，筋疲力尽。

采用正确的阅读方法

如果你对阅读材料感到很困扰，那么本小节将告诉你应该怎么做。首先，你要了解自己阅读的原因，这一点很重要。在开始阅读之前，要保证自己知道这一点，知道自己到底想要找什么。如果已经了解了的话，你就可以决定自己的阅读方法和阅读时间了。

针对阅读材料提出你自己的问题

看看下面这几种情景，想想在你阅读的时候，你希望在文章中找到哪些问题的答案。答案见第 309 页。

情景	阅读材料
1. 你将要坐一个小时的火车去另外一个城市开会，会议的主题与你所研究的学科领域有关。	会议手册。
2. 你将要交你的第一份书面作业。	所在系部的作业提交指导手册（告诉你在交作业的时候需要做什么）。
3. 你需要设计一个由你自己亲自来做的实用性科学实验。	对类似的实验进行描述的实验性文章。
4. 你正在为写论文而阅读一些背景材料，论文的主题是核能所带来的危险。	报道过核事故的剪报。
5. 你将要参加一场有关南非公共卫生政策的讲座。	三篇有关南非公共卫生政策研究的杂志文章（推荐的阅读材料）。

当你在阅读一篇文章的时候，能够提出一些清晰易懂的问题是很重要的，这样一来你就可以判断：

（1）这篇文章值不值得阅读。

（2）你会花多少时间来读这篇文章。

（3）阅读的重点在哪里，哪些小节可以略过不读。

（4）你需要从文章中获得哪些信息。

（5）使用一种有效的阅读方法（见下一小节）。

（6）应该做什么样的笔记。

这样一来，你就可以采取一种批判性的态度来看待这篇文章，也就是说你使用这篇文章是为了你自己的目的，是为了评估它的用处或价值，而不是被动接受其中的观点。

用这个表格来为你自己制订一个月度计划。如果你为了完成作业而需要阅读一些背景材料的话，这是非常有用的。

这里给你举了一个例子，文章选自 British Medical Journal（英国医学杂志），主要报道了对演奏迪吉里杜管（Didgeridoo）[①]这种乐器带来的医疗效用所做的医学研究。

主题：

完成背景材料阅读的截止日期：

文章	时间	我的问题
1. Didgeridoo playing as alternative treatment for obstructive sleep apnoea syndrome: randomized controlled trial.（演奏迪吉里杜管可以作为一种阻塞性睡眠呼吸暂停综合征的替代治疗方案：随机控制性试验。）	（20）	• 他们为什么要对迪吉里杜管的演奏者进行研究？ • 这是一种有效的治疗方案吗？如果是，为什么？ • 是否适合每一个人？ • 其他的乐器，如长号，有这样的功效吗？
2.		
3.		

---

① 迪吉里杜管是澳大利亚土著居民的一种木质长形管乐器。你可以在下面这个网站阅读全文，然后回答上面的问题：www.bmj.com/cgi/content/full/332/7536/266。

批判性阅读

在英语国家文化中,人们很看重批判性思维这种技能,老师也常常认为具有批判性思维的学生才是好学生。在阅读的时候,不仅要能够理解一篇文章的意思,还要能对它的价值作出评价,这一点很重要。这是事实还是某个人的观点?作者的看法是什么?这篇文章的目的是什么?是要告诉别人某种信息,说服别人接受某种观点,还是提出问题?有没有证据支持?你相信这些证据吗?除了作者给出的结论,还能不能得出其他的结论?在阅读的时候问自己这样的问题可以帮你在大学写作或课堂发言中形成一种批判性思维,也就是说你会对别人告诉你的东西提出质疑,当事情太过简单的时候,你可以发现问题。当然,如果你读的是英语文章,做到这一点就很难了,因为你必须脱离文字表面的意思,不过这是可以通过训练做到的。

挖掘深层含义

培养批判性思维第一个重要的步骤是区分事实与观点。有的时候是很容易区分的,比如当作者在详细地介绍自己的观点时。举个例子,在一篇杂志专栏中,作者反对在法律中强制骑自行车必须戴头盔的条款:"I will simply add my voice to those who think the law requiring all cyclists to wear helmets is draconian."

定义 draconian

draconian=harsh; related to Draco, a lawmaker from Athens in the seventh century, who wrote a code of laws which prescribed death for almost every crime.

[严厉的;与7世纪雅典的一位叫 Draco(德拉科)的立法者有关,当时他所编写的法律条文对每一项犯罪都处以死刑。]

然而,在其他情况下,就很难分辨哪些是观点,哪些是事实了,特别是当一个观点写得像事实的时候。

看看下面这些对艺术家 Salvador Dalí(萨尔瓦多·达利)的描述,判断一下哪些是事实,哪些是观点:

> 1. Salvador Dalí was a Spanish (Catalan) artist and one of the most important painters of the twentieth century.
> 2. He completed his best-known work, 'The Persistence of Memory' in 1931.
> 3. Dalí had an interesting life and liked doing unusual things to draw attention to himself.
> 4. Sometimes his behaviour caused more public recognition than his artwork.
> 5. Dalí should not have drunk so much.
> 6. Dalí experimented with Dada, which influenced his work throughout his life.
> 7. He met the poet Federico García Lorca and it was rumoured by some that they were lovers.
> 8. After the death of his wife, Gala, Dalí lost much of his will to live and deliberately dehydrated himself – possibly as a suicide attempt, possibly in an attempt to put himself into a state of suspended animation, as he had read that some microorganisms could do.
> 9. Dalí's work reflects his powerful imagination and idiosyncratic view of life.

看了上面的这些描述，你会发现，在某种程度上它们都是观点。即使是第二句话中的"his best-known work"，也是别人的一种解读，因此也属于观点。当你正在对你所阅读的材料进行价值评估时，要注意下面这些信息：

注意……	举例
一些你无法判断或没有证据支持的笼统的说法	"one of the most important painters of the twentieth century" "Dalí lost much of his will to live"
含有价值判断的词汇	"should not have drunk so much"
听上去不错但实际很模糊的词汇	"rumoured by some"
听上去非常复杂但没有什么实际意义的词汇	"his powerful imagination and idiosyncratic view of life"

在大学阅读中的应用

对于大学生有这样一种批评的说法，说他们只是被动接受所读到的东西，却不努力用批判性思维来理解一篇文章的意义。他们所认为的阅读是这样的：

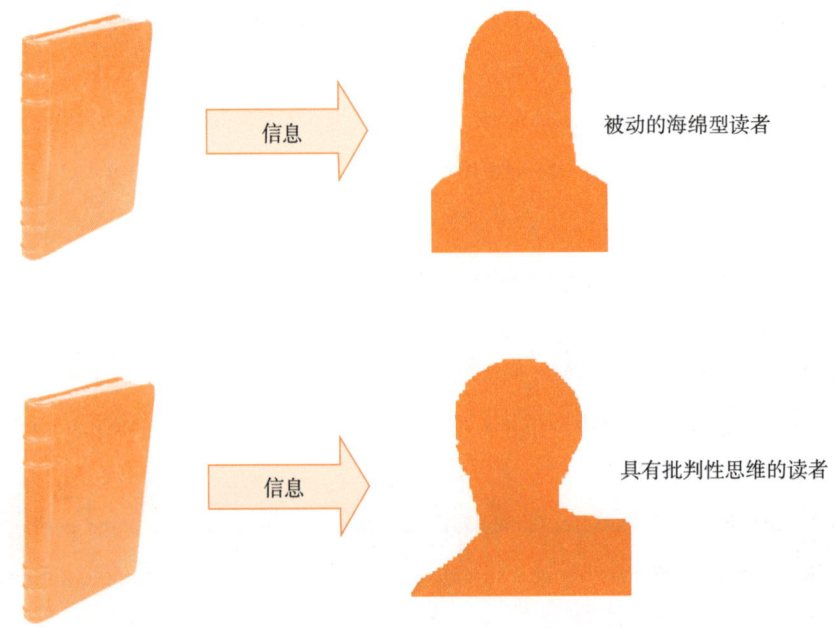

具有批判性思维的读者

具有批判性思维的读者会问自己这样的问题：

- 作者的目的/世界观是什么？作者写这篇文章的原因是什么？
- 我从这篇文章中还了解到/读出了其他的东西吗？我阅读这篇文章的目的是什么？对此什么看法？有什么观点？有什么感受？
- 这篇文章与我所知道的知识是否一致？

培养你的批判性阅读技能：QUEST 分析

如何把理论付诸实践，如何深层次地了解一篇文章的意义而不仅仅是字面的意思，一个很有用的方法就是进行 QUEST 分析。从你的课程阅读清单中找一本书，从里面选一篇文章或者是一个章节，对其进行 QUEST 分析。把你的分析结果与其他同学的进行比较，也许你会发现对于同一篇文章，你们的回答也是不一样的。

Q: Questions 问题	读完这一章节/这篇文章后,你还有什么问题?你还想再具体了解哪一部分的内容,或者哪一部分内容解释得不够彻底?里面有没有你不理解的概念,需要再多读一点以便找到答案?如果作者拿这篇文章来讲课,你会问他什么问题?
U: Unhappy 不喜欢的地方	文章或章节里有没有哪些地方让你觉得不喜欢?有没有与你的想法相冲突的地方?例如,你可能会觉得某个观点没有证据支持或者你不同意作者的观点,你也可能会觉得这篇文章或章节里的某些地方写得不好或者很难读,也可能你只是觉得这篇文章让你感到晦涩难懂。(很多学术文章都极难懂。)
E: Excited 喜欢的地方	哪些地方让你感到很兴奋或者改变了你对这些主题的看法?你从阅读这篇文章/章节中学到了什么?也许是这篇文章介绍了一些新的研究,可以帮助你更好地理解某个概念,也可能是这篇文章所总结出的观点对你很有用。
S: Strengths 优势	你觉得这篇文章的优势在哪里?它写得好吗?是否易于阅读?有没有使用一些好的例子来说明观点?文献综述有用吗?给出的定义有用吗?有没有有力的证据支持?
T: Themes 主题	这个章节/这篇文章的主题是什么?都谈了哪些观点?如果有人问这篇文章/章节讲了什么,你该怎么回答,例如,你可以说"It's an article that looks at..."

做 QUEST 分析

- 首先要快速地通读一遍文章,找出文章的主题(themes),然后再读一遍,找出剩下的四部分。
- 阅读文章/章节时,用不同颜色的笔划出 Questions、Unhappy、Excited、Strengths 和 Themes 这几部分的内容。
- 每一项都至少在文中找到相对应的一部分。

培养批判性阅读技能的其他方法

用批判性思维去阅读是一件有趣且具有挑战性的事情。这里列出了几种培养批判性阅读技能的方法。在课程学习之前,你能真正应用好这种技能是非常有用的。记住,如果你想找出文章深层次的含义,你首先要理解它的字面意思。

文章类型	找什么？如何找？
杂志广告	看看杂志上的一系列广告。首先要知道它卖的是什么产品，之后再看看设计者是用什么方法来说服读者去买他们的产品。你可能会发现： • 广告中使用了一些很复杂、听上去很具有科学性的语言，以此来证明为什么他们的产品是最好的。 • 广告中把他们的产品与其他产品进行了比较。 • 里面包含一些你无法查证的描述。 • 广告中使用了过度夸张的语言，例如用了很多能给人留下深刻印象的形容词。
歌词	歌词是很有用的一种方法，因为歌词通常都很简短，另外在诗或者是歌曲背后往往都有一个"故事"。作为一个批判性的读者，你要做的第一件事就是要理解字面的意思，然后再看它所要传达的信息。词作者是如何描述他自己或他的世界的？如果里面有一些文化或音乐信息你不太明白，可以查查它们的意思或者是询问一下别人。
新闻摘要	通常报纸里都会包括这样一部分，从全世界选取一些新闻，然后用 50 个字概括出来。这也就意味着将省略很多细节、事实和背景情况。 • 首先要知道为什么这篇新闻有报道价值。 • 其次，针对这篇新闻，提一些问题。 • 如果你想有更详细的了解，可以上一些新闻网站查询，如 www.bbc.co.uk 或 http://cnn.com，看看究竟省略了哪些信息。
读者来信	报纸中还设置了这样一个栏目，那就是读者可以把自己的想法写下来，然后寄给编辑。这对于我们分析作者对某个问题的立场及查找作者的逻辑漏洞提供了很好的素材。 • 首先，看看作者是否同意报纸中的观点。 • 作者是否有效地证明了自己的观点。 • 找出作者论证或逻辑中的漏洞。
讽刺作品 / 喜剧作品	讽刺作品是指作者或喜剧演员通过在新闻中对某些人或某些机构开玩笑来反映社会中的某些现象。学会了解一个故事的笑点对于培养批判性阅读的技能非常有用。你可以上"The Onion"（洋葱网，https://www.theonion.com/）这个网站看看，这是一个美国网站，上面有很多关于美国名人、政客和重大事件的故事。也许在中国也有很多这样的新闻博客或网站。 • 首先，读懂这些故事。如果你看的是其他国家的网站，例如"The Onion"，那么你可能还需要做一些调查才能够看懂。 • 然后想想这些故事为什么有趣。

资料来源：第一个任务改编自 F. Grellet. Developing Reading Skills. Cambridge University Press。

阅读的方法

大学生如何阅读

这里有几种不同的阅读方法。你比较擅长哪一些呢？

（1）主旨大意阅读：快速阅读全文，抓住文章主要内容。

（2）精读：仔细阅读全文，理解文中的每一个字。

（3）扫读：在文章中查找你需要的细节信息。

（4）略读：快速浏览全文，抓住文章主题。

（5）深层阅读：批判性阅读，对文章进行评价，找出深层次的含义。

你采用哪种阅读方法主要取决于你阅读的原因、阅读文章的类型以及你想得到解答的问题。现在我们看看下面这些很典型的阅读任务，然后决定你应该采用哪种阅读方法。答案见第 310 页。

阅读任务	阅读方法
1. 在某一篇论文的"参考文献"中查找一篇文章的题目。	
2. 读一篇研究型文章，看看这篇文章主要研究了什么，找出其主要的研究成果。	
3. 读一本老师给你们推荐的背景知识阅读材料，快速找到其主旨大意。	
4. 在开始写文章之前先阅读一下考试的题目。	
5. 阅读文献综述，找出作者的观点。	

提高你的阅读水平

本小节为你提供了一些小任务，有助于提高你的主旨大意阅读、扫读和精读的能力。

主旨大意阅读

主旨大意阅读指的是通过快速阅读抓住文章大意。

要先保证自己已经知道阅读的原因，然后对文章中可能包含的信息进行预测，最后再快速阅读一遍文章，看看自己的预测是否正确。

> **举例**
>
> 从课程阅读清单里找一本你想读的书,然后选一篇看上去比较有趣而且篇幅不太长的文章。当然,你也可以从杂志或者报纸里面挑选。
>
> 1. 快速地浏览一遍文章的题目、插图和副标题。必要的话可以使用字典。
>
> ↓
>
> 2. 写下你认为文章中可能会谈到或你想要知道的五件事。
>
> ↓
>
> 3. 阅读文章的第一段话,看看你在第二个步骤里所做的预测是否正确。
>
> ↓
>
> 4. 给自己设一个时间限制。一开始,可以每页2分钟,但到后面就要加速了,采用略读的方法读完全文,同时对文章中所提到的和你的预测有关的地方做一下笔记。
>
> ↓
>
> 5. 根据自己的笔记把这篇文章的主要内容讲给你的朋友听,时间不能超过1分钟。

主旨大意阅读小技巧:

(1)不要试图理解文章中所有的内容。记住,如果你想了解更多的信息,你可以随时再读一遍。

(2)略读指的是快速浏览全文,对文章有一个大致的了解。如果你发现自己看的是每一个字并努力找出它们的意思,那么赶紧停下来,这不是主旨大意阅读。加快速度,了解文章的大意而不是每个字词的意思。

(3)通常每一段的第一句话很重要,主要概括了本段的大意。所以可以多花点时间来阅读这些句子。

(4)在做主旨大意阅读的时候不要使用字典,这样会减慢你的阅读速度。如果遇到不会的单词,可以先跳过去。

多阅读英文小说

阅读英文小说对于抓住文章主旨大意非常有用。根据读者的英语水平,很多出版社都出版了一些系列丛书,如剑桥大学出版社、牛津大学出版社、朗文出版社及麦克米伦出版社等。这些丛书的书名都根据语言学习者的英语水平降低了难度(进行了简化）。里面的用词都是英文中最常用的词汇，所以不必担心词汇的问题，你可以完全把注意力放在故事内容上（这样做有助于提高你的主旨大意阅读能力）。如果说读这样的文章没有什么问题的话，那么你可以试着读一下更难或者没有经过简化、但是语言比较浅显的小说。

扫读

当你想要在一篇文章中查找某些单词或数字的时候可以使用扫读的方法。这种方法和电脑中的"Ctrl + F"（查找）功能非常相似。

当你确切地知道你想要找的词是什么的时候，扫读是非常有用的一种阅读方法。例如：

（1）你正在书中的索引部分查找一个单词。

（2）你想在参考页中查找这个单词。

（3）你正在目录里查找某一个内容。

（4）你正在写一篇论文，需要对某一个事实或引言进行查证。

（5）你要在一篇文章中查找一个名字或日期。

举例

在你的大学入门课本中找一个章节，要选那种含有很多学科重点词汇定义的图书类型。

1. 找到书后的索引部分。

↓

2. 查找某个重要的研究人员的名字，可以选择一个你不太了解但是曾经在讲座上听到的人。索引是按照字母顺序排列的。

↓

3. 记下页码。

↓

4. 翻到你记下的这几页，快速地浏览一下，找出你要找的人名。

↓

5. 读一下你找到的这几个名字。

扫读小技巧：

（1）阅读速度要快。

（2）在脑中想好要找的词汇，不要只看那一个词，如"earth-moving"，也可以找找像"earth-shifting""landscaping"和"excavating"这样的词。

（3）当你在查找一个单词的时候，不需要阅读其他的单词。

精读

精读是指深入细致地研读，了解文章的各个细节。因为精读的速度通常都很慢，所以在读之前要保证这篇文章值得你去细致地研读。有一个很好的精读例子就是考试时的作文题目！你必须完全理解题目的意思才能动手写作。

你可以先读一遍文章，找出文章的主旨大意，之后问自己下面这几个问题：

（1）我是否要再读一遍？

（2）如果是的话，应该读文章的哪些部分呢？

（3）我需要找到哪些信息？

如果你对第一个问题的回答是"no"，那就看下一篇文章吧。如果你觉得这篇文章中还是有很多信息值得你去仔细推敲，那么你可以细致研读一下。

> **举例**
>
> 在你的大学入门课本中找一个章节，选一篇对课程关键词做出解释的文章。
>
> 1. 选一个你不会的词或词组。如果你学的是生物学，你可以选"osmosis"这个词，如果你学的是摄影，你可以选"depth of field"。
>
> ↓
>
> 2. 浏览一下书中的索引部分，看看哪几页对这个词做出了解释。快速浏览一下这几页，找到对这个词的定义和解释。
>
> ↓
>
> 3. 先猜测一下这个词的意思，然后快速阅读一下书中对这个词的解释，看看和你想的是否一致。
>
> ↓
>
> 4. 仔细阅读一下这些解释，看看哪里和你想的不太一样。

要想测试一下自己是否理解某一个概念或流程，你可以试着向别人解释一遍。如果你能够向他们解释清楚，这就说明你读得确实很细致。如果别人还是有很多疑问，那么你最好再重新讲一遍。

精读小技巧：

（1）先找出文章的主旨大意。

（2）理解每一个词的意思，但同时不要忘记整篇文章的主要内容。

（3）精读的速度通常都很慢，大脑需要做很多的文字处理工作，所以不要做太多的精读。

（4）必要的时候，可以查字典。你需要知道单词确切的意思。

（5）批判性地阅读。把文章里的意思与你之前所了解到的知识进行比较，看看两者在文章中有没有什么联系。

提高你的阅读速度

如何加快阅读速度

学生们常常会问怎样才能够提高阅读的速度。要想成为一个有效率的读者，关键是要有策略地阅读，知道什么时候阅读主旨大意，什么时候要精读。你也可以训练自己眼睛和大脑处理文字信息的能力来提高阅读效率。本小节为你提供了七种方法，帮助你提高阅读效率。你做到了哪些？

设一个时间限制

一定要给自己设一个合适的时间限制。先看看文章有多长，然后考虑一下它对你的学习有多重要，也许给自己 10 分钟的时间就差不多。读完之后再问问自己：现在还觉得这篇文章重要吗？从这篇文章中我得到足够多的信息了吗？我是否还需要继续？

懂得满足

阅读到一定程度，然后回答问题，不需要理解文章中的所有信息，因为你也没有这么多时间！当你下次再做阅读练习的时候，可以给自己设一个目标：理解 60% 的意思，同样长度的文章，阅读时间是正常情况下的一半。

小组阅读

可以考虑建一个学习小组，一起分享你们的阅读材料。

学会使用字典

有一些留学生非常依赖字典。查字典很费时间，如果你查的词比较多，阅读速度就会很慢，因此会很容易分散注意力。不过有时候查找一些关键词的意思还是很重要的，比如说一篇文章摘要中的关键词。其他的情况下，要么跳过你不认识的单词，要么根据语境猜测一下它们的意思。虽然你不可能百分之百地猜对，但也能八九不离十。

按意群阅读

一次读三四个单词，而不是一个词一个词地读。

不要读成：

THE + MOST + IMPORTANT + CONCEPT + IN + SPEED + READING + IS + …

而应该读成：

THE MOST IMPORTANT CONCEPT + IN SPEED READING IS + …

你可以通过在课本里划出不同的意群来训练自己的这种能力。

阅读应该从上到下，而不是从左到右

阅读速度比较慢的人通常是沿着文章中的句子从左到右地阅读，而大多数阅读效率比较高的读者则是从上到下读的。把注意力放在一行的中间，手指也可以放在那里。慢慢地向下移动你的手指，眼睛随着手指一起往下走。这需要不断地练习，通常用每行比较短的文章来做练习比较合适，比如报纸和杂志中的文章。

注意文字的走向

在阅读的时候，不要因为某些细节而停下来。注意文章中的一些话语标记，这些标记可以显示出文章的论证逻辑或文字走向。注意类似下面这样的词语：

In addition Moreover A further point in relation to X is...	为了补充要点
Thus Therefore However, ...	表示下一个逻辑关系的开始
On the other hand	引出对比
In order to illustrate X, take... Another example of This is...	举例
To sum up In conclusion	引出结论

阅读策略

有很多的阅读策略可以帮助你提高阅读效率。下面这个任务可以帮你思考一下现在使用的阅读策略，看看是否值得一试。

阅读策略列表

对照这份列表看看自己平时都用了哪些阅读策略。一个策略 1 分，算算自己能够得多少分。得分结果见第 310 页，看你是否是一个策略型读者。

阅读前

（1）利用一本书的目录和索引来判断对自己最有用的章节。

（2）浏览一个章节，找到其中与你的学习相关的关键词，不过先不要阅读。

（3）思考一下自己从课上或者是其他阅读材料上是否了解过一些有关这个话题的信息。

（4）对文章内容做一个预测。

（5）问自己一些可能会在文章中找到答案的问题，之后在阅读的时候可以看看是否能找到答案。

（6）对作者做一些调查研究，找出其写作的时间、对这一主题的观点立场以及谁对其想法产生了影响。

（7）利用文章的标题、摘要、起始段和插图示例等预测文章的内容。

（8）快速浏览这篇文章，在继续下去之前先判断一下它是否值得阅读。

文体 / 组织方式

（1）想想你所读过的与你现在所读文章属于同一类型的其他文章（例如一些研究性文章或者对许多技术用语下定义的入门文章），看能否想到有关文章组织方式的线索。

（2）在文章中找出有关组织方式的一般模式，如要求与反要求（claim – counterclaim）、概括与具体（general – specific）以及理论与实例（theory – example）。

（3）用这些模式来预测文章的内容。

（4）注意文章中的一些标志性语言，例如"Another example of...is..."，这样你可以把一篇文章看作一张地图。

（5）找每一段的主题句作为理解本段内容的线索。

第一遍阅读

（1）在精读之前，先找到文章的主旨大意（要有一个大概的了解）。

（2）第一次读的时候回答一个主旨型问题（例如，研究人员发现了什么）。

（3）在做主旨大意阅读的时候给自己设一个时间限制。

（4）允许有一些小困惑，不要试图理解文章中的所有信息。

（5）只有碰到一些你不理解的关键词时才能查字典。

（6）对于大多数你不认识的单词不要太在意，尝试着在这种情况下理解文章的意思。

（7）使用略读（浏览全文，抓住文章主要内容）和扫读（查找关键词/数字/日期）的方法。

（8）注意那些看上去确实很重要的章节，在读第二遍之前先想几个问题。

（9）把文章中的观点和你自己的经历以及你在其他地方读过的或者了解到的信息进行比较。

第二遍阅读

（1）认真思考一下你精读的原因，为什么你要对文章中的某些部分有更详细的了解？

（2）对文章中不同的章节提几个细节性的问题，在阅读的过程中回答这些问题。

（3）给自己第二遍阅读设一个时间限制。

（4）用荧光笔和便笺标出文章的关键信息。

（5）将这篇文章与你所了解到的知识以及你读过的其他文章进行对比。

（6）在读的过程中，用一张纸或者你自己的方式做一下笔记。

（7）把你对这篇文章的问题写下来，以便进一步调查研究。

阅读后

（1）跟其他没有读过这篇文章的人讲讲这篇文章的内容，让他们有一个大致的了解。

（2）跟其他同样读过这篇文章的人聊聊文章中的观点。

（3）不要看文章，然后写一篇简短的小结（一小段就可以），总结一下文章中的主要观点。

（4）继续研究你在阅读过程中所提出的问题，可以问问你的老师，也可以问问你的同学或者通过进一步的阅读来解决。

（5）把文章中比较好的表达记下来，可以用在写作中。

记录你的阅读进度

当你在写论文或是准备考试的过程中，如果你需要一些信息或是引用内容，而且你肯定自己是看到过的，但就是想不起来它是什么或在哪里，这样的情况是很令人沮丧的！更令人沮丧的是，当你去图书馆查找你要找的参考资料后却发现你已经读过这篇文章了！一年后再花很多时间来寻找你以前读过的东西，这样的事情是很常见的。解决这种问题的方法就是要记录你的阅读进度，找一种好的方法来保存你的笔记。即使在阅读时觉得这些文章不重要，也应该做好记录，这一点很重要。

应该记录哪些信息

对于所有的阅读材料而言，应该记录：

完整参考信息（包括标题、年份、作者和出版社） 这些信息很重要，特别是在你还想找到这篇文章或者在作业中引用这篇文章的时候。
总结（主题） 文章主要讲了什么内容？
对文章有用性/相关性/有趣性的程度评级 这篇文章对你的作业/课程有多重要？有一些阅读材料很重要，而其他的就没那么重要了。
阅读的时间

这种方法至少可以让你知道自己的进步，以后也可以再回顾一下，看看自己都读过哪些文章。

是否记录下面这些信息，与你学习的本质及你阅读这篇文章的原因关系不大，但还是有可能会包括：

- 一些有用的定义。
- 对其他研究的有用总结。
- 对方法论的细致描述。
- 阅读文章过程中所提出的问题。
- 其他需要调查的参考信息。
- 解释过的重要理论。
- 重要的研究发现。
- 可用的引用资料。

记录阅读进度的不同方法

记录你的阅读进度有很多种方法，具体选择哪一种主要取决于你的个人偏好。在下一页上，我们介绍了五种记录的方法。

实验不同的笔记保存策略

跟其他同学聊聊他们是如何管理自己的笔记的。把各种方法都试一遍，看看哪种方法最适合自己和自己所选的课程。

保存方法	注解
记在纸上放到文件夹里或记在笔记本上	• 没有什么技术含量，不需要电脑。 • 很容易添加信息，带到小班课和讲座上也很方便。 • 可以很容易地与老师在课上所发的阅读材料合并在一起。 • 你可以把你写作业或写论文时用到的所有阅读材料放在一起。 • 考虑一下用类似本小节后的那种表格来作为每份阅读材料的封面（见第148页）。
存在电脑的文件夹里	• 不需要特殊的软件，只需要用普通的文档就可以了。 • 如果你经常用电脑而且会看很多在线杂志的文章，那么这种方法会非常有用。 • 你可以根据作者、主题、日期或论文题目把文章放在不同的文件夹里。 • 就像上面那种方法一样，在文字处理软件中为每个阅读材料建一个表格。
使用 OneNote 软件	• 这是由微软公司开发的一种数字笔记本软件，可以从网上下载。你可以先下载一个免费试用版，在搜索引擎中输入"OneNote download"就可以找到。 • 很易于使用。 • 主要的目标人群是学生和商务人士。好处是除了文字信息外，你还可以用它来记录一些多媒体信息。 • 如果你想把网上的一些表格添加到你的笔记中或者想添加一些照片、录音或文字信息，那么这款软件是非常有用的。
使用一些免费的笔记软件	• 除了 OneNote 之外，现在网上还有几十种免费的笔记软件可以帮你记笔记。其中一个很受欢迎的软件是 www.evernote.com，你可以通过这个软件与你的朋友和同学在线共享你们的笔记。
使用 EndNote 软件	• www.endnote.com • 此软件程序主要是用于记录和编排一些参考信息，但是也可以用来记录一些对阅读材料的简短总结。 • 可以在 Word 中打开，打字时允许引用（非常方便）。 • 可以为某一门课程建立你自己的参考信息资料库，同时需要根据不同的作者对这些信息进行总结并储存起来。 • 刚开始用可能会有点难，但绝对值得学习，许多大学的图书馆会开设一些简短的课程来教你怎么使用。 • 一旦学会怎么使用，你可能就会用它来储存你的阅读笔记，而不仅仅是学会使用一种类似 OneNote 这样的新软件程序。

阅读材料与笔记封面

短标题（short title）：（给文章起一个对你来说有意义的标题。）	有趣程度评级（interest rating）：（总分5分：5=非常有趣；1=非常无聊。）	阅读日期（date read）：（你什么时候读的这篇文章？）
完整参考信息（full reference）：（包括：作者、日期、标题全名、出版社、杂志名、页码等。）	重要性评级（relevance rating）：（对文章与你的课程相关性/重要性打分，总分5分：5=非常重要；1=不重要，适合泛读。）	

主题（main themes）：（包括：写作的目的，是为了告诉别人某些信息，还是为了做一份研究报告或者对研究进行总结，以及对文中话题的简要陈述。）

内容记录（content notes）：（可以包括：有用的定义、对其他研究的有用总结、解释过的重要理论；对方法论的细致描述，重要的研究发现，阅读文章过程中所提出的问题，可用的引用资料、图表等。）

后续工作（action）：（把你读完这篇文章后需要做的事情记录在这里，例如查找更多的参考信息或对文章中的某些内容再重新读一遍；在作业里增加一小段内容；请老师对某些信息加以解释。）

下面是一名学习英国文学课程的学生所写的阅读记录封面。

短标题（short title）：	**有趣程度评级（interest rating）：**	**阅读日期（date read）：**
Shakespeare's sonnets	*****	*17 May 2007*
完整参考信息（full reference）：	**重要性评级（relevance rating）：**	
The Sonnets, William Shakespeare, Everyman edition, published 1993	*****（*assignment 3*）	

主题（main themes）：

definition of nature of romantic / poetic love compared with act of writing / poetry ...

time and aging + death + decay（youth + idealism vs. experience + learning）

darkness + beauty

the stars / destiny vs. individual choice?

love – misery – comedy

The Dark Lady?

内容记录（content notes）：

Key sonnets for assignment 3:

116（Let me not to the marriage of true minds ...）

130（My mistress's eyes are nothing like the sun ...）

18（Shall I compare thee ...）

73 Note sonnet structure ...

range of sonnet structures

Introduction（by M. R. Ridley）

difficulties / problems with the sonnets

Are they a sequence? What's the order?

Who was Shakespeare writing to?

Who was the Dark Lady?

后续工作（action）：

close analysis of sonnets above

further reading on sonnet structures

在线阅读

　　大学里有很多阅读是要在线（在电脑上）完成的。本小节主要探讨了在线阅读和纸媒阅读之间的异同以及在课程中你需要做的一些特别的"在线"阅读活动。

在线阅读与纸媒阅读：异与同

在线阅读与纸媒阅读之间有很多的相似之处。看看下面这些描述，判断一下在多大程度上你会觉得这些说法是真的。看一下第 311 页的参考答案并与你的想法进行比较：

（1）你仍然需要批判性地阅读。

（2）在线阅读时也能使用同样的阅读策略（略读、扫读、精读等）。

（3）在线阅读的时候很容易走神，很浪费时间。

（4）对眼睛不好。

（5）你可以在网上找到相同类型的文章。

（6）更加环保。

在线阅读的几大好处

除了能够在网上找到很多文章和信息并能够进行高级搜索（见搜索在线阅读材料这一小节）以外，你还可以在电脑上做很多其他的事情，可以让你的阅读变得更轻松，同时也节省了你很多时间。你可以试试下面这几种方法：

第一种：页面内查找

使用键盘上的"CTRL + F"组合键可以调出搜索框。这是一个非常有用的工具，可以在文档和网页上进行搜索。你可以利用这个功能来判断一篇文章是否值得阅读，其中的哪些部分值得精读。例如，假设你对美国工业所造成的空气污染问题比较感兴趣，于是你在网上找到一篇有关美国空气污染的文章。现在看看这篇文章中"industry"这个词被提及多少次。如果没有提到，那么你可以接着看下一篇文章；如果提到了，也许你不必整篇文章都看，只看一下提到"industry"的那些部分就可以了。

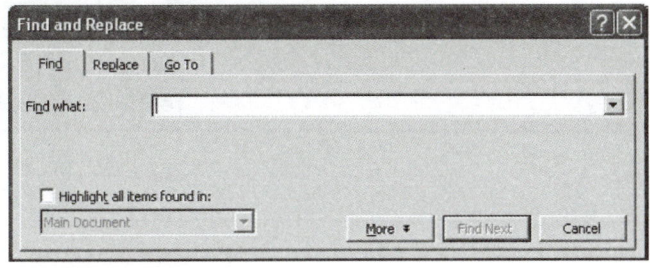

第二种：添加到收藏夹

如果你找到了几篇很有用的文章，你可以把它们下载下来存到你的电脑里，也可以把它们的网址（URL）添加到你的"收藏夹"（favourite）或"书签"（bookmark）里。

这样的话，你就可以很快地找到它们。很多学生会使用一些在线工具，比如 http://del.icio.us，来与其他的同学分享他们的书签以及寻找一些有趣的新网站。

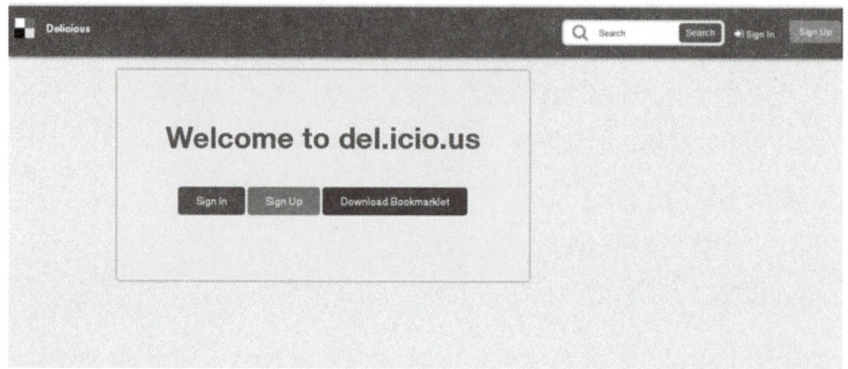

第三种：链接到一些工具书页面

当你在网上阅读时，可以同时打开在线词典或学科词汇表，这样你就可以在线查询词汇的意思了。如果你用的是火狐（Firefox）浏览器，你可以下载它的"扩展功能"（extensions），这样只需点击一下要查的词就可以得到这个词的译文或同义词了。具体信息可查询以下网址：https://addons.mozilla.org/。

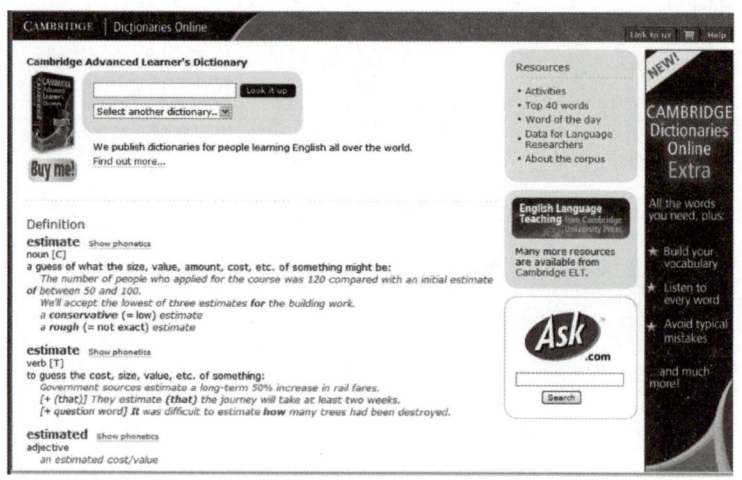

第四种：打开新的窗口

在你不太确定的文字上点击右键，选择在新窗口中打开。这个功能很有用，因为这样你就不会找不到之前你在看的那个网页，就像是在打开一本新书的同时让之前在读的那本书也保持打开的状态，而不是合上之后把它丢在一边。

第五种：复制和粘贴直接引语

你不必再把想在论文中使用的直接引语抄写下来。如果你正在为了写论文而读一些文学作品，你可以打开一个 Word 文档，在读的时候把你要用的引语复制粘贴下来，然后保存。记住，你还是得记下这些引语的具体来源，这样就可以在你的论文和参考文献中确切地引用。

在线阅读：爱护好你的眼睛

在线阅读对眼睛的伤害是不容小觑的，看看现在有多少戴眼镜的电脑程序员你就知道了！

我们采访了一名留学生，谈谈他对在线阅读的看法。阅读下面的这段采访，看看他应该如何保护自己的眼睛，答案见第 312 页。

> 采访者：*So you say your eyesight is deteriorating. Tell us about how you read. Do you read much from your computer?*
>
> Jason（杰森）：*Yep. Most of my reading is from the screen. My lecturer scans readings for us and so it is easy to access them onscreen in my flat. I spend 2 to 3 hours reading onscreen every day. We also have to do online discussions on the course webpage.*
>
> 采访者：*Do you read continuously for 2 to 3 hours or do you take breaks?*
>
> Jason：*I often take breaks. I check my emails or watch some video clips online to relax my eyes.*
>
> 采访者：*Tell us about your computer set-up.*
>
> Jason：*Well, I use a laptop. It's great – I can even read lying down in bed with the laptop on my knees. The lighting's not good but it's really comfortable.*
>
> 采访者：*And how do you set up your browser? What settings do you use?*
>
> Jason：*I like to see as much as I can at once – so I have the text quite small. It's not a very big screen ...*

因此，在阅读的时候也要爱护好你的眼睛。看看下面这些对在线阅读提出的建议，你做到了哪些？

你做到了吗?	怎样做?
多给眼睛一些放松的时间	• 在你的电脑旁边放一个闹钟，给自己设一个时间限制。 • 每 15 分钟放松一次。 • 保证在放松的时候做一些不需要看电脑显示器的事情。（可以到处走走，伸个懒腰。不要在放松的时候查你的电子邮件或者是在 YouTube.com 上看视频！）
使用打印机	• 把你要精读以及可能会再读一遍的文章打印出来。
房间设置	• 确保要有好的光线。 • 调整好你的显示器位置，让你可以更加方便地看到外面的景色。如果有条件的话，使用一把可以调节高度的座椅。
电脑设置	• 降低屏幕的亮度。通常在你的显示器上就能找到控制亮度的按钮，上面有一个"小太阳"的标志。 • 确保你的显示器高度合适。
笔记本电脑	• 如果你需要在笔记本电脑上读大量的文章，那么你可以考虑买一个显示器接到你的笔记本电脑上。二手的显示器还是比较便宜的。
放大功能	• 放大你的屏幕，这样屏幕上的字就会大一些。你可以在 Word 文档中点击视图（view），然后选择放大 / 缩小（zoom）。 • 关闭一些不必要的工具栏，这样可以让你的屏幕看起来更清爽。

结论

在本章中，我们主要想告诉你，只要你对自己阅读的原因进行了思考并且选择了合适的阅读技巧，你就可以成为一个更加积极且更有效率的读者。通常学生们只有在老师的作业批语里才会得到有关自己阅读情况的反馈，比如 "Your writing shows that you are reading widely"，"You have clearly reasearched this topic thoroughly" 或者 "You make good use of the sources you cite"。

这些都是一些你可能会得到的正面反馈，把它们记录下来。同时，也要记下对自己的负面反馈，因为它们可以告诉你自己完成的情况。例如：

"You have only cited two articles for this essay."

"At this level you are expected to show that you have read more widely than this."

"You need to read more critically and show in the essay what you think about the readings rather than just report them."

  要想知道自己应该完成多少阅读量并不是一件容易的事，因为这可能会与你之前的受教育经历不太一样，还可能根据学科或者老师期望的不同而有所差别。如果对此你不是很清楚，你可以问问系里的其他人或者向学科顾问咨询一下。

Chapter 7
大学写作

学习目标

在本章中,你需要完成一些小任务来帮你了解:

- 学生们在完成书面作业时所遇到的一些常见问题
- 解读论文题目的不同方法
- 作业的不同类型
- 如何使论文主题变得更容易理解
- 如何收集信息

引言

每个大学的系部都要求学生写作不同类型的文章。为此，系部为学生们提供了一些指导信息，这可以在你的学生手册或网站上找到。下面举几个例子：

- 同意或反对某种观点的论文。
- 对其他研究性文章进行总结的论文。
- 研究性论文（特别是针对高年级的学生而言）。
- 开题报告（在开始做主体研究之前）。
- 实验报告（特别是指那些需要做实验或实地考察的科目）。
- 对案例研究的回应。
- 文本分析（主要是在文学和语言课上）。
- 批评性分析（对文章进行评价）。

本章主要介绍了前两种，但是里面所提到的很多信息也适用于其他的写作类型。

困扰留学生的是什么

下面是学生们提到的一些常见的问题。如果你也遇到同样的问题,那就看看下面一个小节,应该如何解决这些问题。

(1)如果我能明白论文题目的话,那么我的论文写作就等于完成了一半。

　　_____ 对我来说是一个很大的问题

　　_____ 有时候让我很担心

　　_____ 对我来说不是问题

(见下一小节"如何理解论文题目"。)

(2)老师告诉我们要知道论文的不同部分应该用什么类型的写作方法,但是对此我毫无头绪。

　　_____ 对我来说是一个很大的问题

　　_____ 有时候让我很担心

　　_____ 对我来说不是问题

(见"写作类型"这一小节。)

(3)我不知道去哪里找那些阅读材料。

　　_____ 对我来说是一个很大的问题

　　_____ 有时候让我很担心

　　_____ 对我来说不是问题

(见"为你的论文收集信息"这一小节。)

(4)我总是听人们说起"argument essay",但是对我来说"argument"往往意味着争论或是很愤怒地争辩,所以我觉得只是报告一下事实让我感觉更安全。

　　_____ 对我来说是一个很大的问题

　　_____ 有时候让我很担心

　　_____ 对我来说不是问题

(5)当别人在讲座或是小班课上问问题的时候,我可以理解他们问的是什么。但为什么论文题目的问题那么难懂呢?

　　_____ 对我来说是一个很大的问题

　　_____ 有时候让我很担心

　　_____ 对我来说不是问题

(见"换一种方式来理解论文题目"这一小节。)

（6）在我上一次的论文中，老师给了我这样的评语，说我的写作类型不够多样化。这是什么意思呢？

_____ 对我来说是一个很大的问题

_____ 有时候让我很担心

_____ 对我来说不是问题

（见"写作类型"这一小节。）

如何理解论文题目

学生常常会丢一些不必要的分数，其中一个原因是他们没有读懂题目。让我们试着简化一下题目理解的过程。首先，你需要知道论文题目的三种类型：

一般来说，说明文是对一些观点进行解释，议论文对同一个话题提出两种或两种以上的观点，而分析文则关注的是某件事情的所有细节以及它们之间的联系。

| 说明（expository） | 议论（argument） | 分析（analytical） |

你是否能够判断出这些题目是哪种类型？答案见第312页。

1. Choose a TV advertisement. Through an analysis of the camera effects used, explain how these techniques contribute to the success of the advert.

    EXPOSITORY   ARGUMENT   ANALYTICAL

2. Describe the types of public housing built between 1920 and 1950 in Moscow.

    EXPOSITORY   ARGUMENT   ANALYTICAL

3. The type of housing children grow up in has a considerable effect on their quality of life. Discuss.

    EXPOSITORY   ARGUMENT   ANALYTICAL

4. Describe the alternative ways that national roading projects can be funded and say which model is the fairest towards lower socioeconomic groups.

    EXPOSITORY   ARGUMENT   ANALYTICAL

5. Through a close analysis of Shakespeare's sonnets, discuss the poems' treatment of the notion of romantic love.

    EXPOSITORY   ARGUMENT   ANALYTICAL

6. "Austen's novels are truly radical when you look at what is unsaid." Analyse three key passages in Pride and Prejudice and say to what extent you feel this opinion is justified.

EXPOSITORY   ARGUMENT   ANALYTICAL

简化论文话题

论文题目常常很难理解的一个原因是使用的语言比较难且"密集",也就是说在很短的文章里包含了大量重要的信息。在口语中,我们通常会使用比较简单的语言。所以有一个小窍门就是试着把书面的题目"翻译"成口语。一开始可以先问问自己,这些问题中有哪些与你的论文题目最相近。

Who?

Why?

What?

When?

Where?

How?

下面我们用几个句子做一个小练习。阅读下面这些典型的论文题目起始句,然后将其与口语中的问法进行配对。答案见第312页。

典型论文题目起始句	口语中的问法
1. Discuss the role of...	What is similar about...?
2. Give an account of...	Why is... important?
3. Explain/Discuss the reasons for...	What happened...?
4. Explain/Discuss the significance of...	What was the result of...?
5. Distinguish between...	What is the purpose of...?
6. Account for the popularity of...	Why should...?
7. Describe the characteristics of...	What is the difference between...?
8. Make the case for...	What causes...?
9. Draw some parallels between...	Why did... happen?
10. Outline the effects of...	What is... like?
	Why...?

换一种方式来理解论文题目

刚刚你已经将论文题目与口语的问法进行了配对，下面这个任务要更难一些，那就是把以下这些论文话题用你自己的话说出来。第一个已经作为范例给出了答案，答案见第 313 页。

论文题目	简化了的口语问题
Discuss, with reference to specific examples, the role of the messenger in ancient tragedy. (Classical Studies)	What did the messenger do? Which plays used messengers? How are they important to the plays' story?
Give an account of the war of... against..., including... In what ways is this war unlike the... War? (Classical Studies)	
Discuss the ways in which...derived influence from...? (Physics)	
What, according to..., is the relationship between...and...? (Physics)	
Examine the significance of... (Physics)	

写作类型

下表是你在论文写作中可能会用到的一些写作类型，右边一栏是对每一种类型的定义。看完这个表格后，试着完成下面的任务。

写作类型

过程（process）	"过程"描述的是事情发生的先后顺序。
分类（classification）	对事物进行分类指的是把相同的东西放在一起。
例证（exemplification）	通过举一些例子或使用一些图例来使事情变得更清楚易懂。
比较/对比（comparison/contrast）	展示出事物之间是如何既具有相似性又具有差异性的。
原因/结果（cause/effect）	通常是指事物发生的链条，一件事情的发生导致另外一件事情的发生。
问题/解决方案（problem/solution）	哪里出了问题？怎样解决这个问题？
定义（definition）	用不同的文字来解释某件事物的意思。
分析（analysis）	从一种情况的所有细节中得出结论。

Chapter 7　大学写作

现在看看下面这些论文题目，判断一下它们应该用什么样的写作类型。从上表中选出你的答案，答案见第 313 页。

1. With reference to Toronto, describe the steps that are taken to treat waste water before it is pumped out to sea.
2. Outline the main causes of soil erosion in an agricultural system that you have studied and put forward some possible solutions.
3. Describe the factors that led to the collapse of Enron and describe the consequences of this business failure for stakeholders.
4. Compare and contrast the practices of Chinese medicine and "evidence-based" medicine.
5. Identify the main varieties of fern growing in the southern hemisphere.
6. Define the term "eco-tourism" and provide some examples of how eco-tourism ventures live up to their name.
7. Through an analysis of Martin Luther King's speech, describe the literary effects that he uses in order to persuade.

为你的论文收集信息

想象一下你要写一篇有关下面这个主题的论文：

What services does the University have to help students learn English? How suitable are these services for someone of your language level and needs?

第一步：判断一下这篇文章应该属于什么类型？

答案：与很多的论文题目一样，这篇文章需要用到多种写作类型。大部分内容属于说明性质（对大学的服务加以解释），但同时你也需要对服务的成功与否做出评价并对其在多大程度上满足学生们的需求进行论证。

第二步：收集信息。

为你的文章收集信息的主要方法包括：

（1）设计一个调查问卷并找人来完成。
（2）与你的同伴一起思考。

（3）把你的论证讲给朋友听，看看别人是什么观点。

现在我们详细地来介绍一下这三种方法。当然，还有很多其他收集信息的好方法，例如使用工具书、阅读课堂笔记和课本或者向去年的同学借作业。

设计调查问卷

文章中有一部分答案是要通过调查才能得到的。做调查首先要设计好问卷，然后再找人帮你答问卷。针对作业的第二部分设计一份调查问卷。

> 1. 你应该问什么问题才能找到与你拥有相同语言水平和需求的人？
>
> 2. 找到后你应该问他们什么问题来了解他们的观点呢？

现在用你设计好的问卷来收集信息。建议你可以参考第 313 页的答案中提供的问题。

开动脑筋，收集信息

另外一种收集信息的方法就是要动动你的脑筋。你可以按照下面这些步骤做：

（1）拿一张大一点的纸或者是录音机。

（2）把你能想到的与主题相关的所有想法都写下来或录下来，即使这些想法看起来很愚蠢。

（3）尽量在较短的时间内完成，不要超过几分钟的时间。只需要写一些单词，画一些图画、箭头等就可以了，不要写完整的句子，因为太浪费时间了。

之后你可以把一些相互联系的想法归为一组，比如可以用同样的颜色来表示。

这里有一个可以帮你动脑筋的好方法，那就是使用"PPPPP 系统"。在这个系统中，通过从不同的或相反的角度看问题，从而得出一些想法。举几个例子：

Chapter 7　大学写作

> **通过从相反的角度看问题来扩展并得出自己的想法**
>
> 实际原因（Practical reasons）　　抽象原因（Abstract reasons）
> 个人原因（Personal reasons）　　影响社会的原因（Reasons affecting society）
> 长期原因（Permanent reasons）　　短期原因（Short-term reasons）
> 真实原因（Proven reasons）　　假定原因（Hypothetical reasons）
> 人事原因（People-related reasons）　　经济原因（Financial reasons）

试试用这个方法来分析下面的问题。

Learning a foreign language should be compulsory in all high schools.

每个标题下面有一些提示可供大家思考。

实际原因	抽象原因
有助于贸易的发展。	不同的学习类型可以促进大脑的开发。
个人原因	影响社会的原因
学生可以旅行、赚钱和找到更好的工作。	可以增进国家之间的相互理解。
长期原因	短期原因
可以发展学生的思考技能。	可以激发学生的积极性。
真实原因	假定原因
人口语言多样化的社会生存时间更长。	可能有助于促进世界和平。
人事原因	经济原因
学会另外一种语言能够使我们有更好的人际关系。	多语社会更容易开展贸易，在金融领域也更容易获得成功。

再用同样的方法分析下面的这个题目。

Cities would be better off if cars were banned.

分析完成后的第二天再拿出来这份列表，看看你还会不会有其他新的想法呢？

与朋友讨论

这里有一个小任务，我们把它叫作"网球比赛"，目的是为了收集写议论文时需要用的三种素材，即：

> 论证（argument）　　反论证（counter argument）　　反驳（rebuttals）

现在我们针对下面这篇论文举几个例子，来解释一下这三个词的意思。

Poverty in any country is the responsibility of all countries.

观点随着论证的不断进行在两个人之间一来一回。

论证举例

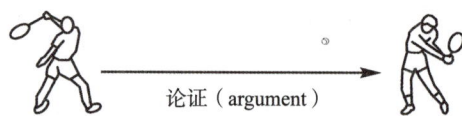

Today's world has been referred to as "a global village". Just as, in a village, everyone is responsible for caring for anyone who is poor, so in the world today, richer countries must look after the poorer ones.

反论证举例

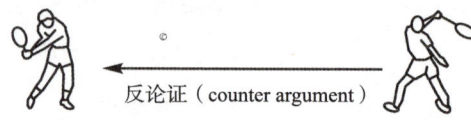

The comparison with a village is an attractive one. However, we could argue that with better planning the poorer countries would not have become poor. In other words, it is their fault.

反驳举例

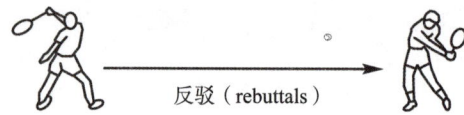

Most belief systems around the world acknowledge that some people are better at looking after themselves than others and that the better organised are not necessarily better people. Neither are the poorer people necessarily to blame for their poverty. As in a family, we need to look after those who, for whatever reason, find it hard to look after their own needs.

因此，论证就像是一种观点，反论证是除这种观点之外的另一种可能性，而反驳是对反论证的回应。

好文章不会只从单一的角度看问题，通常都会考虑一下其他的观点。能够对不同论证方式的优劣进行权衡是批判性思维的一个重要方面（见 Chapter 11）。通过做下面的这个练习，你可以为你的论文写作提出许多观点。你可以独自完成，不过和一个朋友一起做的效果会更好。你要做的任务就是给每个话题找三种这样的证明：论证、反论证及反驳。

每个反论证和反驳都必须是对上一个说法的回应。上面我们已经举过一个例子了，现在针对下面的论文题目思考一下有什么论证、反论证和反驳的说法：

This university should have better...for students.

People in the country x have a better life today than they did one hundred years ago.

The elderly/the young are the worst car drivers.

如果不知道你的想法的话，我们是无法给你一个参考答案的，所以这个任务最好是能跟另外一个同学一起做。当然，如果你能找到一个"裁判"，就像在网球比赛中那样，你也能够得到有用的反馈意见。

结论

本章主要是想帮你在写作方面有一个好的开始，我们探讨了不同类型论文题目的意义以及如何开始收集和组织自己的观点。可以看出，尽管我们提到了很多的写作类型，但是大部分的内容是在讲论文写作。在本书的结尾处，你可以找到一些参考信息，为大家推荐了一些更加专业的学术写作书籍，主要是针对那些要专门写作某一学科领域内论文的学生。

下一章，你将会练习如何有序地把各种材料组织起来。

Chapter 8

论文写作过程

学习目标

本章可以帮你：

- 把论文的话题扩展成一个论题
- 写论文的引言
- 根据论题写出每一段的主题句
- 将主题句扩展成一段话
- 使每段话读起来更加通顺
- 用不同的方法把各种观点联系起来
- 对引用来源表示感谢（写参考文献）
- 把论文的各部分组合成一篇可读的完整文章
- 对你的论文初稿进行编辑和校对

引言

上一章中我们设置了一些帮你理解论文题目和收集论文信息的小任务,这一章将带你进入论文写作的下一个阶段,也就是实际的写作过程。就像其他的章节一样,本章中也会有很多的例子和任务供你尝试。唯一的区别就是我们将采取一种螺旋式的方法来分析论文写作的话题,也就是说我们会逐渐加大话题分析的难度。

从话题到论题

有什么区别

论文的话题和论题之间有什么区别呢?看看下面的例子。

话题:
Discuss the role of advertising with specific reference to one medium.
论题:
Advertising is mainly for the benefit of the sellers.

可以看出,论题陈述的是作者想要论证的主要观点,向读者展示出作者对于这个话题的批判性立场。再举一个例子:

话题:
Through the ages and from one society to another, views have varied on the extent to which children should be protected from the world around them. Discuss this issue with reference to two 21st-century societies.
论题:
Most societies agree that little children should be sheltered from some of the most frightening world events.

练习写作论题:

1. 阅读下面的话题。
2. 如果你要写这篇论文,考虑一下你会从什么角度来写。你的立场是什么?
3. 跟一个朋友聊聊你想要写的内容。
4. 写一个能够包含你观点的论题。
5. 阅读第314页的参考答案——我们对此所提出的一些建议。

话题1:
Companies selling tobacco products and marketing alcoholic drinks should not be

allowed to sponsor sports events.

话题 2：

Immunisation against common diseases is a contentious issue in many countries. Looking at an illness you have studied, evaluate the arguments for and against mass immunisation programmes.

话题 3：

Describe the effects of tourism on an area that you have studies. Evaluate the extent to which it has benefited the area.

话题 4：

The standard of training of waiting staff in restaurants is critical to the success of a restaurant. Discuss with reference to case studies you have looked at.

调查

要想更具有批判性思维，一个重要的方法就是要多读一些别人的观点和回应，思考一下作者是如何把自己放在与所写话题有关的立场之上的。关于这一点，你可以在当地的报纸上找到很多。

另外，读者给报社编辑的来信通常类似于一种迷你的议论文。他们选取话题的一个角度写论文，并对另外一个角度进行反驳。

下面是一位读者给报社或杂志社编辑的来信。这种信件的风格与论文不同，信件作者的语言会比较间接。阅读这份信件，然后给这封信起一个标题并找出其主要论题。

Dear Sir/Madam,

As a responsible dog owner I would like to add my response to your recent article 'Dog attack victim speaks out'. Let's keep things in perspective. While I understand how the victim feels, it would be crazy to introduce the type of dog control legislation that he advocates. Dogs bite people. Unfortunately it's a fact of life. Bees sting people. People get hurt in road accidents. Will legislation stop people being stung by bees? Can legislation alone stop people being hurt by cars?

And another fact of life. Some dog owners are irresponsible. We already have rules about registering dogs, keeping them on leads, where you can let them off the lead and where you can't. According to your article, the dog in question was neither registered nor on a lead. Surely the most appropriate response to this "dog attack" is to prosecute the irresponsible dog owner in question rather than make it even more difficult for responsible dog owners to enjoy having a pet in the city.

Yours
Mrs D. Oglover
St Kilda, Melbourne

现在看一下第 314 页的参考答案。

调查任务

看看当地的报纸，选择一封"读者来信"，然后查找下面这两项信息。

（1）编辑给这封信起的标题。

（2）这封信的论题。通常（并不总是）一封信的论题是它的第一句话。你认为两者的匹配程度如何？

更多的练习请见下面这个网站：

http://news.bbc.co.uk/1/hi/talking_point/default.stm

找一篇你感兴趣的故事并给其中的三个帖子写一个论点。试着把你的观点发布到其中的一个故事后，说不定可以发表呢！

形成自己的批判性立场

很多留学生觉得在写论文的时候很难有什么批判性的想法，没有自己的观点。如果你也有这样的问题，无法针对某个问题提出自己的立场，你可以试试下面的方法：

（1）找出话题中涉及的问题。

（2）理解了但并没有说出来的问题。

（3）看看里面的用词，思考一下它们的定义，对其使用方法提出挑战。

（4）对支撑话题的证据提出质疑。

（5）将这个话题应用到其他不同的情境当中，看看是否仍然找不到任何问题。

（6）思考一下这个话题的含义。

（7）想一想自己有没有与这个话题相关的经历，你的经历是否能够支撑其中的观点。

例如，再看一下上个练习中的第一个话题：

Companies selling tobacco products and marketing alcoholic drinks should not be allowed to sponsor sports events.

这里有几种对这个话题进行批判性分析的方法。

对话题中的这些词语和内容提出质疑	提出以下问题
"not be allowed"	• 谁允许？政府？社会？还是体育机构？ • 他们是否有权做这样的决定？ • 谁应该对他们采取禁令？ • 如何做到这一点？ • 如何执行禁令？由警察来执行吗？
"Companies selling tobacco products and marketing alcoholic drinks"	• 具体是指哪些公司？ • 如果是那些拥有出售酒精饮品子公司的大公司集团呢？
"tobacco products and alcoholic drinks"	• 如果不允许做广告，那么是否允许在运动场吸烟呢？ • 啤酒可以卖吗？ • 当某个队伍获胜的时候，是否允许开一瓶香槟来庆祝呢？ • 对于其他有害健康的产品，如垃圾食品来说，也要被禁止吗？如何划定界限？ • 对于那些造成环境危害的企业，也禁止它们为体育运动提供赞助吗？
"sponsor"	• 如果不允许这些公司为体育运动提供赞助，那么体育机构该如何解决收入短缺的问题？ • 如果不允许这些公司赞助体育运动，那么电视公司是否可以在电视播送赛事的广告时段播放烟酒广告？
个人经历	• 在运动场看到酒精饮品广告是否会让我联想起喝酒有益健康呢？
证据	• 是否有来自其他国家的证据显示禁止播放烟酒广告可以降低吸烟和酗酒的比例？

用另一个话题再练习一下这样的思维方法。练习得越多，做起来就越容易。你还可以阅读一下 Chapter 11 有关批判性思维的内容。

写论文的引言

引言的各组成部分

让我们看一篇论文的引言部分，论文的主题是上学是否应该是强制性的。首先，考虑一下你自己对这个问题是什么看法。你觉得应不应该设置必修课程？你的论题是什么？现在阅读下面的引言部分，看看作者是否同意你的观点。把你的答案与第 315 页的参考答案进行对照。

下面，我们列出了这些句子的一些意图，在每一项的旁边加上句子的序号。引言可能包括以下内容：

引出论文话题。
概括文章大意。
问一个反问句。
引出你的论题（也就是你对这个话题的态度立场）。
向读者介绍文章的结构。

论题句已经作为范例标出来了，其他的参考答案见第 315 页。

论文引言举例	各句的意图
（1）Ideas about when and whether children should have compulsory education have varied through the ages and from country to country. （2）In some countries the choice has been left to individuals and in others the government has made one rule for everyone. （3）Most countries of the world now have compulsory schooling between certain ages but the form of the schooling may vary between institutions. （4）Variety may sound like a democratic idea but in practice how does it work out? （5）In this essay the case will be made for national education to include certain fixed areas of learning. （6）The reasons will be explained in terms of equity for individuals and the good of the nation.	（1） （2） （3） （4） （5）论题 （6）

引言的结构顺序

现在我们仔细看一看另外一个话题:"海外留学的经历"。你会看到一篇学生论文的引言部分,但是里面句子的排列顺序是错误的。

将下面的这些句子按照正确的顺序排列起来。答案见第 315 页。

- While many people clearly benefit from the experience of studying at university in another country, for some students the experience is far less positive.
- It is becoming increasingly important for individuals to experience life in another country to make them more employable in a world job market.
- The case studies also suggest that for some individuals, the sacrifice made for an overseas education may not ultimately be worth it.
- By looking at a series of individual case studies, this essay will outline the ways in which young people can benefit from study overseas.
- With the movement towards globalisation in recent decades, both business and education have become more international.

检查你的引言

现在你可以试着根据之前让你写论题的那个话题写一篇引言了,你也可以看看与你的课程相关且正在研究中的论文引言部分。用下面这个清单来修改你写好的引言。

	问题	写得不错还是需要重写
话题引入	• 是否介绍了论文的话题? • 听上去有趣吗?	
论题	• 你的观点清楚吗? • 你对这个话题的批判性立场清楚吗? • 对自己论证论题的方式是否清楚?	
设置文字标志	• 是否指出了论文的组织方式?	
组织方式	• 引言内容是不是以一种有逻辑的方式组织起来的,例如先引入话题,再提出论题,然后再加入一些标志性的衔接词?	

根据论题写出每一段的主题句

下一步是写出各段的主题句，通常是每一段的第一句话。作为每段的主要观点，你想在主题句里写什么内容呢？

写主题句

一篇论文只可能有一个论题，但却可能有很多的主题句，一个段落一个，就像下面的例子一样。我们给你提供了一个论文的框架，而且在每个主题句的开始部分划了线。

"Students need not think about the purpose of class activities"

论文中的句子	句子的意图
In an academic writing class students are asked to do a number of activities such as...and...Sometimes they see the point of each activity; on other occasions they don't even think about the purpose.	交代背景
Does it matter if students do things for which they see no point?	解决问题
This essay states the case that...	指出论文论题
The reasons, counter-arguments and rebuttals are based on a class discussion in one academic writing class.	解释观点的来源
<u>One important reason [why/for]</u>	支撑论题
For example	支撑原因
Some people say	提出相反的观点
However, this view	反对上面的观点
<u>Another point in support of the case that... is</u>	引出第二个原因
It has been said that "…"（xxxxx, 2001:13）	支撑第二个原因
This point too has its critics. People say/ask	提出相反的观点
This claim may be partly true, but	反对上面的观点

Perhaps the most important reason of all for (not)...	引出第三个原因
Studying in class is like...	支撑第三个原因
Some claim that there is a problem with this argument. They say that...	提出相反的观点
The answer to this point is...	
Conclusion	反对相反的观点

第一阶段：想想你要说明的要点

如果你想说明自己为什么认为参加奥林匹克运动会是一个严峻的挑战，你可能会想到以下几点：

1. 需要花很长的时间才能达到一个好的状态和水平。
2. 需要牺牲自己的事业、朋友和家人。
3. 需要有天分。没有好的基因？
4. 并不是总能够得到专业的教练和设备。
5. 要用心。
6. 需要资金赞助。
7. 需要满足资格赛的时间和日程。
8. 风险——生病、状态不好、受伤。
9. 由于奥林匹克运动会每四年才举办一次，因此需要恰好在比赛的时候把自己调整到巅峰状态。

第二阶段：对你想要说明的要点进行重组

在这个阶段，先看看自己的列表，然后判断一下哪些观点是没必要说的或者是可以整合起来的。第7点、第8点和第9点可以整合起来，因为它们讲的都是有关你为什么在比赛时无法达到自己最好状态的原因。

找出逻辑顺序：

- 第1点和第2点讲的是有关训练、志向和承诺的。
- 第5点谈的是志向。

- 第6点似乎是发生在牺牲事业（第2点）后的事情。
- 第3点和第4点都是有关天生的能力和教练一类的事情，可以整合在一起。
- 第7点、第8点和第9点之间相互联系，谈的都是有关甄选的过程。

所以，恰当的顺序应该是：

1，2，5，6，3和4，7、8和9。

第三阶段：把每一个要点写成一个主题句

现在你已经知道自己要谈论的要点以及它们的排列顺序了。下面把每一个要点都写成一个主题句，引出你论文中的每一段话。

每个主题句就像是这段话的一个分论题。主题句应该概括出所在段落的主要内容，第一个主题句已经作为范例写出来了。

1. It takes many years of training and competition for athletes to get to a standard where they can be considered for a country's Olympic team.

2. _____

5. _____

6. _____

3. _____

4. _____

7/8. _____

9. _____

现在把你的答案和下面这几个我们给出的范例比较一下。

> **你觉得这些怎么样？**
>
> 2. For some champions the prize comes at a cost to friends and family.
>
> 5. Others miss out from lack of drive.
>
> 6. Many potential champions miss out because of lack of financial support.
>
> 3. Finally, nothing would bring results if a certain basic talent were not there.
>
> 4. To get to a standard where athletes can compete at the Games, they need specialist coaching and facilities.
>
> 7/8. In order to compete at the Games, athletes first need to qualify. There are many physical reasons why athletes may miss qualification.
>
> 9. Then there is the tricky matter of timing. People who peak during the four years between Games will miss out on the prize.

更多练习

针对前面的例子再做一些类似的主题句写作练习。你可以用本章一开始"从话题到论题"这一小节中的一些论题来做练习，或者如果你所学的课程要求你写论文的话，你也可以从这些论题练起。

从主题句到段落

把主题句扩展成一段话有很多种方法。主题句可以引出一段话，但还需要更多的句子来扩充段落内容。

现在你已经有主题句了，而且所有的主题句都是关于如何成为奥运会冠军的。对于你选出的每一句话，试着添加一些信息把它扩展成一个段落，你可以用以下几种方法。比如：

（1）扩充主题句。

（2）比较或对比。

（3）举例。

（4）参考引用。

（5）再补充一个观点。

在下面这个表格中，我们选取了一段话，这段话的主题是"The world is a better

place than it was a century ago"。

写什么	举例
1. 主题句	The options for entertainment in the early twenty-first century are enormous.
2. 扩充主题句	Performers from one country can travel by air to amuse audience in a distant part of the world and be home again in a matter of days. We can flick on the television and be entertained by plays, musical events and of course sports matches from all over the world.
3. 比较或对比	All this is a far cry from the world of our great-grandparents.
4. 举例	In their day entertainment was more likely to be provided by people they knew.
5. 参考引用	According to... (2001) ...
6. 再补充一个观点	It seems that the world of the twenty-first century would be scarcely recognizable to people from the past.

现在该你来试着写写了。找一个课上老师要求你们写的话题，然后完成下面的表格。在这里，我们无法给你提供一个"标准答案"，因为我们只是想让你针对某个学科话题来做个练习。如果你是和朋友一起练习的话，你们可以一起写主题句，然后再根据主题句分别写一段话，写完后可以互相比较一下。

写什么	举例
论题	
扩充主题句	
扩充主题句的方法之一	
补充上一个观点	
结尾句	

论文中的参考引用

在本书中，我们不止一次地提到过要让你的读者知道你所写的内容是你自己的想法还是借用别人的想法，这一点真的非常重要。我们把这些借用来的资源称作参考文献。

了解什么是剽窃（plagiarism）

关于剽窃

打开下面这个网站 https://www.cite.auckland.ac.nz/index.html。

这个网站很有用，因为你可以在上面看到其他文化中的学生和老师从文化的角度谈论参考引用重要性的视频。

1. 查找"plagiarism"的定义。
2. 看看这些学生和老师在视频里是怎么说的。在剽窃这个问题上，谁和你有同样的想法？
3. 了解应该如何正确地引用电子资料。
4. 看看网友们是如何看待剽窃这个问题的。
5. 当你在浏览这个网站时，注意看一下你的国家和这个网站对参考引用与剽窃这两个问题是否有不同的看法。

是否属于剽窃

下面是几个学生对自己如何在论文中引用资料的描述。判断一下哪些属于剽窃，哪些不属于，答案见第 315 页。

1. "我在论文中的引用通常都比较长，有时候能有半页那么多，但是我都会在论文后面的参考文献里标出它们的出处。"
2. "每次引用别人的观点时，我都会加上引号并标出作者的名字和发表的日期。"
3. "我觉得不做任何引用是最安全的，因为有时候连你自己都不知道你正在剽窃别人的成果。"
4. "我会引用课本里的观点，但是我都会换一种说法。"
5. "如果我从书中引用别人的观点，我都会说明这些观点的来源。网上的资源也特别丰富，而且很容易就可以复制粘贴下来，这样就大功告成了。"

了解你的大学对剽窃有何规定

无论你是出国留学还是转学，你都需要知道不同学校关于剽窃的不同规定。在很多的大学里，如果被人发现你剽窃了其他人的成果，那么你的作业肯定就会不及格，甚至有可能无法完成这门课程的学习。你所在的系部通常会提供作业提交的书面指导意见，可能是一本小册子，也可能是放在系部的网站上。阅读这些指导意见并回答下面的问题：

（1）对于剽窃行为有什么样的惩罚措施？
（2）你的系部使用的是哪种文献引用系统（例如：APA 论文写作格式）？
（3）如何在作业文章中进行直接引用？
（4）怎样引用别人的观点？
（5）引用网络资源有什么样的规定？
（6）怎样写参考文献？

整合论文

要想把各部分整合成一篇完整的论文，你可以利用文章大纲这个好方法，它能够帮你组织论文和写作思路。下图为你的议论文写作提供了一个很好的范例。

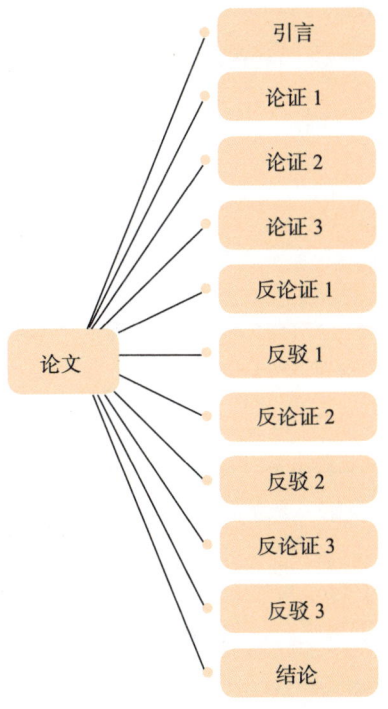

完整的论文

阅读下面的议论文（之前你曾在本章中读过其中某一段话的另外一个版本）。里面缺少哪种类型的信息？然后看一下第316页的参考答案，看看你是否同意其中的观点。

Is the world a better place today?

One hundred years ago the car and the aeroplane had only recently been invented, world travel meant months at sea, and the horizons of many people were the limits of their own village or town. Today, cars and aeroplanes are taken for granted as travelers cross the world for weddings and even for funerals, but has life really improved? It seems that despite technological advances the world is not a better place. This argument will be supported with examples from family life, entertainment, transport and health.

One hundred years ago families spent time together on shared tasks involved with maintaining the home and property. As they did these tasks there were chances to talk. By contrast, these days many household tasks are completed by machines. Furthermore, non-stop television and the ever-ringing telephone prevent people from having conversations with others even when they are in the same house. Some family members spend longer talking on the phone to people in other places than to those around him in the house. According to Smith (1999), national manager of a telephone company,

[a] _____

It could be argued, therefore, that

[b] _____

One hundred years ago entertainment meant

[c] _____

The options for entertainment in the early twenty-first century are enormous. Performers from one country can travel by air to amuse audiences in a distant part of the world and be home again in a matter of days. We can flick on the television and be entertained by plays, musical events and of course sports matches from all over the world. Does this make the world a better place? It could be argued that much of today's entertainment makes people more passive.

This change seems more like a step backwards than forwards.

In the area of transport, it is true that these days

[d] _____

but these advances have brought extra pressures. For instance, people are expected to fly from all over the world to attend every momentous event in the lives of their families and friends. By contrast, a century ago when a relative was getting married in a different part of the world

[e] _____

It seems that [f] _____

Advances in public health are often given as examples of progress. People point to advances in surgery and to the fact that many former diseases such as tuberculosis and leprosy no longer occur on a large scale. This may be the case, but what has taken their place? Today people die just as frequently but of different causes such as

[g] _____

If the only change is the cause of death, where is the progress?

In a word

[h] _____

Perhaps we should define what we mean by "better" before saying that everything in the world has improved. For many people "better" could mean

[i] _____

你已经看过一个例子了,所以现在请用同样的方法试着写一篇课程要求的议论文。

把不同的观点联系起来

一句话、一段话或者一篇论文不仅仅是很多词汇和短语的集合。聊天的时候,我们会联系起之前发生过的事情。我们会说:

那让我想起了……

是的，但是……

还有一件事情……

而当我们要写一些正式的文章时，我们同样需要把不同的观点联系起来，只不过是以不同的方法，这种联系起不同观点的方法叫作衔接。通常你会用到三种衔接方法：

（1）句子层面的衔接。

这种衔接指的是句子读起来好像只有一种观点，而不是几种观点的简单堆积。最常见的衔接词包括 and 或者 but，当然还有很多这样的词汇。

（2）段落层面的衔接。

这种衔接指的是如何把各段联系起来。

（3）篇章层面的衔接。

主要是指整篇文章的衔接性。

下面我们列举出了一些衔接词和衔接短语，将右边一栏中的功能与这些词和短语进行配对，答案见第 316 页。

衔接性的词和短语	功能
Furthermore	用另外一种方法说同一件事情。
On the other hand	引用别人发表过的观点。
Conversely	提出相反的观点。
Similarly	将事情解释得更清楚。
As an example	在某个观点上先选择让步，再进行反驳。
In other words	举例说明某个观点。
Even though	补充说明同一个观点。
Despite the fact that	勉强同意（对某个观点做出让步）。
This is not the same as saying	
This point is also made by...	

校对

有时候你是看不到自己的错误的,特别是当截止日期临近而不得不熬夜的时候,直到交作业才发现错误,但那时已经晚了。用电脑写作会增加校对的难度,因为在电脑屏幕上比在纸上更难找出错误。虽然你在电脑上可以很容易地增加或删减一句话,但是这样就会改变文章后面的内容和格式,从而带来新的问题。

错误的种类

与写作相关的错误主要分为四大类:

(1)拼写错误。主要指把本来想写的词语写错了,例如把"programme"写成了"progrmme"。在交作业前先用拼写检查程序检查一遍。

(2)语法错误。举个例子:你知道在下划线处应该填什么词吗?"One of the most significant problems facing international students_that they do not have many friends in the beginning."应该填"is",而不是"are",因为前面的主语"one"是单数。

(3)词语使用错误。例如,有一个学生这样写道:"The children had many air balls at their party."后来我们发现她其实想说的是"balloons"。

(4)衔接错误。主要是指两句或几句话之间的逻辑关系不对。例如,当你想表达"despite of"或其他的意思时却错误地使用了"because"。

错误的严重性

Lumley(拉姆利)博士对语言中的错误是这样描述的:

不同的语言错误具有不同的严重性。有的错误主要停留在表面,只是让我觉得很不舒服,拼写错误通常属于这一类(种类1)。还有的错误会让我暂时产生疑惑,需要再读一遍才能理解学生要表达的意思(种类2)。然而,也有一些错误会让我根本无法理解文章的意思,只能绝望地放弃(种类3)。有时候,甚至第一类的错误也会给我带来一些负面影响,尤其是当你的文章中有太多这样的错误时。如果你的作业还被压在50份作业中的第30份,那么我很有可能就会只关注到你的语言错误,而不知道你的文章究竟想要表达什么意思了。于是我就会联想起大学入学的一些要求,想到现在大家都不再重视标准了,还是怀念过去的日子啊……相对的,那些写得不错的文章就会脱颖而出,让我觉得值得花时间去读。

The International Student Handbook
学业生存手册

注意衔接错误

衔接错误常常被认为是最严重的错误，非常影响读者的理解。所以当你要写一篇文章时，要考虑到你的读者，使文章的组织架构更容易理解。

找出错误

接下来，请读一遍下面这段英文。这是"错误的严重性"标题下那个段落的英文原文。在这段话里，一共有四个错误——一个拼写错误（打字的时候打错了）、一个语法错误（语法使用不当，如时态、单复数等）、一个词语使用错误（使用了错误的单词）和一个衔接错误（例如，有关文段的组织结构或者流畅程度）。找出这四个错误，并根据拉姆利博士的分类判断一下它们各自的严重性。答案见第317页。

> Language errors vary in severity. Sometimes they can be quite superfical and simply annoy me. Spelling mistakes often fall into this category (type 1). At other times it causes me temporary confusion and I need to re-read a section of an essay to understand what the student is trying to say (type 2). However, errors may actually mean that I can't understand your writing at all and will give up in despair (type 3). Even type 1 errors will have a negative effect on me – especially if there are a lot of them and your essay is number 30 in a pile of 50 assignments that I have to grade. I very quick become obsessed with language errors and stop taking the ideas in the essay seriously. Then my mind wonders and I start thinking about university entry requirements and how standards are slipping and how it was better in the old days. On the other hand, when you do get an essay that reads well – it stands out. It's well worth taking the time to keep markers happy.

错误种类	举例	严重性
拼写错误		type…
语法错误		type…
词语使用错误		type…
衔接错误		type…

作为一名学语言的学生,你也许会有一本英语语法书。那就用这本语法书来帮你吧,不要放弃你的英语学习。当你不太确定的时候,可以查查工具书。别忘了打开文字处理软件中的拼写和语法检查功能,另外最好再找其他人来帮你校对一下。

把你犯过的错误用日志的形式记录下来

阅读下面这段话,主要讲了一名学生是如何监督自己的写作语言的。你觉得对你有帮助吗?

> 刚开始学习的时候,我发现自己总是犯一些同样的错误。我的问题主要在于文字的顺序,特别是英语里面副词的位置以及标点的用法。每次得到有关作文的反馈时,我都会把自己犯的错误记在一个笔记本上。当我写下一篇文章的时候,我会根据笔记本上的记录再仔细检查一遍。很快我就发现笔记本里有一些内容已经可以删掉了,因为我已经不会再犯同样的错误。

同伴反馈

除了自己检查或者让老师帮你检查以外,其他同学的意见也是很有用的。在交作业之前,你可以用下面的这张工作表来给别人提一些意见,别人也可以把对你的反馈意见写在上面。这是一个很不错的想法,因为:

(1)你能够得到不止一个人(你的老师)的意见。
(2)处理别人给你的反馈并从他人的意见中学习经验是工作中的一种必备技能。
(3)在给别人提反馈意见时,你需要有批判性的思维,这样你也可以提高自己检查作文的能力。
(4)把你的意见写下来或者聊聊别人的论文也可以提高你的表达能力。

这种与其他同学协作的学习方式对大家来说都是互利共赢的。当然,你不可能像老师一样找出所有的错误或者给出那么多意见,但是能够知道别人是否可以理解你的论文以及他们不理解的原因还是非常有价值的。

The International Student Handbook
学业生存手册

姓名	反馈意见（优点和不足）
例如，弗莉达（前任房东）	+ 母语是英语。 + 大学学历。 - 大学毕业已经20年了。 + 擅长处理细节，但对事情的宏观把握不够。 - 动作太慢！ + 我可以帮她看孩子或者修车。 + 她做的一手好菜。

怎样找一个好的校对人

（1）把你觉得能帮你校对文章的人列一个表，先把他们的名字写在左边一栏。

（2）现在思考下面的这几个问题，然后根据这些问题分析一下刚刚你所列出的每一个人（这些内容最好不要被别人知道）。

他们的学术英语水平如何？
并不是只有英语国家的人才能做好校对这个工作，但是你一定要信任对方的基础英语水平，这一点很重要。你可以找一些母语是其他语言的人来帮你校对，听听不同的意见。
他们的学科知识储备如何？
有的时候，找一个对你的学科有所了解的人来帮你校对并对你的想法提出反馈意见是很有帮助的（例如，和你选了同一门课程的人）。但是有的时候最好还是找对你的学科不太了解的人，让他们只检查你的语言。
你能为他们做什么？
也许你可以和他们达成一个协议，也帮他们校对文章。你也可以用其他的方式帮助他们，甚至还可以付钱给他们！
与他们沟通及得到反馈意见的难易程度。
也许你们可以在咖啡馆碰面。如果你的校对人在另一个国家，你可以给他写电子邮件，然后等待他的反馈信息。虽然这种方法很好，但如果你们处在不同时区的话，可能会降低你们之间沟通的速度。
他们平时忙吗？他们是不是有条理的人？截止日期是什么时候？他们需要多长时间？你有多少时间……
这些都是实际情况中要考虑的重要问题。

事前沟通

和你的校对人谈谈你想要哪些方面的反馈意见是非常重要的。你可能有一些问题想让他们思考或者你愿意接受对方提出的所有意见，但是要记住一点，当人们知道对方想要什么的时候，评价起来会更容易一些。

同伴反馈工作表

如果你所关注的不只是语言，还包括文章的其他部分，那么你可以使用下面的同伴反馈工作表，它非常有用。表中还包括一些参考信息，告诉你应该怎么做。

怎样提出反馈意见

当给别人提反馈意见的时候，你要记住以下几点，这样可以使你的意见更中肯、更有用。

（1）既要指出对方的优点，又要指出对方的不足。如果在意见的一开始先提出对方的优点，那么别人会更容易接受。问问你自己：我比较欣赏这篇文章中的哪些地方？这篇文章有哪些优点？例如，用词很好、句子写得很漂亮以及论证的逻辑很清晰等。

（2）先关注文章的内容，再关注文章的语言，一次说明一点。

（3）你的反馈意见主要是针对写作的，而不是去评判作者观点的对错。但是，如果一篇文章的论证缺乏逻辑的话，你还是要指出来的。

（4）你可能需要看很多遍文章才能提出反馈意见。如果你有哪里不明白的话，可以跟作者聊聊，这一点很重要。试着了解作者的意思并提出改进的方法，使文章更清楚、更容易理解。

（5）要有耐心，在提出自己的意见时要谨慎小心。即使这篇文章写得不好，但你也要知道，作者也许为此花了很多时间和精力。

同伴反馈工作表

文章结构	文章结构是否清晰？是否一个部分对应一个主题？这种结构是否满足此类文章写作的要求？例如，实验报告看上去就和论文非常不同。你可以让你的老师给你举一些例子。

（续表）

引言	1. 引言中是否清楚地指出了文章的主题？ 2. 是否提到文章主题的重要性？ 3. 是否对主题的背景或总体情况进行了描述？ 4. 是否提到其他人对这个主题的看法？ 5. 是否清楚地说明文章将主要探讨哪些与主题相关的问题？ 6.（在议论文中）论证的两个（或多个）方面是否在引言中得到了体现？ 7. 引言中是否提到下面的文章会讲什么内容？ 8. 引言中内容的安排顺序是从概括到具体吗？
文本结构	1. 文章的主要观点是否清楚？ 2. 主要观点后是否有具体的内容做支撑？ 3. 文中观点是否清楚？各观点之间的联系是否有意义？ 4. 对观点的描述是否清晰？ 5. 对观点的描述是否符合逻辑？例如：原因是否在结果前面。 6. 相关的问题还有：作者有没有分段？每段话是否都有一个观点？观点是否清晰？
结论	在学术写作中，这部分内容通常是对整篇文章的总结，也就是对前面内容的重复。作者是否清楚且有说服力地重复了文章中的某些要点或发现。
相关性	1. 话题是否真的很重要？ 2. 文章写得是否有趣？ 3. 是否对你以前不太了解的东西进行了补充或者以一种全新的方法来谈论这个话题？ 4. 语言难度是否适合目标人群阅读？例如，如果目标人群是对这个话题不太了解的人，那么文章的语言就不能太专业，技术性不能太强。
语言	另外一个需要注意的方面就是文章的语言，这也是你平常需要检查的内容，例如语法、词汇和拼写。你也可以根据自己的喜好使用本小节后面那个独立的工作表。

怎样获得反馈意见

当别人给你提出反馈意见的时候，记住下面几点：

（1）试着了解为什么你的同伴要给你提出这样的反馈意见。你可能会不同意他的观点，也有可能他提出的意见是错误的，但你也要试着找出这些意见的价值所在，从中获得经验。即使是对方误解了你的意思，你也要知道，这可能说明你需要重新修改，让你的文章更加清楚易懂。

（2）如果你不知道你的朋友为什么会提出这方面的问题，你可以问问他！

（3）别忘了，你不可能完全同意别人的意见。如果别人对你的文章有一些负面的评价，那也别难过，你还是能从中学到很多东西的！

语法检查

检查的内容	错误的（或不好的）例子	改正
每个句子是否完整	Fail the test, I will be sad.	If I fail the test, I will be sad.
每句话中的主语和谓语是否一致	Smoking are bad for you.	Smoking is bad for you.
动词时态是否前后一致	For me, loyalty is an important part of friendship. A loyal friend was true and faithful to me.	For me, loyalty is an important part of friendship. A loyal friend is true and faithful to me.
大写字母使用是否正确	I will see you on wednesday.	I will see you on Wednesday.
标点使用是否正确	Look he is coming.	Look! He is coming.
句意是否清楚	Arriving at the party, it was crowded and Mary was standing alone. (Note. This sentence is not clear: "?it arrived at the party and …")	Arriving at the party, we saw Mary standing alone. (Note. This sentence is clear: "We arrived at the party and saw Mary standing alone.")
某些词是否重复太多	Speaking and writing are important for a student who studies at school. Writing is an important skill for a person in modern society.	Speaking and writing are important for a student who studies at school. Writing is an essential skill for a person in modern society.
表达是否少而精	I decided to study Spanish in high school, and later to pursue a Bachelor of Arts degree in Spanish literature. I realised to become proficient in Spanish I would have to eventually go to a Spanish country. So, I was determined to save enough money by not going shopping so often and could spend the summer in Guatemala City, Guatemala. After working all year at San Francisco State University's cafeteria, I was prepared to venture to Guatemala.	After studying Spanish in high school, I decided to pursue a Bachelor of Arts degree in Spanish literature. Determined to go to a Spanish-speaking country, I worked all year at San Francisco State University to save enough money to spend the summer in Guatemala City, Guatemala.
句子结构是否多样	Mary was ill for two months. She was sacked by her boss. The boss's wife offered her a wonderful job.	Mary was ill for two months; and unfortunately, she was sacked by her merciless boss. Interestingly enough, the boss's wife offered her a wonderful job.

（续表）

检查的内容	错误的（或不好的）例子	改正
拼写是否正确	The hotel is really felthy and I am noe exeggerating.	The hotel is really filthy and I am not exaggerating.
参考文献是否引用正确	In learning a second language（L2），vocabulary knowledge is fundamental to the development of L2 proficiency（Harley, 1996）. Hwang and Nation（1989）looked at the effect on repetition of reading follow-up newspaper stories on the same topic.	In learning a second language（L2），vocabulary knowledge is fundamental to the development of L2 proficiency（Harley, 1996）. Even if an L2 learner can master grammatical aspects and phonological proficiency in the language, without words to express a wide range of meanings, the learner cannot communicate in the L2 in any meaningful way (McCarthy, 1990).
引用的细节信息是否格式正确	Fox and some people say that red hair results from a deficiency in melanin, a condition which also means the skin of red-haired people burns faster.	Red hair results from a deficiency in melanin, a condition which also means the skin of red-haired people burns faster（Fox, Wolfe & Reece, 1975）.

标点符号

标点对于论文来说是不可或缺的。你有三种处理论文标点的方法：

（1）找其他人来帮你做最后的校对。

（2）使用一种可以指出错误的电脑程序。

（3）学习标点符号的使用方法。

下面我们针对这个话题做了几点总结，帮助你更好地了解标点符号。

了解标点符号

写作中的标点符号就像是一种有趣的说话方式。听一段访问，注意讲话人的说话方式。下面这几点中你听到了多少？

短停顿　　　　长停顿

声音下沉　　　声音再次上扬

每一种说话方式都有自己的目的，而且在文章中也有相应的标点符号来表示。

短停顿

通常用逗号（comma）来表示：

The factors affecting this outbreak included poor hygiene, lack of flowing water and little public education.

长停顿

通常用句号（full stop，就像上面句子结尾处那样）来表示。当然，有时句号也意味着新段落的开始。写作中还有另外一种表示停顿的标点符号，那就是分号（semicolon），用"；"来表示。虽然你会在阅读材料中看到分号，但是在学生的论文中已经变得越来越少见了。

声音下沉

你是否注意过上面那句话中的括号？写在括号里的内容可以省去，而且即使这样也不会影响到句子意思的表达。在上面那段话中，括号里的部分主要是想给读者举个例子。

有时，你也可以用逗号来代替，写在多余部分的前面和后面。例如：

Some people recommend bonding the wound and even, although we wouldn't recommend it, leaving Nature to heal the wound itself.

在这个句子中，结尾的部分是可以放在括号中的，那是作者提出的一种观点，而不是一般的陈述。

声音再次上扬

当你要结束括号的使用或者是写第二个逗号的时候，这就像是交谈中音调降低之后又再次上扬。

了解更多有关标点符号的信息

就像你在上面所看到的，使用标点符号的关键就是要把它和你所写的内容联系起来。有一个练习的好方法就是一边听正式的演讲（演讲通常要比对话更加正式，因此在风格上也更接近于论文），一边看字幕。在网络视频中一般也可以显示字幕，文字电视广播也有这样的功能。试着注意一下演讲人的语调以及字幕中所使用的标点符号。

结论

在本章中，我们所讲的内容可能会让你觉得论文写作只有一种顺序，但事实不是这样的。有的学生可能一上来就开始写作，之后再重新组织材料。当然，如果你是在电脑上写的话，这样做会很容易。但也有一个问题，那就是如果材料的顺序调整得太多的话，你会很容易就忘记各部分之间的衔接关系。

还有些同学说他们喜欢先写结论。如果你知道自己思路的走向，那当然也没问题。另一方面，要做好准备随时根据论文主体的实际内容进行调整。论文写作和其他你所知道的任何一种技艺是非常相似的，比如说演奏音乐或创作音乐，在实践的过程中没有定式可言。

Chapter 9
测试评估

学习目标

本章可以帮助你：

- 了解大学测试评估学生的各种方法
- 了解一些测试评估的标准及如何使用这些标准来突出自己的优势
- 从反馈意见中学习经验
- 为考试做准备
- 在演讲、综合及其他形式的评估中取得好成绩

引言

在你的国家里,你可能是一名非常优秀的学生,考试全都通过,而且你可能还会觉得考试拿不到"A"是一件很丢人的事情。但事实上,对于留学生而言,没有通过某些测试评估是很常见的,特别是在课程刚开始的时候。本章就将对"如何通过课程测试"这个问题做出解答。

了解你的课程测试

语言难度、对新环境的适应能力及新的授课和学习方法都会对你是否能够通过课程测试产生影响。解决这个问题的一种方法就是尽可能多地了解有关课程测试的信息。

特别是要了解：

（1）总分达到多少才可以通过测试？

（2）每项评估的最低分数线是多少？

（3）你是否需要通过所有的测试评估才有机会通过论文评估？是否可以在有一次作业不及格的情况下仍然算总分通过？

（4）如果你在上课期间因生病而有一次作业没有写，会有什么后果？

（5）是否允许补考？还是你需要再重新写一遍论文？

（6）如果你有一门考试需要补考的话，是否会有一些惩罚措施？例如，你是否需要参加暑期补习班或者额外的补习课程？作为一名留学生，你是否需要支付更多的费用？

（7）你能再重新提交作业吗？如果可以的话，能够重新提交多少次？有没有惩罚措施？例如，获得的分数较低。

你可以在相关的规定文件（可能在系部网站上，也可能是在系部的学生手册上）中找到这些问题的答案。

测试评估的种类

老师对你进行测试评估主要是想看你是否掌握了他们所讲的内容。在大学课程期间，有很多种测试评估的方法，其中有一些也许和你之前所经历过的非常不一样，特别是当你在一个不太重视批判性思维的国家学习过的情况下。你在选课的时候或者是第一节课上就会知道测试评估的方法。你需要在课程刚开始的时候就先有一个大致了解，这一点很重要，这样一来，你就能为以后的测试评估做好准备了。

测试评估的方法

看看下面列出的这些测试方法，有多少是你之前参加过的？把这些方法与下面的定义进行配对，答案见第 317 页的参考答案。

（a）持续测试或综合测试　　（g）开卷考试

（b）写论文　　（h）做作业

（c）简答题　　（i）在线讨论

（d）单项选择　　（j）学习日志或故事

（e）实验课考试　　（k）家庭考试

（f）口语演讲　　（l）考题已知

定义：

1. 老师会观察学生们做某件事的过程。例如，在教学课上讲课、珠宝课上制作珠宝首饰或者在表演课上即兴表演。最后将根据学生们的表现来给他们打分。

2. 学生在整个课程的学习期间都将受到评估，而且还要准备一个文件夹，把在课上学到的东西记下来，放到文件夹里。

3. 学生们需要用日志或者系列故事来记录自己的思考过程，包括自己对课程内容的看法及在课上学到的东西。

4. 学生们需要写一两段话来作为考试的答案，可以是课程中某些重要观点的定义，也可以是对这些观点的判断论证。

5. 这种考试形式是指学生们可以把试题带回家里去答。通常会有时间限制，大概是从考试开始后的一两周之内。这种考试形式在商业课程中尤其常见，因为它的提交截止日期还是比较实际的。

6. 你可以带上笔记和一些参考资料去参加考试。

7. 对于这类考试来说，考前一两周内老师会给你出 6 个问题，其中有 3 个会出现在考题中，目的是为了保证你复习的是正确的内容。

8. 课程期间会有一些长论文的测试，你可以拿回家做。论文主题由老师来定，通常会有截止日期。

9. 学生们必须在规定时间内（例如，3 个小时）写一定数量的文章。

10. 学生们需要在课上和其他同学进行简短的对话，之后可能还要发动同学展开讨论。

11. 对于这类考试而言，学生们要从很多选项中选出最符合题目的答案，总题数可能为 60 题。

12. 这种考试方式对于远程课程来说非常常见。学生们需要登录课程网站，然后参加讨论，通常这种讨论是由老师发起的。

某些课程的测试形式可能是这几种方法的组合。找出不同测试形式在课程成绩中所占的比例,例如口语演讲可能占总分的 10%,平时作业占 30%,而剩下的 60% 是期末考试。知道了这样的信息,你就可以决定每种考试形式的准备时间了。如果口语演讲只占课程总分的 10%,那么就不要花太多的时间来准备!

在校历上标出测试日期

当你知道了测试的具体信息时,你可以在校历上标出截止日期或考试时间。如果你想再给自己增加一些压力的话,你也可以在课程中间做一些标记。这样可以帮你做好课程计划,也能帮你安排好测试前后的社交活动。

哪种测试方法最适合你

有一些课程是必修的(也就是说你必须上这些课),所以你就必须要完成老师所选择的测试方式。但有的时候你也可以选择你想学的课程,也许你会因为这门课采取的是持续测试的方式(也就是说整个学期期间都会有课程作业)而不是考试的形式而选择这门课。对于一些留学生来说,选课是一个非常重要的决定。如果你不适合在压力下工作,那么你可能就会希望避开考试这种形式,至少在第一学年是这样的,直到你能够更好地掌控你的学习。

看看下面这个表格,了解一下考试与作业这两种测试方法在要求上的差异。哪一个更适合你?

考试	作业
字数要求较少。	字数要求较多(多于 1000 字)。
占课程总分的比例较高,一天内就可以完成。	通常占课程总分的比例较低,需要几天或几周的时间。
在巨大的时间压力下写作。	有时间计划、写作和修改你的文章。
考试前的几天会面临巨大的压力。	压力较小,但持续时间较长。截止日期会令人极为紧张。
考试主要考察的是个人表现(可以与同事一起修改考卷)。	可以和其他同学一起讨论,但最后的版本主要还是代表个人观点。
通常不能使用字典/工具书。	可以查字典/工具书。

（续表）

考试	作业
如果你是在一定的时间压力下写作的话，评分人会对其中的错误更为宽容。	对语言准确度有较高的要求。
考试结束后，你也许只能知道自己是否通过考试。	你能够了解到自己整个课程期间的表现。
你可能再也看不到你的考试卷了，也不知道自己为什么考得好或者为什么考得不好。	你会得到有关作业的一些反馈意见，帮你提高你的写作水平。

了解测试评估的真面目

下面列出了几种方法，可以帮你了解大学课程测试评估的真面目。

（1）和一些正在学习或者已经学过你这门课程的留学生聊聊，问问他们：

- 都参加过哪种形式的考试。
- 本国和留学国家在测试评估方面有没有什么不同。
- 如何为测试评估做准备。
- 如何在考试中解决自己的英语语言问题。
- 是否能给像你这样的留学生提一些建议。

（2）了解你所学课程的测试评估信息。也许你可以在系部网站上找到相关内容，也可以去图书馆看看以前的试卷。

了解测试评估的标准

老师在布置作业的同时，通常也会把测试评估的标准发给学生。测试评估标准是指老师用来给你的作业打分的依据。

测试评估标准举例

下面，我们为你展示的是英国赫特福德大学（University of Hertfordshire）哲学专业学生小组口语演讲的测试评估标准。口语演讲占到论文总分的30%。

> **测试评估标准**
>
> 在对演讲进行评估时，我们主要强调的是学术内容与论证、分析质量，因此我们

的考察点包括：
- 文献资料的使用。
- 论证的质量。
- 理论与案例的结合。
- 细致的阅读。
- 与二手资料有关的第一手文献的使用。
- 具有想象力的解读。
- 得出的结论。

基于以上内容，你应该：
- 清楚地阐明将要讨论的问题或立场。
- 选出其中你认为最重要的方面并加以解释。
- 思考这种问题或立场的不同分析方法。
- 回答其他同学或老师对你选的话题所提出的问题。
- 在接下来的讨论中解释并澄清自己的观点。

下面这些因素同样在测试评估中起到一定的作用：
- 表达：
  – 时间的安排。
  – 声音的大小。
  – 结构与指示。
  – 标题或材料的使用。
- 讨论：
  – 讨论中的引导与参与。
  – 对宏观问题的意识（包括认可和坚持主要问题的能力）。
  – 回答问题的连贯性。
  – 在解读和理解小组问题的过程中发挥想象力。

资料来源：University of Hertfordshire

阅读这些标准，判断一下其中有哪些指的是：

（1）你为研究所做的准备（阅读与研究）。

（2）演讲的内容（你都谈了哪些问题）。

（3）演讲的方式（你是如何做演讲的）。

另外，回答下面这几个关于赫特福德大学标准的问题：

（1）你的演讲主要是从三个方面来进行评估的，究竟是哪三个方面？

（2）当老师给你的演讲打分的时候，他最看重哪些方面？

答案见第317页。

如何使用测试评估标准

首先要保证自己已经理解了这种测试评估标准。如果你还没理解，可以问问你的老师。

作业的标准：

（1）可以告诉你应该写或说什么。

（2）可以告诉你问题的哪些方面被老师认为是最重要的以及哪些部分的分值最高。

（3）可以作为你写作时的指导手册，问问自己是否符合每一项标准。

（4）可以帮助你批判性地评估你的作业，这样可以在提交之前做出改进。

（5）可以在你拿到反馈意见的时候帮你理解自己的分数。你可以再回顾一下那些标准，这样一来老师的评语就更加容易理解了。

从反馈意见中学习经验

当你的作业或试题发下来的时候，上面通常都会有老师给你的分数（例如，55分）或等级（例如，B-），还有老师给你的评语。这些评语可以回答下面几个问题：

（1）文章写得怎么样？

（2）你是否做了老师希望你做的事情？

（3）应该如何提高？

本小节可以帮助你更好地理解分数和老师给你的书面评语。

了解自己的分数

当你拿到论文或者作业的时候，也许你的分数不如过去一贯的那么好，不要惊慌，花点时间好好理解一下老师给你的评语，认真地思考一下。你可以按照下面的步骤去做：

（1）看看你得了多少分，判断一下自己有没有通过考试。通常 A 至 C 表明你通过了，D 或者 D 以下说明没有过，看看你所在系部的测试评估指导手册上是怎么说的吧。有时你可能会得到一个百分比而不是分数，那么就再查查看它是什么意思，你到底有没有通过考试。

（2）把自己的分数和班级的平均分数相比较。有的时候你可能会认为自己的分数很低，但是对于某些课程或你所在的系部来说这个分数可能很正常。老师不能告诉你其他同学的得分，但如果你先把自己的分数告诉其他同学的话，有一些同学还是很愿意告诉你他们的分数的。

（3）看看老师都给你写了什么评语。判断一下哪些评语是正面的，哪些是负面的。在这个阶段你可能还无法理解老师的评语，下一小节我们会帮你解决这一问题。

（4）再看一遍自己的作业，看看这回你能不能理解老师的评语。

（5）如果你还是不太明白，那么你可以和老师约个时间见面，然后问问他有关分数的事情。

（6）把一些有用的反馈意见记在你的日志里，对你今后的作业或考试将会非常有帮助。

了解书面评语：分析反馈意见

如果顺利的话，通常老师的评语还是很清楚（你可以理解它们）且很有意义的（你知道为什么这些评语很有用处）。评语一般会遵照以下格式：

（1）针对你的表现给出一个总体的评价。

（2）详细地评价一下（可能会提到标准当中的一些关键词）你的表现，还会告诉你一些提高的方法。

（3）结尾总评。

这样的话，负面的反馈意见通常会被夹在正面的评价中间，而正面评价的量会更多且比较概括。老师通常会用这种策略来给学生们的口语表现提出反馈意见：

做得好的地方：
如何提高：
其他做得好的地方：

论文反馈意见的模板

（1）在下面这篇论文反馈意见中找出正面的评语、详细的批评意见及最后正面的结尾总评：

> *You have presented a competent discussion of the article with an analytical approach that conveys aspects of the researcher's work in a systematic way. The section that needed more consideration was the final part, in which I would like to have seen a fuller account of the practical implications of the study. Mostly the essay is well written; however, at times, I found it difficult to follow your argument and had to re-read sections to understand your logic. I felt that more signposting would have helped me with this. Overall though, the assignment was a balanced critique of the issues that arose from the research and it was good to see that you mentioned many of the limitations of this kind of research that we have discussed in class. Well done.*
>
> *Grade B-*

（2）如果你得到了上面这种反馈意见，那么你应该在写下一篇论文的时候着重提高哪两个方面呢？答案见第 318 页。

不清楚的反馈意见

在上面这个例子中，老师很清楚地说明了这名学生哪里做得好，而哪里还需要提高。但是为什么有的评语却很难理解而且似乎并不是那么有用呢？原因如下：

（1）老师不想太无礼或是太直接地指出你的错误。

（2）老师可能不太习惯给非英语国家的学生提出反馈意见，所以会用一些比较间接或者模棱两可的语言。

（3）他们可能只是告诉你有问题，但并不告诉你究竟是什么问题或者是什么原因造成了这样的问题。

（4）你可能看不懂他们的字。

（5）他们可能只对那些容易给出反馈意见的地方做出评价（例如，你的看法），但对于你语言中比较难的部分却不予评价。

Chapter 9　测试评估

如果你无法理解老师给你的评语，那么你可以和老师约个时间见面，具体问问他这些评语是什么意思。

找出批评意见

阅读下面这几个论文反馈意见的例子，看看老师分别指出了学生作业中的哪些问题。参考答案见第 319 页。

1. Your argument was clear in most parts of the essay. A statement that previews the structure of the assignment might have helped me navigate through the essay.
2. While you mostly followed the recommended referencing conventions, at times this was not the case and I was unsure whether you were referring to sources or claiming these ideas as your own.
3. This is a well-researched assignment. However, I feel it could have benefited from more time spent proof reading before submission.
4. Make sure that you answer all parts of the question.
5. This assignment is evidence that you have synthesised information from a number of sources. At times, though, I struggled to hear your voice coming through.
6. Your literature review is based almost entirely on two sources.
7. While parts of the essay read well and you make some valid points, the essay as a whole fails to read as a coherent whole.
8. This is an excellent description of the process. Your writing is clearly signposted and paragraphs flow seamlessly from one to the next. You follow academic conventions well, and clearly have a good grasp of this topic.

老师可能会指出的一些常见写作问题

有的时候老师的批语所使用的语言是很专业的。下面这个表格可以帮你了解老师是在对你写作中的哪些方面进行评价。记住，如果有不理解的地方，你可以去问问你的老师。

如果老师写了这些话……	他们的意思是……
awkward syntax	语法使用不正确。
coherence	整体结构——引言/段落/结论。
cohesion	一种观点或一句话与前后内容的联系方式。
inconsistent argument	你的论题与你文章中得出的结论不相符。
inconsistent tone	写作太口语化,可能是因为你用了太多俚语。
lack of support	你需要有更多的证据支撑你的观点。
lack sufficient development	你对观点的分析不够详细。
need to develop your voice	你自己的观点或分析不够。
needs further revision	某些内容需要重写。
not managing the flow of information between paragraphs	你需要再检查一下段与段之间的联系。
not managing the flow of information within a sentence	句中的主要观点不明确。
overdependence on sources	你自己的观点或分析不够。
paragraph unity	你需要再检查一下每一段话是不是都符合逻辑——例如,主题句下面应该接的是证据。
referencing conventions	引用其他作者文字和观点的方式以及在论文结尾列举参考文献的方式。
sentence fragments	有一些句子不完整——例如,"Because of climate change."
signposting language	例如,"firstly…""in addition…"及"therefore…"
sources summarised but not synthesised	你对所引用作者的观点进行了阐述,但没有把它们和你的论证结合起来。
too black and white – not tentative enough	结论不应该太概括、太确定。
writing lacked control	语法、拼写和标点使用不正确。

考试

在大学里,考试还是一种最常见的测试评估方法。参加外语考试会面临巨大的压力,但是你可以通过认真的准备来减小这种压力并提高自己的成功率。本小节为你提供了一些通常会用到的策略,帮你在大学考试中取得好成绩。其中有很多与你在你的国家所参加的考试很相似。

在开始阅读本小节之前,先思考一下你曾经考得不错的一次中文考试。是什么使你取得了成功?把你的看法写在下面:

主题/话题(例如,人文地理学/水处理系统)
形式(例如,作文/简答/单项选择)
你在考试之前做了哪些有用的事情? (准备工作/复习等)
在考试过程中你做了哪些有用的事情? (策略)

当然,如果你作为一名留学生来参加考试的话,还是存在一些重要的区别的,即:

(1)对考试的形式和流程不太熟悉。

(2)老师在评分的时候会有不同的期望——例如,他们想看到的是能够证明学生具有批判性思维技能的证据。

(3)对问题的理解难度更大。

(4)用外语来交流知识会更难。

本小节就将探讨这些差异。

了解考试信息——核查清单

在考试前尽可能多地了解考试信息是非常重要的。英语国家的考试可能和你本国教育系统中的考试类型非常不同。你可以通过以下方式来了解考试信息:

(1)阅读在课程刚开始时发下来的有关测试评估的信息。

(2)看看以前的试卷。

(3)和去年也考过同样试卷的学生聊聊。

(4)和课上其他的同学聊聊(看看你是不是对课上所讲的考试信息完全理解)。

如果你仍然无法完成下面的这个清单，你可以问问老师。老师可能不想把课上的时间浪费在回答很多有关测试细节的问题，所以你可以在课后通过电子邮件的形式问他。他可能会直接回答你的问题，也可能会统一回答大家的问题。

核查清单

话题	核查项目	注释
考试基本信息	日期	
	起始时间	
	地点——楼/房间	
	考试时间	
	允许携带的东西——例如，字典（如果可以的话，那么具体能带哪种字典呢？电子词典还是纸质词典？单语词典还是双语词典？）、课堂笔记（如果可以的话，能带多少页呢？）、规定的文章或案例研究数据？	
	如果你的母语不是英语的话，是否还有一些特殊的规定？①	
考试形式	总共有多少问题？你需要回答多少问题？	
	如果你没有答完所有的问题，会怎么样？	
	写作质量有多重要？	
	都有哪些类型的问题？（例如，作文、简答、单项选择）	
	有没有标出每个问题分值所占的百分比（这样的话，你就可以把更多的时间分配给分值更高的问题）？	
考试内容	主要考察了哪些话题？哪些讲座或阅读材料对考试最重要？	

考试复习

在某些教育系统中，你只要背会在课上或阅读中所学到的东西就可以通过考试。但是在许多英语国家，能够用自己的话来论证要比背诵事实更重要，考试要求学生能够展示出他们所学到的东西并将其应用于考试中所要求的任务。

---

① 有一些国家的大学课程允许在考试中给母语不是英语的学生额外增加考试时间。提前查看一下你所学的课程是否适用，如果适用的话，看看应该如何申请额外增加考试时间。你可能需要提前很长一段时间进行申请。

如果你想在考试中取得好成绩，复习仍然是非常重要的。在某些方面，复习的方法要取决于你的学习方式。

阅读下面的复习小贴士并根据自己的情况判断这些复习策略是否有用。完成后，对照一下第 320 页的参考答案，看看我们是如何看待这些复习方法的。

复习方法	是	否
1. 尽早开始复习，不要都留到最后一刻。	☐	☐
2. 再看一遍你所有的笔记并把它们抄写下来。	☐	☐
3. 把你笔记和阅读材料中的要点写在索引卡上。	☐	☐
4. 找一些以前考试的考题，把答案写下来。	☐	☐
5. 在考试前再读一遍课程中所有的重点课文。	☐	☐
6. 背会你觉得可能会在考试中出现的文章。	☐	☐
7. 再读一遍课程中涉及以前考题的文章。	☐	☐
8. 成立一个学习小组，列出考试中可能会出现的问题并探讨一下应该怎么回答。	☐	☐
9. 练习在时间压力下答题。	☐	☐

聪明地复习

在图书馆里长时间地学习并不一定能够帮你在考试中取得更高的分数。你应该在复习过程中始终考虑到考试中可能遇到的问题，这样你所做的每一次阅读或每一份笔记都是有意义的。短暂而频繁的休息可以让你保持清醒。

考试策略

把这一页作为一个核查清单，在下次考试前再读一遍。

认真规划时间
- 分值相同的问题所花的时间也要相同。如果某个问题的分值占到总分的 25%，那么你就应该花 25% 的时间来完成这道题。
- 在开始答题前，先用 5 分钟的时间把整个试卷浏览一遍。在此期间，把你针对每个问题所想到的任何想法或重要概念写下来。

谨慎选择问题

- 如果需要你选择自己要回答的问题，那就尽快做出决定。通常情况下，最好坚持自己所做的选择，而不要中途变卦。
- 如果你可以选择的话，尽量避开那些你不敢肯定自己是否理解的问题。如果没有选择，那就根据所给出的例子、图表或注释猜测一下它们的意思。
- 在考试中采取一种批判性的立场。不要害怕坚持自己的立场并提供证据支持，例如，如果你有足够的证据，你可以针对"检查制度事实上可以鼓励言论自由"这一论题展开论证。

按要求答题

- 认真阅读考试说明（考试介绍信息），因为它可能每年都会有变化。
- 监考人（监督考试的人）可能会在考试开始时宣布这次考试所做的变化或改动。如果你不理解他们所说的内容，你可以让他们解释一下。
- 做你应该做的！如果你需要回答三个问题，那就保证自己回答了三个问题！如果你不知道应该做什么，可以问问监考人。
- 问题不要空着不答。在单项选择中，如果你真的不知道应该选哪个，那就用猜的办法。对于简答题来说，一定要针对话题写一些内容，这样的话你还是能得一些分的！

字典与参考书

- 如果你可以在考试中使用字典，那也不要用太多，因为查字典是很费时间的。
- 如果作文题目中有你不认识的词，你可以查一下字典，例如，"Lord Byron's earlier work has been described as the art of the capricious. Discuss."如果你不认识 capricious 这个单词，你可以查查字典。
- 如果是在写作中，那就最好不要查字典，而是换一种说法来表达相同的意思，这样速度会更快。

保证书写质量

- 你仍然需要写出计划周详、条理清楚的答案。（见下一小节）

在时间压力下答题

即使是在考试中，也要记住一点，老师仍然希望看到你能够系统地组织答案、答案切题而且观点表达清晰。为了满足老师的标准，你需要知道老师都问了什么问题。甚至在答题之前，你就得先想好一些重要的观点和答案的组织结构，就像你写作业时那样。下面我们为你提供了一些建议。

规划考试时间

下面这个表格展示了如何在题目预计时间内管理答题过程中的重要步骤。对于答题时间为 3 小时的一份试卷来说，每道题的答题时间大概为 60 分钟。

答题过程	总时间（60 分钟）	
理解题目	1~2 分钟	这三个步骤的预计时间是总时间的四分之一（大约 10~15 分钟）。
思考主要观点	3~8 分钟	
写提纲	8~9 分钟	
开始答题	40~45 分钟	
修改与校对	5 分钟	给这两个步骤留出足够的时间。用几分钟的时间来认真修改和校对答案，有助于提高你的分数。

现在该你试试了，想想你曾经参加过且需要写很多答案的最后一次考试。这次考试总共多长时间？你需要多少时间？每一部分花了多长时间？

答题过程	理解题目	思考主要观点	写提纲	开始答题	修改校对
花去的时间					

理解题目

快速分析一下作文题目，找到话题的重点。

找出主题词或实义词，看看你需要在论文中处理什么话题。（注：如果题目中包含引语，那就找出题目中位于引语后面的实义词。）找出功能词（例如，"discuss""compare and contrast"等），看看你应该用什么样的方式处理这个话题。

举个例子，你能找出下面这段话中要处理的话题（what）和处理话题的方式（how）吗？参考答案见第 320 页。

"The revolution in mobile communication technology has blurred the boundaries between what is public and private." Discuss the impact of mobile phones on our public and private communication.

要处理的话题 What	
处理话题的方式 How	

考题是什么意思

分析考题的一种简单方法就是把问题或句子转化成一个由如何（How）、为什么（Why）、什么（What）和哪些（Which）开始的疑问句。在本书 Chapter 7 "如何理解论文题目"这一小节中，有一个任务可以帮你做这方面的练习。

这里我们再给你提供两个完整的论文题目。试着把这两个问题进行扩展，找出你要写的话题及你要在文章中回答的问题。参考答案见第 320 页：

考试中的论文题目

1. Describe how developments in management theory in the 1980s have affected management practice in the twenty-first century.

2. Discuss the controversy over Iris Chang's interpretation of the Nanking Massacre, and account for the strength of the reaction to her work.

考题完全词汇表

当你想要知道考题究竟问的是什么内容时，这个词汇表会非常的有用。很显然，词汇的确切含义还要取决于你所研究的对象。本词汇表给出的是这些词汇在通常情况下的意义。

account for	解释事情发生的原因。与"Give an account of"不同,"Give an account of"主要指要求进行详细的描述。
describe	详细全面地描述某事物。
analyse	对某事物进行深度描写——找出、描写并详细地评价其主要特征。
develop	扩展某事物,进一步推动其进程。
argue	提出一种观点,然后举例说明。讨论这个观点究竟是什么意思并针对可能的反论证为自己辩护。
discuss	通过仔细的论证对某事物进行分析,描述其优势或劣势。对某事物进行辩论并考虑看待此事物的不同方法。这是最常见的一种说明词汇,你应该以一种有趣的方式来回答问题。你可以选择使用你自己的方法。
assess	仔细观察某事物,写出其优点与不足并对支持和反对的意见展开讨论。最后,提出自己的观点。
distinguish	解释两个或多个事物之间的区别。
calculate	通过数学的方法得出某事物。
elaborate	对某事物补充更多的细节。
clarify	简化某事物,使其更加清楚。
enumerate	做一个列表,列出某事物的主要特征——省略其细节信息。有序排列各项。
comment	清楚地表明自己对某事物的观点,用证据或解释支撑自己的观点。
examine	询问、调查或仔细观察某事物。
compare	在两个或多个事物之间找出其相似性与差异性。
expand	更加深入细致地分析某事物。
consider	说出自己对某事物的想法和观察。
explain	使某事物更加清楚,对其加以解释。澄清、阐述并详细说明某主题,解释其特征。
contrast	找出并突出两个或多个事物之间的区别。
explore	对某个问题或观点提出质疑并从多个角度来思考。
criticise	对某事物给出自己的判断意见。看看它究竟是什么意思并对所有可得到的证据进行讨论。
give an account of	详细描述某事物并对其进行全面解释。

（续表）

define	写下某事物的确切意思。
how...?	某事物是以什么样的方式、通过什么样的工具或方法发生、存在或运行的?
demonstrate	展示某事物的工作或运行方式并通过例子证明。
how far...?	与那些以"To what extent..."开头的问题类似，你应该对这个主题展开讨论并指出其优点或不足。
identify	找出某事物的主要特征或要点。
review	调查某事物。批判性地看待某个主题。
illustrate	通过举例的方式使某事物变得更加清楚。
show	以某种逻辑顺序或解释的形式展现某事物。
interpret	解释某事物的意思。用你自己的判断、经验或观点使其更加清楚。
state	用一种简单清晰的形式呈现某主题的要点。
justify	展示出某事物发生的原因或最好的论证。对任何可能会出现的反对意见做出回应。
summarise	阐述某主题的要点，省略细节和例子。
list	给某事物做一个列表或目录。
to what extent	与以"How far..."开头的问题类似。希望你能够对某事物展开讨论并指出其优点与不足。
outline	给出某个主题的主要特征或一般性原则。你可以省略细节，突出其各部分的结构或组织安排。
trace	追随某事物的发展或历史，一步一步地解释其变化过程。
prove	通过提供证据表明某事物是正确的还是错误的。
translate	换一种方式或者语言来表达某事物。
relate	展示出各事物之间的联系，它们是如何互相影响的。
verify	证明某事物的真实性或对其加以证实。

理解题目中的问题关键词

看看上面这个列表，然后把这些词按照含义分组填入下表中。参考答案见第321页。

Chapter 9 测试评估

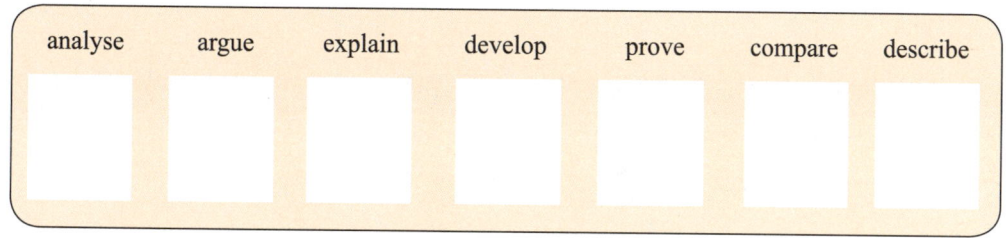

看看前一年考试中的一些考题，哪些问题关键词在你的学科中最常用。要特别注意那些没有问题关键词的问题，想想自己应该怎么办，例如：

The Victorians thought "Children should be seen but not heard." Is this still true today?

这个问题是想让你将这种观点与现代人的观点加以比较。这里最主要的问题是抚养和对待孩子的方式发生了转变。缺失的问题关键词为"Discuss"。

思考主要观点

这里为你提供了几个比较基本的技巧。更多的信息见 Chapter 7。

（1）快速记下几个重要的想法和例子，有助于使答案切题。

（2）不要有太多的想法，有三四个重要的观点就够了。

（3）关注于你所了解的东西，而不是你不了解的。

写提纲

根据题目的类型，有序安排你的观点。结构要清晰——你可是在时间压力下答题的。结构简单一点也没有关系，很多文章都采取的是五段式结构，就像下面这样：

第一段：引出主题和论点。

第二段：要点 1 及其支撑细节或举例。

第三段：要点 2 及其支撑细节或举例。

第四段：要点 3 及其支撑细节或举例。

第五段：重申你的主要论点及话题重要性作为文章结论（结论应当比较简短且有针对性）。

记住：你的文章组织原则应该直接来源于题目。一个很常见的错误就是你把自己所知道的一切与这个话题相关的信息都写下来，一定要避免这种做法。

开始答题

依据大纲快速答题。在答题的过程中，你可能还会产生一些新的想法或者次要的观点，也可以写进你的文章中。

（1）中间可以暂停一下，在你原有的大纲基础上做一些笔记。

（2）整齐地记在当前页最上方或最后一页上的空白处，用箭头或记号提醒自己它们应该放在答案里的什么位置。

（3）结构要清晰。在段与段之间用恰当的连接词清楚地指出它们之间的关系。

（4）避免重复和写一些无关紧要的内容。

（5）卷面要整洁。

时间

要认真把握好时间，保证自己不会在某个问题上花费太多的时间。如果最后时间不够了，那就把提纲中剩下的内容快速地写在卷子上，让老师知道你对这个材料还是有一些想法的，不过不到万不得已，最好不要这样做！

因为答题时间有限，所以老师不会期望你写得像作业中那么准确，但是最好还是花点时间检查一下自己的答案，这一点很重要。检查的时候，可以再读一遍题目，看看自己是否回答了题目中所有的问题。你可以看看 Chapter 8 中的内容，里面介绍了很多关于写作校对的信息。

做演讲

口语演讲可能会让留学生感到十分害怕，但这却是课程评估中非常重要的一部分。本小节主要介绍了一些口语演讲的准备方法。

在开始思考你的演讲表达之前，还有一些其他事情需要考虑。试着记住下面这四个"P"：

People（观众）   Plan（计划）

Practice（练习）   Present（现场演讲）

很多学生都会犯这样的错误，那就是他们不考虑前三项，而直接进入最后的实际演讲阶段。在演讲前，你应该思考一下你的观众（people），计划一下你的演讲内容，当然也需要多做一些练习。

你演讲的对象是谁

是学生、老师还是普通的观众？是你认识的人还是陌生人？你应该根据不同的情况对自己的演讲形式做一些调整。"调整"的意思是为了迎合观众而改变你演讲的语气和内容。有一个极端的例子就是想象一下你应该怎样跟孩子解释汽车的工作原理，肯定与跟成年人讲的方式不一样。在演讲中，你也要考虑这一点。

他们对话题中的哪些内容感兴趣

他们为什么想来听你的演讲？当然，老师主要是为了评判你的作业质量，但是其他的同学又是为什么呢？你和他们是同一个班的吗？你知道他们是否对你的话题感兴趣？又或者他们是别的学院的学生？在这种情况下，你就得想办法让他们对你的话题感兴趣了，比如你可以举一些有趣的例子。

他们对这个话题的了解有多少

如果大家不太了解或者根本不了解你所讲的话题，你就需要多做一些解释，还要注意你的语言。对所有的技术用语都加以解释并举一些例子来说明，多提供一些背景信息。

你为什么要做这次演讲——大家期望从你那里了解什么

在准备演讲时，你可以参考右边这幅图。

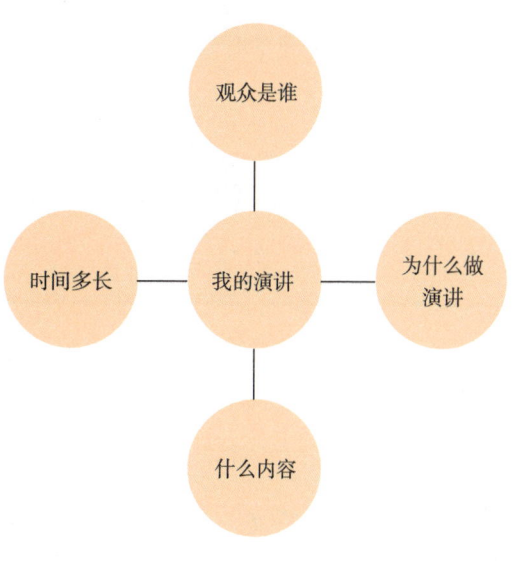

大家是希望你描述一下某事物还是希望你提出并解释自己的观点呢？很多学生都会在这里犯错，而且还不知道原因。一定要保证自己完全明白究竟让你去做什么。如果作业中让你"比较一下 X 和 Y"，那么你应该先弄清楚究竟是只需要用事实描述 X 和 Y 并指出两者的异同就行，还是要再加入自己的偏好，即自己更倾向于 X 还是更倾向于 Y。如果能够用这种方法思考你的演讲的话，那么就更容易规划演讲内容并安排好各部分的顺序了。

时间安排

利用上面的信息来帮自己安排好演讲时间，判断每一部分需要多长时间。然后看看下面这个时间安排，分析这位演讲者是如何计划他的演讲时间的。

2 分钟	引言
4 分钟	背景："attrition"是什么意思？[①]
4 分钟	我的研究：年轻学习者会出现的 attrition 现象
4 分钟	研究结果
2 分钟	结论
4 分钟	问答环节

你能够从上面这个时间安排中了解到与观众相关的哪些信息？如果出现以下情况，你会做出什么样的改变。参考答案见第 321 页。

（1）你的老师或其他人会先对你做一下介绍，而且你的讲课提纲观众都人手一份，上面已经对你的研究背景作了介绍？

（2）观众都知道"attrition"是什么意思？

如何消除紧张情绪

如果你在做演讲的时候感到很紧张，那么你要知道自己并不是唯一一个会因此感到紧张的人。其实大部分人都会觉得当众讲话是一件很难的事。研究发现，与死亡相比，人们更加害怕做演讲。

幸运的是，有很多方法可以帮你找回自信。下面为你列举了几种。

练习

上面列表中的第三个"P"可以说是你的好朋友。大量的练习可以让你更加熟悉演讲内容，这样在做演讲的时候就会更放松。有些人会刻意不做太多的练习，因为这样会使他们的现场表现更自然，但是这可能更适合于那些比较有经验的演讲人，他们做起来会更容易一些。你可以把自己的朋友当作观众来练习，也可以对着镜子或者你的狗练习，任何东西都可以！

[①] "attrition" 的一个含义是"遗忘"。

练习并不意味着你要把每一个单词都记住。事实上，你也最好不要这样做，但是你可以练习一下整个演讲的过程。当你对演讲的内容比较熟悉的时候，你可以试着让自己更加放松、讲话更加自然一点。

呼吸

当我们在感到紧张的时候，呼吸通常都会加快，而且会比正常的情况下更浅，所以大脑无法得到充足的氧气供给，注意力也就无法集中，甚至会有头晕的感觉。这时你可以做几个深呼吸，放松自己，很快你就会觉得好多了。

相信自己

如果我们相信自己，那么我们能够做到的事情是令人难以置信的。那些站起来跟自己说"我做不到，我没办法在那么多人面前讲话"的人通常都做不好。与之相反，如果你告诉自己你能做到，而且还很擅长，那么你可能会奇迹般地成为一个不错的演讲人！你越自信，观众就会越喜欢听你的演讲，你可以从他们的反应中看出来。这样的话，你自然更加自信，观众也会更加喜欢听你的演讲，于是就会形成一个良性循环。

找一个朋友做你的观众

你可以安排你认识的某个人来做你的观众，让他坐在前排，保持友善的笑容。当你在演讲过程中感到很紧张的时候，你可以看着他，这样就不会那么紧张了。

想象自己正在和朋友聊天

和上一条建议类似的是，你要把自己想象成正在喝咖啡的时候给一个或几个朋友做演讲，而不是在某个正式的场合，教室里坐满了人。你跟朋友聊天的时候，通常会比较放松，你的语气也会更加随意。这样的话，你的演讲会更自然，观众也会更喜欢听你的演讲。一些世界上最优秀的演讲人都说这是他们的演讲"秘诀"之一。

演讲的语言

关于演讲的语言，很重要的一点就是要记住口语与书面语之间有很大的差异。想象一下你正在学习物理疗法，你需要做一次演讲来解释一下为什么跑步运动员会经常受伤。

下面是你在作业中所写的内容：

> *One of the causes of lower-leg injuries amongst road runners who increase their training load rapidly in the build-up to a competition is the hard surfaces on which they*

> *do much of their training load. The constant impacts that occur when training on the road result in conditions like shin splints*[①] *and ...*

你会在演讲中怎么讲？参考答案见第 321 页。

口语与写作——有什么区别

现在回答下面这几个有关口语和写作的问题。参考答案见第 322 页。

（1）对待同样的一个话题，哪个用词更多？

（2）哪个用的句子更复杂？

（3）哪个用的句子更简短、频率更高？

（4）哪个用词更复杂？

（5）哪个重复更多？

（6）哪个内容更准确？

下面解释了原因：

（1）当你阅读的时候，如果哪里比较难懂，你可以再读一遍。但是当你听别人讲话的时候，一旦没听到，你就肯定错过去了，所以演讲人会使用更加简单的语法、词汇和句子，有助于听众理解演讲的内容。

（2）在写作中，读者通常与作者都离得很远，所以我们不敢肯定读者是否理解我们所写的内容。因此，写作一定要准确。但演讲人可以用一些手势（使用身体语言）来帮助听众理解，也可以用一些发音来强调某些重要的词汇。如果观众不理解的话，还可以再解释一遍。

（3）写作有字数限制，你不能一直写下去。演讲有时间限制，但是没有字数限制，所以演讲人通常会把同一件事情用不同的方式说很多遍，以保证观众理解他所说的内容。

因此，一定要保证你演讲的语言清楚且易于理解，是在说话，而不是大声朗读或者背诵一篇现成的文章。

避免使用太多的非正式语言

虽然日常生活中的口语通常要比书面语更简单，但是要记住一点，大学演讲还是

---

① 一种小腿伤，会造成剧烈的疼痛。

一个正式的场合。你的同学和老师都会到场，所以你应该尽量避免使用太多非正式的语言，否则，老师就不会给你一个很高的分数，大家也不会认真对待你的观点。如果你的英语是在工作中一些非正式的场合学的，或者你在某个英语国家待了很长一段时间，那么你可能会面临这样的问题。

看看下面这个例子，这是一名学生在一家饭店里所做的一篇有关健康和安全规则的演讲，注意她所使用的非正式语言。她应该怎么说？参考答案见第 322 页。

非正式语言	她应该怎么说?
Hi guys. How's it going?	
If you've anything you wanna ask keep it to yourself until the end.	
I'm going to give you the dirt on the dos and don'ts of working in a restaurant.	
That dude Richards – he had some sweet ideas about …	
It's crazy not washing your hands. It is like so gross.	
Now that's it. We're outa here.	

从最优秀的演讲人身上学习经验

选出你觉得最优秀的老师。把他们讲课时用于引出新话题的说法记下来，例如"I'd like to talk about ... now."，然后应用到你的演讲中去。

利用视觉或其他辅助材料

一图胜千言。图片可以告诉你很多的信息，如果你对自己的英语演讲技能不是很有自信，这种方法可以帮助你。图片能让你有东西可讲，你可以先停一会儿，让观众有时间看图片。如果发音不是你的强项，图片可以帮助观众更好地理解你所讲的内容。研究显示，大约有 40% 的人群是"视觉学习者"，也就是说他们在学习新信息的时候，更倾向于使用视觉信息，而不是听讲。因此，在你的演讲中加入一些图片是一个不错的想法。同样的情况还适用于音频和视频文件以及 PPT 演讲。

PPT是一种很受欢迎的工具，但要记住以下几点：

（1）不要把每一张幻灯片都读出来。幻灯片应该是对你演讲要点的总结或者是用某些方法来阐述你所讲的内容，例如图片。不要在幻灯片中容纳太多的信息：PPT不能够代替演讲！

（2）不要一直看屏幕，要看着观众，必要的时候可以在幻灯片上指出某些要点。

（3）确保你的字号（屏幕上的文字大小）够大，这样坐在后排的观众也能看得到（18磅或18磅以上比较合适）。

（4）要注意颜色和动画（屏幕上运动的物体）的使用。通常它们会让观众感到很混乱或者分散他们的注意力，不再关注你的演讲内容。有的时候你会听到人们说起"KISS"原则，这里的"KISS"是一个缩写，全称为"Keep It Simple, Stupid!"，意思是：越少越好。

演讲反馈——这些同学应该如何提高

下面这几项是在一次口语演讲后老师给学生的反馈意见。阅读这些反馈意见，先找出问题，然后思考一下这些同学应该如何提高。参考答案见第322页。

（a）There were parts of your talk that I couldn't hear, which was a shame because I think you were making good points.

（b）Sometimes I found it difficult understanding you. Some of your language was very complex. Try to say things more simply and clearly.

（c）I had problems following your presentation. I wasn't sure where it was going and whether you were giving an example of something you had just said or whether you were moving on to a new point.

（d）It was difficult to understand your presentation because you were reading aloud.

（e）It just ended. I felt you needed to say something to round it off.

（f）When you described the structure of that company I found it really hard to see how the different departments work together.

（g）I felt you looked at the screen more than at the audience.

（h）I wasn't sure what some of the things you talked about mean.

如何解决演讲中的这些问题

阅读下面的这些解决办法,将它们与上一小节中的反馈意见进行配对,从(a)至(e)中选出合适的选项写在解决办法旁边,有的办法能够解决不止一个问题。参考答案见第 323 页。

问题	解决办法
	1. 想象一下你正在跟一个坐在教室后面的老人讲话,而且他还有点耳背,这样一来,你就会注意提高你的音量并努力说得更清楚一点。
	2. 当你做练习的时候,把你的演讲情况录下来,然后听听自己的录音,看看自己是否说得足够清楚。
	3. 试着用提示卡(一种小卡片,上面只有 3~4 个词)来做演讲。
	4. 在各部分之间留出更长的停顿时间。
	5. 使用更多的重复,例如"Let me say that another way..."
	6. 用语调下降来标志一部分的结束。
	7. 用语调上扬来标志新内容的开始。
	8. 使用更多的语篇标记,例如"Let me give you an example";"My next point is about...";"I'd like to move on to...now."
	9. 尽量使用简短的句子。
	10. 用更多的句子来表达同一个观点。

眼神交流

选出你觉得最优秀的老师,看看他们是怎么和学生进行眼神交流来激发学生兴趣的。和你们国家的老师相比,他们和学生眼神交流得多吗?他们是否会和每一个同学进行眼神交流?他们的眼神一般会在一个同学那里停留多长时间?在你做演讲时,也可以用同样的方法和观众进行眼神交流。

小结——演讲成功的技巧

勾掉你已经用过的方法,试试剩下的新方法。

演讲前

（1）先思考一下前面四个"P"中的第一个，即观众。你的观众是谁？

（2）保证你的演讲顺序简单清晰，例如只有三个要点。

（3）计划一下应该怎么做自我介绍、怎样引出话题以及怎样开始演讲。

（4）考虑一下演讲中各话题或各部分之间的衔接方式。

（5）确保你准备的视觉信息够清楚且很容易理解。

（6）如果你需要使用一些特殊技术的话，要先在你演讲的教室试一下。

（7）如果你是和其他人一起合作，那么你们应该一起练习一下，这样你就可以知道你们各自的分工。

（8）计划一下自己的结语。

（9）想想观众会问你什么问题。

（10）练习演讲。

（11）不要试图记住你要讲的所有内容。

（12）给自己计时。

（13）录音并听听自己的演讲情况。

演讲中

（1）根据你的笔记提示做演讲，不要读你的笔记。

（2）要比你正常说话时的语速更慢，声音更大。

（3）在各部分之间留出一定的停顿时间。

（4）不要使用俚语。

（5）讲解你视觉材料中的要点，而不是读。

（6）用一些标志性的衔接词或是短语来引出新观点和新内容，例如"My next point is about..."或"Next, I want to talk about..."。

（7）使用身体语言和不同的语调使你的演讲内容更清楚。

（8）注意时间。

遇到问题应该如何处理

（1）告诉你的观众什么时候可以提问，例如："There will be time for questions at the end."

（2）留出提问时间。

（3）如果你没有听懂问题，可以让对方再重复一遍，例如："I'm sorry, I didn't catch that..."

（4）利用提问的契机再详细地谈谈演讲话题中的某个方面。

（5）如果你需要一点时间来思考一下应该怎么回答观众的提问时，你可以使用像"Yes. That's an interesting question."这样的表达！

（6）不要对别人的观点太苛刻！你可以说："Yes, that's a valid point."

（7）准备好接受观众的提问。你可以说："Umm. That is an important issue. Would anyone else like to say something about that?"

综合测试

有些课程要求你完成一系列的任务，都算作你课程测试评估的一部分。有些课程的老师很喜欢这种综合测试的方式，因为这种测试方式可以展示出学生在整个学期过程中的发展情况。这也就意味着你要在学期过程中完成很多不同类型的写作任务，然后让老师打分。例如，对于网络设计课程中的某个单元，你需要交的作业如下：

> **综合任务**
> - 采访一位客户，问问他们想设计什么样的网站，然后交一份报告。
> - 对你所设计网站的功能性做一个计划。
> - 对涉及的各程序任务做一个详细的预算方案。
> - 用截图来展示你的设计编排。
> - 做一份项目时间表。
> - 设计一份详细的方案，列出其中的重点和可以达到的目标。
> - 对你的网站项目做一次评估，提出一些批评性的意见，指出优点与不足。

学生的综合评估经历

下面这些学生都体验过综合评估。阅读相关内容，判断一下哪些学生对综合评估的态度是积极的，哪些是消极的以及哪些是处于中立的。参考答案见第 323 页。

> 1. The word limits for each section were less and so although I had to write lots of texts, it was much easier than doing 3000-word assignment. And much better than taking an exam.

2. On my course, it wasn't clear how each part of the portfolio would be marked. I wasn't sure how important each part was and so I didn't know how much time to spend on each part. We had to include a journal over the course and it took me so long to write but it was only 10% of the portfolio's overall mark.

3. At first, I had no idea what to do but then I had a look at some previous students' portfolios and this was so useful. I could see what was expected of me and what I needed to do to get a good mark. In the end, it worked well.

4. I had only learnt how to write a discursive essay at school but in this portfolio I had to write so many different types of texts – a proposal, a report, a budget plan, a project timeline etc., etc. You have to get good at looking for these types of writing and working out how to organise them. Do you use headings? Do you put in diagrams? Do you need a conclusion? Our lecturer didn't offer much help with this but I got advice from the Learning Centre.

5. There weren't any real deadlines – just suggested dates to complete work by. I missed a couple of deadlines at first and then I realized I was getting behind. Our lecturer wasn't very strict about this. When I realised it was my responsibility to get stuff done on time, I caught up OK.

6. Our lecturer was really clear about each part. She set up each section separately and introduced it well so we knew what to do.

小结——综合项目核查列表

当老师对你进行综合评估时，你应该核查以下几项：

截止期限

（1）你是需要在整个学期中随着任务的完成把已做好的部分交上去，还是在最后一次性全部提交？

（2）什么时候能得到反馈意见？

（3）如果你是一部分一部分地提交，那么截止期限是什么时候？

分数

（1）每一部分的得分如何？你是得到一个总分，还是每一部分都有不一样的分数？

（2）是整个课程只有这一个综合测试，还是你还需要再参加一次考试？

字数限制
（1）是否有总字数限制？

（2）每一部分应该写多少字？

（3）每一部分应该花多长时间？

文章类型
（1）过去学生的综合测试情况是否能够给你一些写作的灵感？

（2）是否有针对每一部分的指导原则和标准？

（3）在哪里可以找到类似的文章类型？

结论

　　测试评估是大学生活中很重要的一部分。作为一名留学生，你可能会觉得测试评估很难，因为这里的规则和你过去所熟悉的很不一样。这就像是玩游戏，有一定的游戏规则。如果你不遵守游戏规则，就会失败。要想成功的话，你就首先需要知道作业或考试中都问了什么问题，你应该如何回答。像所有的游戏一样，当你知道老师想让你做什么的时候，你才能做得更好。在大学测试中，要采取一种批判性的立场，这一点很重要。想象一下，如果100份作业中大家几乎都是同样的想法，而你却对同样事物有着自己不同的观点，那么老师一定会非常高兴的。因为你来自另一个国家，拥有另一种文化，因此你会发现你和其他同学的观点有差异，那么就把这种差异变成你的优势吧！

Chapter 10
与老师沟通交流

学习目标

看完本章后，你就能够：
- 判断出你的问题是否值得跟老师探讨
- 找出与老师沟通的最好方式
- 通过班级代表实现与系部的沟通联系
- 有效地利用系部网站

引言

有的时候你需要与老师直接沟通。在 Chapter 5 中，我们探讨了小班课上的沟通与交流，但本章主要讲的是其他方式的沟通与交流。很多时候你都会想跟老师聊聊，提出一些疑问或者回应他们的要求。你会发现，这种方式的沟通交流主要是通过电子邮件、电话或者是在老师办公室面对面进行的。至于学生为什么希望和老师进行沟通，有很多原因。本章就会对这些原因进行探讨，目的是帮你好好地想想怎样以一种最好的方式和你的老师沟通，并得到你想要的结果。

为什么要与老师沟通

为什么学生想去找老师谈谈？看看下面我们列出的这些常见的原因，哪些是你觉得最难或最容易面对的。

原因	询问的难易程度 易　　　　难 1　2　3　4　5	原因	询问的难易程度 易　　　　难 1　2　3　4　5
你想延期（需要更多的时间）完成作业。		你想请一节课的假。	
你想让老师对你写的草稿提些意见。		你想上一门你没有选上的课程。	
你想更改你的小班课时间。		你对讲课内容有疑问。	
你想知道下学期都有什么课程。		你不知道作业应该怎么做。	
		你不太理解你得到的分数。	

现在你已经知道了为什么要联系老师，下面你可能会想应该用什么样的方式联系老师。在下面这一小节，我们将探讨与老师联系的三种主要方法——电子邮件、面对面沟通和电话。

使用电子邮件

学生常常用电子邮件来与老师预约。使用电子邮件的好处是很便捷，而且老师也不用立即回复。在写邮件的时候，你还可以检查用语是否正确（打开你的内置拼写检查程序）。但也有一个问题，那就是因为这种沟通不是面对面的形式，因此很容易造成误会。另外，由于写邮件很快捷，因此有的时候人们会忘记使用一些礼貌的语言，就像写信一样——特别是当你给比较亲近的人写邮件的时候。同样的情况也会在短信息（SMS）中发生，甚至可能会更明显。

使用恰当的语气

步骤一

看看下面这封提出预约请求的邮件，这封邮件的语气存在一些问题。收到这封邮件的老师会如何看待这名学生的预约请求？

> 邮件主题：*This is Miki*（米基）*:)*
>
> *Hi jim*（吉姆）*– I NEED to see you ASAP to check some stuff about the assignment. I've started but got stuck with. can I come tomorrow afternoon b4 4? I have a class then. Let me know if that's OK w/u. BTW I enjoyed the class last week*
> *cheers*
> *Miki*

老师可能会对这名学生有非常不好的印象，甚至都不愿意和他见面。

步骤二

现在思考一下你会如何改进这封邮件的语气。把这封邮件重写一遍，让老师有一个好印象。

> 邮件主题：
> _____

步骤三

现在把你写的邮件与下面这封进行比较。看看与原来的邮件相比都做了哪些改动？

> 邮件主题：*Request for an appointment*
>
> *Dear Jim,*
> *I'm having some problems with Assignment 2 and was wondering if it would be OK*

to come and talk to you about it later this week.

I am free tomorrow afternoon until about 4 o'clock if that is a good time for you. I am also free on Friday morning, if that works better for you.

Please let me know,

Many thanks

Miki

你注意到了吗：

（1）这封邮件的主题要更具体一些。不要空着主题不写，也不要在邮件主题那一栏写上你自己的名字。尽量写得准确严谨一些，因为很多老师都非常忙，他们会先读那些重要的邮件。如果你的邮件不需要立刻回复的话，那就不要在主题中用"urgent"（紧急）或者"important"（重要）这样的字眼。

（2）不要整个词都用大写，这样会让人觉得你很生气。

（3）最好不要用缩略语，如 BTW（By the way）或 ASAP（as soon as possible），也不要用短信息里面常用的语言，如 b4（before），这样会显得不够正式。

（4）原来那封邮件的语气太随便、太不正式了。记住，你是在给老师写邮件。在很多英语国家中（例如，英国、新西兰），你可以直呼老师的名字，但是不同的国家和不同的大学之间也会有一些差异。如果你不敢肯定的话，你可以看看其他同学是怎么做的。即使你在和老师面对面交流的时候会直呼他的名字，但也最好能在写信这种比较正式的情况下用语更礼貌一点。

（5）第一封邮件只给了老师一个时间选择，而第二封则提供了其他的时间选择，这样会更礼貌。

关于电子邮件的正面看法和负面看法

让我们思考一下不同的人是如何看待用电子邮件这种方式向老师提出请求的。阅读左边一栏里的观点，针对每一项提出一个正面看法和一个负面看法。第一个例子已经给出。参考答案见第 323 页。

观点	正面看法	负面看法
阅读速度快	是的，阅读每一封邮件都很快。	但如果一个人每天要处理几十封邮件的话，就很麻烦了。
回复快捷		
态度友好		
意思清楚		
节省时间		

询问班级代表

问问班级代表，看看应该对不同的老师使用什么不一样的策略（见第 242 页）。

短信息

短信息（或 SMS）也是学生之间互相联系的一种很流行的方式。大多数的老师更喜欢用邮件来交流，但也有一些老师会把手机号告诉学生。先了解一下老师是否喜欢收到学生询问有关课程内容的短信息，然后参考一下上面有关电子邮件的一些建议：使用短信息这种方式更容易显得不礼貌或者不友好，所以一定要注意。要在信息中写上自己的名字，因为老师可能无法通过手机号码知道你是谁。

面对面提出请求

去老师办公室并不是唯一的面对面交流的方式，下课后，你也经常会看到大家排着队问老师问题。甚至走在校园里，老师也会停下来跟学生探讨一些个人问题。有的时候在老师去吃午饭的路上，学生还会冲上来问问题。不过我们首先看看在哪些情况下你需要去老师办公室问问题。

面对面提出请求中需要思考的问题

对于隐私、个人空间以及在工作时被别人打扰的问题，不同的国家会有不同的情况，甚至不同的大学之间也有差异。有些问题对于一些国家的老师来说很正常，但对于另外一个国家的老师来说可能就会变得不礼貌。

Chapter 10　与老师沟通交流

下面有几个在面对面交流中应该注意的问题。选出最正确的答案，然后再阅读下面的内容。

> **问题 1**
> 不经过预约而随时去找老师的做法是否合适？
> A 总是
> B 有时
> C 从不

对于某些老师来说，这种做法"总是"合适的。他们会开着门坐在自己的办公室里，当学生进来找他们的时候，他们都会非常欢迎。不过这可不适合那些一个班有两百多个学生的老师。

对于大多数的老师来说，他们都会有一个固定的时间来回答学生的问题，这段时间通常被称作"office hours"（答疑时间），尽管他们可能在其他的时间段也会关着门待在办公室里。你可以用下面这些方法来了解老师的答疑时间：

（1）看门上的通知。

（2）查询相关网站。

（3）询问教学秘书。

（4）发电子邮件。

但如果真的非常紧急的话（并不是每个人对紧急这个词的理解都是一样的），你可以打破规则，试试直接去办公室找老师。对于大部分人来说，紧急的情况包括：

（1）有人受伤了。

（2）离考试只有一个小时了，但是你觉得很不舒服，可能无法参加考试了。

（3）你刚刚得知有学生打破了作业箱，偷了一份作业。

（4）你刚刚意识到你昨天交错了作业，把另一门课程的作业误交了上去。

（5）你们班里 150 个学生已经等了 30 分钟了，但是老师还没有来。

> **问题 2**
> 哪些请求老师会比较乐于接受？
> A 让学生感到很忧虑的请求
> B 最后一分钟才提出的请求
> C 提前提出的请求

The International Student Handbook
学业生存手册

答案要视情况而定！继续阅读下面的内容……

我们问了几位老师，让他们对是否会接受以下请求做一些评论。在你看参考答案之前，先判断一下老师会回答"是"还是"否"。

1. "图书馆已经排了很长的队等着借您给我们推荐的那本书。您是否能把您的书借给我呢？"   是 / 否

2. "我知道您对作业的提交日期的要求很严格，但是您也看到了，我的腿受伤了。"

   是 / 否

3. "我今天早上有一部分上课内容没有听到，不知道您是否能把最后一部分再给我讲一遍呢？"   是 / 否

4. "我不知道自己明年是否还应该继续学这门课，您能给我一些建议吗？"

   是 / 否

先向你的同学提出请求，这样你就可以知道究竟别人是否会接受这个请求，也可以先练习一下你要问的内容。参考答案见 324 页。

老师希望学生们问的问题是课上没有讲过的，或者在材料中没有提到过的，而且希望这个问题是某个同学所特有的。如果大家都有这样的问题，你可以找一名同学代表大家来提问。例如，如果有几个同学在同一天要问三个不同的老师关于三份不同作业的问题，那么就可以让学生代表分别去找这三个老师商量一下时间。

提出请求的语言

你的请求是否成功还取决于你所使用的语言以及你提问的方式。你的发音（例如，说话的语调）以及身体语言（例如，你看上去很焦虑还是面带笑容）都会立刻给老师带来积极或消极的影响。阅读下面这两段师（T）生（S）之间的对话[①]，这两名学生都有自己的请求。他们都请求了什么？成功了吗？他们都使用了什么样的语言使请求显得更有礼貌？学生对于词汇的选择会对师生间的关系产生什么样的影响？

[①] 这两段师生之间的对话摘自 E. Crandall,（1999）. 'Native Speaker and Non-Native Speaker Requests in an Academic Context'. Occasional Paper. no. 12, Department of Applied Language Studies and Linguistics. Unicersity of Auckland.

Chapter 10　与老师沟通交流

Wen（文）

T: Come in. How are you?

S: Good thanks. I just wanted to change my … um … tutorial time.

T: Oh, OK. What time are you in at the moment?

S: I think I'm at … um … two o'clock on Tuesdays … and I've got … um … clinic on that day for accounting.

T: You've got what?

S: Clinic. Accounting clinic … so …

T: Tuesday, two o'clock.

S: I'm sure that it's at two o'clock.

Jane（简）

T: Hello. Have a seat.

S: Thanks. Actually I have…um…wrote the short story for my assignment. I was wondering could you give me some feedback and if I am on the right track.

T: OK. Yeah. You've got it?

S:（finds and hands over story）That's my story.

T: Oh. Let's have a read … um … [老师看了一会儿] OK. Yeah that's what I mean it's a story.

S: mm-Hmmm

T: So what are you going to do with your story next?

　　Wen 想要调整他的小班课时间，Jane 希望老师能对她写的草稿提一些意见。他们和老师之间的交流都非常成功。Wen 用了"just"这个单词来减弱自己请求的语气，这在英语国家的人中间是非常常见的，能够使请求变得更弱，因此老师也就更容易接受。他的语言选择反映出他能够很好地控制自己的请求并且采取主动，也能使老师更容易接受。

　　Jane 用了"I was wondering could …"这样的句子，使请求更加委婉。这也是一种很常见的用法，让请求听上去更礼貌一点，是一种很有用的技巧。不过不要用得太多，否则老师会觉得你是在浪费他的时间或者想隐藏你的真正目的。

现在，我们再详细地探讨一下这个问题。

有哪些比较好的开场白

如果你的英语很好，你可以略过这部分内容。现在仍然有很多人会直接冲进去问老师问题，而不使用一些能够使他们的请求更加礼貌的用语，这实在是令人惊奇。看看下面这些短语，判断一下为什么用了这样的短语后会更加容易成功。第一个已经给了你答案，参考答案见第 324 页。

I was just wondering if...	"Just" 能够使请求变得更弱，因此老师也就更容易接受。Wondering——也能够使请求听上去不那么重大，不具有威胁性，要比 "Can you...?" 委婉很多。
Sorry to be a nuisance but...	
Excuse me. Is it possible...	
This is just a small request.	
Sorry I didn't make an appointment. Do you have a couple of minutes?	

思考一下你的语言是如何对老师产生影响的

- 承认你打扰到了老师／没有预约／可以过一会儿再来。
- 开门见山！不要在引出请求上浪费时间。
- 先练习一下——想想你准备说什么。
- 使用像 "just" 和 "small" 这样的词汇减弱你的请求。
- 使用以 "it" 开始的无人称句，这样更容易得到老师肯定的回答，尽量不要用 "you" 和 "me"。

如何结束对话

知道什么时候离开很重要。如果你占用了老师太多的时间，就会给老师留下不好的印象，下次老师可能也不太愿意听你讲了。注意老师有没有给你什么暗示。记住，老师是无法离开的——因为你在他们的办公室里！

身体语言和谈话中都会有一些提示，告诉你老师可能希望结束这次对话。找找这些提示信息，比如老师可能会：

（1）低头看他的桌子，开始翻动桌上的论文。

（2）第二次对自己的答案进行总结。

（3）看他的手表。

（4）说"Thanks for coming"或者"I hope that answers your questions"这样的话。

如果你仍然对答案不满意怎么办

这个时候学生代表就派上用场了，他的作用主要是在师生之间起到协调的作用。

如何处理师生之间的对话

下面是一次师（T）生（S）之间对话的真实笔录（Crandall, 1999）。思考每一段对话并回答问题，参考答案见第 325 页。

对话一：

这段对话中存在多少问题？

T: OK. What's up? What can I do for you today? [5 秒的沉默]

S: Yep.

T: What, oh just whatever you came to see me about. Yep?

S: Yep. OK. [拿出论文]

T: Oh. Exam script.

S: Yeah. I failed last semester.

T: Oh OK.

S: Yep [笑] you see the mark is very low.

T: Yeah.

对话二：

阅读下面这段师生之间的对话，这段对话发生在老师的办公室里。这名学生想要什么？为什么老师会变得不耐烦？把你的想法和参考答案进行比较。

T: What can I do for you today?

S: Ah. I've come about my assignment.

T: Assignment. Oh yes. Yep. You've been to the tutorial?

S: Yes.

> T: Yep [沉默了约 10 秒] Well, what is the problem with your...?
>
> S: Ah [沉默了约 10 秒] I don't know how to write an essay about a university.
>
> T: And why is it difficult for you?
>
> S: I find it hard to get started.
>
> T: And why is that?
>
> S: I don't have much experience in writing and I make many mistakes.
>
> T: Ah, I see. There is an excellent writing centre at the University where you can get help with writing.... Etc.

思考一下你想从和老师的会面中得到什么，还要跟老师解释清楚你为什么要来找他。记住，老师是不会知道原因的，除非你告诉他。这里为你提供了另外一种提问的方式：

> T：What can I do for you today?
>
> S：I have come to talk about our next assignment. I am new to this country and found it very hard to write a good essay. How can I improve my writing skills?

向老师解释你的请求

现在看看下面这几种情形。你安排了和老师的一次会面，你应该怎样跟老师解释你的请求？（把你的答案和第 325 页中的建议进行比较。）

原因	你会跟老师怎么说？
你想上一门你没有选的课程，因为你觉得这门课程比你已经选了的那门课更有意思。	
你对讲座有一个疑问，但是你不想当着其他同学的面提出来。	
你不知道作业应该怎么写。	
你有一次作业的分数很低，但是你不知道老师为什么给你打这么低的分。	

Chapter 10　与老师沟通交流

电话联系

　　除了电子邮件以及面对面的交流方式以外，就像我们前面所说的，你还可以打电话。当你没有时间或者无法直接找老师的时候，比如你生病了或者在另一个国家，打电话是一种很好的方法。

用英语打电话会遇到的问题

　　就像你所知道的，如果你在另一个国家生活的话，用当地的语言打电话是一件很令人紧张的事情，而且也是最难的交流方式之一。可能的原因如下：

　　（1）对方可能会在打电话过程中使用很多的习语。如果你不了解这些习语的话，可能就会造成误解（例如，ring up/ call back/ put you through/hang up/ hold the line/ hold on）。

　　（2）不同的国家对电话交流方式的期望也不同（谁先说话 / 说了什么内容 / 你应该说多长时间 / 如何结束）。

　　（3）无法使用身体语言（例如，眼神交流、微笑以及使用手势）来帮助你理解、告诉别人你没有听懂以及让别人理解你说话的内容。

　　（4）在打电话过程中暂停的时间不能太长，你只有很短的时间来理解别人所说的内容并做出回应。

让别人理解你说的内容

　　这里列举出了几个在打电话前应该先思考的问题，参考答案见第 325 页。

1. 如果老师很快就接起了电话，你应该说什么？下面哪一项最适合你？
　　（1）先问一下老师现在方不方便讲话。
　　（2）说出你的姓名以及你想问的问题。
　　（3）表明你打电话来是不是有急事。
2. 如果你听到的是电话答录机的声音，你应该说什么？下面哪一项最适合你？
　　（1）马上挂断电话。
　　（2）让老师给你回电话。
　　（3）简单地解释一下你打电话的原因。

让自己在打电话的时候更加自信

下面提供了一些方法，能让你在打电话的时候更加自信。

（1）把你要说的内容录下来，然后倒回去听听。这样一来，你就可以听到自己在电话里的声音，纠正一下自己的发音。练习一下如何在电话中留言。

（2）在打电话之前先把你要说的话写下来，至少应该涵盖要点。你也可以把一些比较难的词汇（写它们的音标，而不是这个词本身）以及一些重要的短语写下来，例如开场白和结束语。

（3）在打电话前可以先和你的朋友模拟一下真实的场景。

（4）尽量多用英语打电话，这样就不会对别人的请求感到陌生，从而建立自信。

（5）分析电话中所使用的语言。当你在一个能够听到很多人打电话的地方，你可以听听大家都用了什么语言，分析一下他们是如何介绍自己和结束对话的。候诊室、咖啡馆和火车站都是不错的地点，既可以听到正式的语言，又可以听到非正式的语言。把这些说法用在你自己打电话的过程中。

（6）学习电话语言。你可以看看下面这本书：B. J. Naterop, R. Revell, Telephoning in English, Cambridge University Press. 这本书配有光盘，你可以听听里面的对话录音，然后练习一下有用的说法，并应用到实际的打电话过程中。这本书比较适合中高级水平的语言学习者。在你大学里的自主学习中心，你会找到很多的商务英语书籍，里面都会有关于电话英语的章节。

班级代表

在很多的大学里，每个班都会选一个班级代表（Class Rep，Rep 是 "representative" 的简写），他们的任务是向系部或老师反映全班同学遇到的问题。他们可能需要参加一些培训，而且每学期都要和系部的某个老师举行一次正式的会面。对于某些大学来说，他们在学期末还有一个任务，就是组织班级聚会。

什么时候需要找班级代表谈谈

在下面哪些情形下你需要找班级代表谈谈？参考答案见 326 页。

> 情形 1：你对某一次的作业内容很困惑，而且你还和班上其他的同学交流过，他们也遇到了同样的问题。

Chapter 10　与老师沟通交流

情形2：有一本非常重要的书在图书馆很难借到，因为没有那么多的复本。

情形3：你觉得老师给你一个很低的分数是因为他不喜欢你。

情形4：你有一门考试不及格而且不知道为什么。

情形5：你觉得某个老师的课非常无聊，觉得他不关心学生。

情形6：你想投诉某一门课，因为你觉得这门课的测试评估太多。

情形7：对于你的某次作业，你需要更多的指导。

Chapter 11
解决问题

学习目标

在本章中，你将：

- 学会如何控制你的焦虑情绪并保持较高的积极性
- 知道在一个新的大学里如何寻求帮助
- 知道应该如何处理文化差异带给你的冲击
- 学会如何处理学术问题
- 学会如何节省开支并赚取外快
- 学会如何结交新朋友

引言

  作为一名留学生，你应该做好准备迎接很多问题和新的挑战。大部分的留学生都会远离家乡（有的甚至是第一次），告别朋友和家人到一个不熟悉的国家去。在这里他们要应对一个陌生的文化、说外语，同时还要完成大学课程的学习。不过也不全是坏处，找到一些具有创新性的解决方法还是很有趣的，而且当时比较艰苦的经历也会成为以后回国时的谈资。你成功与否主要取决于你是否能够很好地解决这些问题。

控制焦虑情绪

在大学里影响学生进步的一个因素就是他们自己的负面情绪,也就是焦虑。作为老师,我们曾发现下面这几种情况:

(1)一些聪明的学生整个学期的表现都非常好,但是他们对考试却极度焦虑,害怕得不到让自己满意的分数。

(2)有一些学生感到焦虑不是因为他们不学习,而是因为他们不知道怎么开始。

(3)很多得 A+ 的学生感到焦虑是因为他们害怕下次作业的分数会变低。

(4)那些不及格的学生一点都不会感到焦虑。

你觉得自己是不是也符合其中某个描述呢?

由于积极性、个性以及焦虑是紧密联系的,所以本小节将对它们一一作介绍。

是什么原因引起的焦虑

有一种分析焦虑的方法就是看看你自己处于哪种焦虑程度。

(1)和别人作比较。

你是否会拿自己的成绩和别的同学作比较?

(a)很少　　(b)有时　　(c)经常

总是拿自己和别的同学作比较是引起焦虑的其中一个原因。

(2)参加测试。

当你想起以后要参加的一场考试,你会感到:

(a)没有担忧　　(b)有点焦虑　　(c)非常焦虑

事实上,担忧和成功之间并不存在什么实质性的联系。有些多忧多虑的人做得很好,但有些恰好相反。而那些从来没有什么忧虑的学生也会有这样的情况。对于大部分学生来说,成绩好不好主要看的还是准备程度,而不是焦虑程度。

(3)与老师之间的关系。

当你想起老师的时候,你:

(a)不会考虑他们的想法　　(b)感到充满了希望　　(c)感到很焦虑

对于那些生活在异国文化中的人来说,由于要承受不同文化的冲击,他们的焦虑程度会更高。对留学生而言,其中一个原因就是不同的国家会有不同的师生关系。

(4)对管理学习的感受。

当你在决定如何做作业时,你会感到:

(a)很兴奋　(b)有点担心自己会做不好　　(c)非常焦虑,怕自己做不好你可能会发现，在一个新的国家学习要比在你熟悉的教育系统里学习，需要你自己承担更大的学习责任，特别是当你第一次上大学的时候。对于一些学生来说，知道自己有更多的学习自由是令他们感到很兴奋的，但是这却会让另外一些学生感到茫然不知所措，甚至会极度焦虑。通常学生需要花一段时间才能了解应该对自己的学习承担多少责任。

积极性能给你提供帮助吗

从选课开始，你的积极性就会随着课程进入不同的阶段而出现变化，时高时低。

你为什么要学这门课程

你为什么要选这门课程？这也许是一个很奇怪的问题，但是学生选课是有很多原因的，这与自我的积极性是没有什么联系的。看看下面的内容。

（1）谁认为这是一门对你来说很不错的课程？

（a）你的父母　　（b）你的老师　　（c）你自己　　（d）没有人

（2）如果你的答案是"没有人"，也许还有其他原因能够说明你为什么要学这门课程。

（a）这是一门必修课　　（b）符合你的时间安排

（c）你的第一选择（课程）早晨上课时间太早，你起不来

可以看出，消极的原因是很难激发你的积极性的。如果你想通过考试的话，你还是要用其他的方式来提高自己的积极性。

分析一下你对这门课程的态度

你可以通过一些方法来激发自己的积极性，其中一种就是用积极的方式来思考这门课程的各个方面。看看下面这两个问题：

（1）你能找出多少理由来解释你所学课程的重要性？

（2）这门课程能在未来给你提供多少不同的选择？

考虑一下时间也会有帮助。如果一学期总共有13周，而这门课程你已经学了8周，但是仍然没有什么积极性，那么你可以把剩下的时间进行划分，每周看一个课程主题，然后问问自己："在剩下的这几周中，我想从每周的课程中学到的一件事是什么？"

监控自己的积极性程度

第249页的调查问卷可以帮你测量现在的积极性程度（如果你能如实回答）。"intrinsic motivation"指的是内部积极性——即你对这些事物的感觉。而"extrinsic motivation"指的是外部积极性——主要是来自其他人或社会。有一些人的内部积极性

要强于外部积极性，还有一些人的外部积极性要更强一点。这并没有什么对错。

"synergy"（协同作用）指的是一种联系——在这种情况下是指在你自己、你所选的课程以及与课程中其他人之间的关系。

你应该把这份问卷用在课程的不同阶段，记录自己的分数变化。根据自己的情况把你的积极性程度放在每个问题中合适的位置，有从 1 到 5 这几个级别。

积极性程度在课程的不同阶段甚至是一个学期当中都会有一定的起伏，这很正常。不过如果你已经意识到自己的积极性程度有所下降时，你就应该试着改变这种状态或者是找别人探讨一下。

类别	关键问题	你的积极性程度
能量		
活动量	你做了多少任务？	一点点　　　　　　很多 1　　2　　3　　4　　5
结果	你觉得自己有多少进步？	退步　　　　　很大的进步 1　　2　　3　　4　　5
害怕失败	你觉得自己的努力得到了多少回报？	一点都没有　　　　很多 1　　2　　3　　4　　5
协同作用		
个人成长	你觉得课程对你的成长提供了多少帮助？	一点都没有　　　　很多 1　　2　　3　　4　　5
课程	你觉得这门课程是否适合你？	不适合　　　　　完全适合 1　　2　　3　　4　　5
关系	你觉得你和其他人——同学和老师——之间合作得愉快吗？	一点也不　　　合作很愉快 1　　2　　3　　4　　5
内部		
兴趣	你对大课、小班课以及现在的阅读材料有多大的兴趣？	无聊　　　　　　很感兴趣 1　　2　　3　　4　　5
喜欢	你是否喜欢现在学的课程？	很讨厌　　　　　　很喜欢 1　　2　　3　　4　　5
自主权	你对学习有多大的控制权和选择权？	完全没有　　全由自己做主 1　　2　　3　　4　　5

（续表）

类别	关键问题	你的积极性程度
外部		
进步	成绩对你来说有多重要？	不在乎　　　　　　很在乎 1　　2　　3　　4　　5
责任	你在课程上所取得的进步对你的家人、朋友或公司来说有多重要？	不重要　　　　　　非常重要 1　　2　　3　　4　　5
未来的希望	你在课程上的表现对你未来的职业有多重要？	不重要　　　　　　非常重要 1　　2　　3　　4　　5

把你的得分写在这里

日期	总分60分，你的得分是
1.	
2.	
3.	
4.	

个性有多重要

　　个性是另外一个会影响学生焦虑程度的因素。如果现在学习的方式不适合你的个性，你很可能会感到厌烦或者对学习失去兴趣。做下面这个两分钟的个性测试，看看什么样的学习方式最适合你的个性。这个测试是以一些留学生特有的情况为基础的。对于每一个问题，想想看哪个答案和你的情况最接近。最接近的得"1"分，排在第二的得"2"分，以此类推。

（1）你决定留学的国家。

　　　当你在选择去哪个国家时，影响你做决定的最重要的因素是什么？

　　（a）对我来说，去那里学习是最符合常理的选择。

　　（b）我的朋友和家人也接受我的选择。

　　（c）这是最实际的选择，我能在那里得到我想要的东西。

　　（d）我很喜欢去那里留学的这种想法，让我感到最兴奋。

（2）你的职业选择。

　　　下面哪一个和你的情况最像？

Chapter 11　**解决问题**

　　（a）我想要一份能让我对事物进行分析并了解它们工作原理的工作。
　　（b）我对那种需要接触很多人的工作很感兴趣。
　　（c）我想做能让我解决问题并做出一些改变的事情。
　　（d）我想做一些能让我发挥创造力的事情。

（3）你理想中的老师。
　　下面哪些和你的理想最接近？
　　（a）我喜欢的老师很了解他们所教授的课程，能够告诉我事实并且能够抓住要点。
　　（b）老师应该关心学生，这一点很重要。
　　（c）我喜欢比较实际的老师，能够给我一些真实情况下的学习任务。
　　（d）我喜欢能够给我自由的老师，让我以自己的方式做事情。

（4）小组协作。
　　下面哪个和你很像？
　　（a）我喜欢先自己想问题，然后再以小组的形式进行讨论。
　　（b）我觉得每个人都应该有发言权，这一点非常重要。
　　（c）重要的是我们应该做出决定，然后完成任务。
　　（d）我喜欢向别人提出挑战，问他们像"What if…?"这样的问题。

（5）你的课程选择。
　　你如何决定学哪一门课程？
　　（a）我喜欢以一种系统的方法做事情，准确度很重要。我希望能够了解事物的
　　　　工作原理。
　　（b）我对人和感觉比较感兴趣。所以我想学一门可以让我发现并明白人们行为
　　　　方式的课程。
　　（c）我喜欢解决问题，看看它们在实际情况下是如何运作的。我喜欢把想法和
　　　　结果应用到实际生活中去。
　　（d）我喜欢创造，看看有没有新的可能性。

（6）出去玩。
　　你如何选择准备去看的电影？
　　（a）我会去找我能找到的所有信息，包括影评、排行等，然后选出最好的那个。
　　（b）我会和朋友商量，然后看一部我们都喜欢的电影。
　　（c）我会选择去看一部不会和我的时间安排产生冲突的电影。
　　（d）如果看上去这部电影还挺有意思的，我就会去看。

（7）交作业。

你会在交作业前的什么时候检查作业？下面哪个和你的情况最接近？

（a）我希望作业能够尽量准确，所以我会花很多的时间进行检查。

（b）我总是花很多的时间帮朋友检查，所以我自己的作业检查得很少。

（c）我会认真检查作业，保证能够及格，但是我不会在这上面浪费太多的时间，因为我还有别的事情要做。

（d）我对检查作业不太感兴趣，我知道有些部分的内容写得还不错。我宁愿去做一个更有趣的项目。

（8）寻求帮助和建议。

当你遇到困难时，你如何决定在什么时候寻求帮助？

（a）我喜欢在寻求帮助前先看看自己能不能解决。

（b）我喜欢与别人分享我的问题，跟他们探讨。

（c）我会采取一切可能的方法来有效解决问题。

（d）我喜欢别人能给我一些建议。有的时候别人的建议能让我从另外一个不同的角度去看问题。

现在把每个选项的总分加起来：

a 的总分 =

b 的总分 =

c 的总分 =

d 的总分 =

得分最低的就是你最主要的个性类型。阅读下面的这个表格[①]，看看不同个性的人是如何学习的。右边一栏是一些小建议，可以帮你消除焦虑的情绪。

	天生的学习类型	如何消除焦虑情绪
a = 分析者	通过深入的思考来学习。你很有逻辑性，技术性也很强。你喜欢规则和准确。你更适合处理概念，而不是人际关系。	有的时候，你会感到压力很大，因为你必须在没有透彻理解的情况下做出决定。你太过小心了，应该加快一点速度。还要记住，其他人的想法也是很有用的！

[①] 这份问卷改编自这个网站中的内容：http://www.engr.utexas.edu/。如果你想了解有关个性方面更多的信息，可以做一下完整的测试。

（续表）

天生的学习类型		如何消除焦虑情绪
b = 支持者	你是通过对别人的观察、与别人分享你的想法以及谈论你们的感觉来学习的。你很感性，很敏感，和别人相处愉快。你很会社交，很善解人意。	有的时候你会太过在意别人的想法而无法完成任务。这会让你感到焦虑。有时你应该把更多的注意力放在结果上，更果断一点。
c = 领导者	你从实际应用中学习，喜欢结果的得出过程。你很擅长解决问题，也很有计划能力和组织能力，从而得到最好的结果。	人们有时候会对你感到很厌烦，因为你管他们管得太多。记住，结果并不代表一切，你还需要让每一个人都感到快乐。
d = 创造者	你喜欢行动，在尝试中学习。你有一个自由的灵魂，很具有创造力。你不会做计划，往往都是随性自发地行动。	记住，有的时候你需要多关注一些看上去很无聊的事情，例如一些细节。你还应该更加有毅力，经受住时间的考验，努力完成任务。

在现在这个阶段，你可以回去看看前面 Chapter 2 中的"学习类型"调查问卷。再说一遍，如果你的学习方法和你天生的学习类型不相符，你就会感到焦虑。

小结：做好计划

最后，让我们看看下面这些小建议里有多少对你有用。

（1）把自己当成你的对手，而不是和其他人作比较。

（2）提醒自己你还能得到别人的支持（见下一小节），例如你的朋友和辅导员。

（3）采取行动很有用，即使只是对你明天要开始学的东西做一个计划。

（4）对自己的学习进行评估，提醒自己那些进步的迹象。

（5）跟朋友聊聊选这门课程的好处。

（6）在考虑换课之前给自己足够的时间。

（7）当你完成某个学习任务后，给自己一些奖励。

（8）控制自己的感情，不要让自己伤心的时间太长。

（9）记住，其他人的思考和学习方式和你会有很大的差异，不要让这种差异影响你。

（10）要现实一点。即使你做得很好，你也要想想以后可能会碰到一些不好的时候。

如果你对自己是否取得进步从来不焦虑，那么你真该开始担心了！

求助渠道

大多数大学都为本国学生和留学生提供了很多已被大家所接受的帮助服务。当你面临很多问题的时候，它们可以给你提供帮助和建议。本小节将对大学中的各个部门进行介绍，让你知道应该去哪里寻求帮助。如果找错了人也不要担心——即使他们帮不了你，也会知道谁可以帮你。重要的是，当你有问题的时候一定要采取行动，主动去问别人。

谁能为你提供帮助

看看第255页上的表格。左边是问题的种类，右边是可以为你提供帮助的渠道。也许这些渠道在不同的大学会有不同的名称，但是总会有人能帮你解决问题的。

尽早寻求帮助

可以看出，在大学里，不论你遇到什么样的问题，都可以得到帮助。最重要的就是要尽早告诉别人你遇到了什么问题，这样你就可以在问题变得严重之前获得建议。对于大学辅导员来说，没有什么问题是小问题，也没有什么问题太过简单或太过严重。记住，他们每年都会和几千名遇到类似问题的学生交谈。

关于顾问的信息

在某些文化中，去咨询顾问或辅导员（counsellor）是很不好的一件事，但在英美的大学里不会有这种问题。在大学里，向他们寻求帮助是很正常的一件事，而且也鼓励大家这样做。当然他们也会为你保密，顾问不会在未经你同意的情况下把你的问题告诉别人。

如果你有问题去咨询顾问的话，他会：

首先，问几个问题来了解你的情况；

然后，跟你谈谈可以解决问题的方法；

最后，你就能完全理解且有足够的信息来自己做决定了。

顾问不会告诉你应该怎么做，还是应该由你自己来做决定。有时候，顾问跟你说的某些内容你可能并不想听到。

在大学刚开学那一周的指导课上，你可以把老师讲的内容做一下笔记，把你能在以下领域获得帮助的渠道记下来。

- 学术问题
- 健康问题
- 财务建议

文化冲击

文化冲击是指很多人在去了一个新国家之后所体验到的一系列感觉。如果你以前曾在别的国家待过，那么你可能已经经历过文化冲击了。如果没有的话，本小节可以帮你更好地认识和了解这一概念，这样就可以避免文化冲击成为你大学生活中的一个问题。即便出现问题，你也会有心理准备了。

问题种类	举例	谁能为你提供帮助
学术类	你需要学习方面的建议。	学术顾问、你的老师、学习中心指导老师
	你想投诉一门课程。	你的班级代表、你的老师、学术顾问
	你对某个分数/决定不满意。	学术顾问
	你对某个老师有不满意的地方。	你的班级代表、学术顾问
	你在图书馆需要帮助。	图书管理员、学科图书管理员
	你需要提高自己的英语水平。	学习中心
	你对剽窃这个问题有一些疑问。	学习中心指导老师、学术顾问
	你不知道该选什么课程。	你所在系部的学术顾问
住宿	你想投诉房东而且需要找一间新的公寓。	学生会住宿办公室
	你付不起房租。	学生财务顾问
健康	你生病了。 你需要怀孕方面的建议。 你需要和医生预约。 你需要避孕方面的建议。 你想找一名女医生。	大学医务室
精神健康	你感到很沮丧。 你有饮食问题（例如，食欲减退）。 你有性方面的担忧。 你对毒品或酒精有一些疑问。 你想戒烟。 你需要有人能帮你减轻压力。	学生咨询辅导服务或大学医务室
财务	你需要一份工作。 你的钱都花光了。 你需要预算方面的帮助。 你对交税有一些疑问。	学生财务顾问

（续表）

问题种类	举例	谁能为你提供帮助
留学	你对你的移民身份或签证有一些疑问。 你需要一个翻译。 你想家了。	留学生办公室
宗教	你需要一个可以做祷告的地方。	大学院牧部（University chaplaincy service）、留学生办公室

文化冲击分为哪几个阶段

当人们到了一个新国家，通常会经历文化冲击的四个阶段。

阶段1：发现阶段

你会觉得自己像是在度假，一切都是那么新鲜和激动人心。在前几周，你会做很多的事情，还会觉得一切都很有趣——总是能在大学和这座城市里发现一些新的没有去过的地方，让你感觉有点不太真实。甚至坐公共汽车都会很有趣、很兴奋。

阶段2：适应阶段

这里的生活还不错，但是你意识到你将要在这个国家待很长的一段时间。一切都渐渐成为一种惯例——上课、作业等。你可能会觉得很难结识新朋友，还发现当地人不能够很好地理解你的意思。有时候日子也会过得不顺利，但在这个阶段，你都可以承受。

阶段3：抱怨阶段

当事情出问题的时候，你会变得愤怒。你会担心你的健康，对当地人也有一种负面的情绪。为什么公车总是晚点？为什么面包那么难吃？这些人是怎么忍受下来的？你会觉得到处都是问题，还总是把你们国家的东西和这个国家的做比较。有时候你甚至会觉得这里的每个人都在针对你。在这个阶段，你会感到非常沮丧、劳累或者愤怒。

> **阶段 4：最后阶段**
>
> 到这个时候，你的语言已经有了一定的提高，生活也变得容易起来。渐渐地，你已经克服了文化冲击的问题。当然，在一个新的国家还是会有很多的差异，但都可以克服。当事情出问题的时候，你也可以一笑了之，妥善地处理你的消极情绪。大学和你以前学习的地方都不一样，但也是有好有坏。你仍然会想念你的家乡和那里的人，但都已经没什么大的影响了。

文化冲击的生存技巧

在出国前尝试下面这些做法

（1）跟你的一个朋友讲讲有关文化冲击的问题。解释一下这四个阶段，对第三个阶段举例说明：

- "那儿的商店关门都特别早，简直就是疯了。还是家里好，在这儿……"
- "在那里，晚上都没有什么娱乐活动。好无聊……"
- "那儿的网速特别慢。人们是怎么生活的呢？在我们国家，五年前的网速都比那儿快。"
- "这个大学里的官僚作风太严重，办什么事都需要很长的时间。我敢肯定他们就是为了刁难我们学生。"

让你的朋友每周给你打三次电话，问问你的近况。如果你说的情况和第三阶段的文化冲击非常相似，那么他们应该告诉你并且帮你减轻这种影响。

（2）列出你想在留学国家做的所有事情。例如：

- 在……过周末
- 坐渡船去……
- 一下午都待在……海滩
- 在……附近的山上露营
- 去……听歌剧
- 找一个谈话伙伴（见下一小节）
- 去位于……的艺术画廊

如果你发现自己已经到了第二个阶段，那么你应该再看一遍这个列表，做其中的某件事，这样你就可以使自己停留在发现阶段。

（3）如果你喜欢运动或者演奏乐器，那么你可以带着乐器出国。在课外时间有一样爱好会减小一个新国家给你带来的文化冲击。

你在一个新国家的学习开始后

（1）定期与和你来自同一个国家的朋友见见面，比如两个星期一次。说说你都想念家乡的什么东西，同时也要想想自己是如何适应这些变化的。给自己设定一个目标，这样下次见面的时候就可以对自己的目标进行评估，例如："下次我们见面时，我应该已经加入了一个大学社团，我还会试试当地的游泳池。"

（2）写日记。记下你离开家乡后是什么感觉，以及你对新国家、当地民众和换了一个新大学后的感受。同时，也把你做过的成功的事记下来（你交的新朋友或者一些美好的经历等）。如果你发现自己处在第二或第三个阶段，那就回头再看一遍你的日记，看看自己已经走到哪一步了。

会造成文化误解的一些常见领域

你可以在到达一个新国家后的前几周做一下这个小任务。下面有几个会引起文化误解的问题。如果你知道这些问题，那就不会造成误解。首先阅读下面这些问题，思考一下这些做法是否能分别被你自己国家和你留学的国家所接受，然后找当地的人问问。

	你自己的国家可以接受吗？	你留学的国家可以接受吗？
1. 与朋友见面迟到了 10 分钟。		
2. 与朋友见面迟到了 20 分钟。		
3. 对首次见面的人行亲吻礼。		
4. 见到好朋友时行亲吻礼。		
5. 在别人屋里穿鞋走路。		
6. 在跟别人说话时触摸他的手臂。		
7. 直呼老师的名字。		
8. 直呼长辈的名字。		
9. 去别人家赴宴的时候没有带礼物。		
10. 送老师一件非常贵重的礼物。		
11. 在第一次见面时就问别人的年龄或收入。		
12. 在第一次见面时就问女士的婚姻状况。		

	你自己的国家可以接受吗?	你留学的国家可以接受吗?
13. 在聚会时与你不太认识的人站得很近（少于一米）。		
14. 在课上与老师进行直接的眼神交流。		
15. 与老师讲话时大笑或面带微笑。		
16. 和你不太认识的人开关于某一地区的老年人/女性/性别/人群的玩笑。		
17. 开皇室或总统的玩笑。		
18. 在火车上和朋友大声讲话。		
19. 在图书馆打电话。		
20. 喝醉。		
21. 喝完两到三瓶啤酒后开车。		
22. 邀请别人出去玩并坚持买单。		

小结：帮学生克服文化冲击的一些方法

（1）了解文化冲击。

（2）确保你能和大学中与你来自同一个国家的人及你家乡的人保持联系。

（3）多做练习。这种方法可以让大部分人停止担忧，让他们用一种更加积极的态度来对待生活。

（4）融入当地人的生活之中，不论是在大学里还是在城市里。例如，你可以去上舞蹈课或者加入一个足球队。

（5）把注意力都放在学习上。让自己忙一点，这样你就没有时间来担心文化冲击的问题了。

（6）给自己设定目标——例如，"下周，我要去爬山……"或者"本周，我要和同班同学去喝东西"。

（7）继续了解这个新国家——多发现一些新的地方和新的人。

（8）找找其他也经历过文化冲击的人，和他们就这一话题开开玩笑。

（9）记住，想念你的家人、朋友和家乡是很正常的。

（10）如果你觉得很沮丧，可以找辅导员谈谈。

（11）记住，你可能不会永远待在那里。

学术问题

到目前为止，我们已经探讨了焦虑问题以及你在大学中可以获得帮助的渠道。在本小节中，我们主要解决的是学术问题。做下面的这个小测试，看看如果遇到这样的情况，你会怎么做。

你会去主动解决问题吗

（1）你收到一封邮件，说你还欠图书馆65美元，如果不还清的话，将无法使用图书馆的服务。你的借书记录显示你确实有欠款，但是好像没有那么多。你会……？

（a）什么也不做，继续做作业——没有时间可以浪费了

（b）给图书馆打电话，问问是怎么回事

（c）立刻还清欠款，这样你就又可以借书了

（2）老师给你们布置了一个作业，但是你不知道作业究竟问的是什么或者不知道应该怎么做。那么你首先应该怎么办？

（a）按照你自己的理解做完作业，然后交给老师

（b）和老师预约，然后问问他作业的事情

（c）问问课上的其他同学，看看他们能不能帮你解释一下

（3）你正在非常努力地完成三篇论文的任务，因为要在同一周（还有三周的时间）交上去，时间马上就要到了，但是你觉得可能无法全都按时完成了。你会……？

（a）每天都熬夜写论文，希望能全都按时交上去，或者有一份晚一点交，因为晚几天也应该没关系的

（b）现在就问问你的老师能不能延期

（c）尽最大的努力完成任务，在交论文的前一天问问老师能不能延期

（4）你的作业刚刚发下来，你没有通过这次评估，但是你不知道是什么原因。你觉得自己的作业还是写得不错的，而且也看不懂老师给你的评语。你会……？

（a）和老师预约，问问老师为什么不让你通过这次评估

（b）对这个老师进行正式的投诉

（c）先把其他做得好的同学的作业借来看看

（5）你正在图书馆里找一本书。你已经在电脑上找到了，但是在书架上却找不到。

你会……？

（a）先去喝点东西，然后再回来找找

（b）决定把剩下的时间都用来弄清楚图书馆书架的组织方式

（c）问问图书管理员，看他们能不能帮你找到这本书

（6）某一堂课你没太听懂，为此你很担忧。你会……？

（a）和老师预约，把你的问题告诉他

（b）用手机或平板电脑，把上课内容全都录下来，这样你以后还可以再听一遍

（c）在大学里的英语自主学习中心寻求帮助

（7）你想找一个安静点的地方学习，你的室友太吵了，而且总是看电视。

你会……？

（a）买一副耳塞

（b）和他们一起看电视

（c）问问系部还有没有其他可以学习的地方

（8）你对自己的课程很苦恼，因为还有几周时间就要考试了，但是你还不知道应该从哪里着手准备。你觉得可能会无法通过考试。你会……？

（a）和老师预约，告诉他你的感受

（b）现在就开始努力学习，周末也都待在图书馆里

（c）收拾书包回家

（9）你对课程有一个疑问，你觉得这种测试不公平。你会……？

（a）跟你的班级代表（班里选出的用于和系部探讨班级问题的人）谈谈

（b）什么也不做——这也没什么大不了的

（c）向系主任投诉

做完了吗？现在对照一下第 326 页的参考答案，阅读后面给你的个性方面的建议，看看你是否同意这些建议。

批判性思维（critical thinking）

英语国家大学里的老师常常会抱怨留学生没有批判性思维，因此会给他们比较低的分数。在本书讲阅读和写作的那几章中，我们已经对批判性思维做过一点探讨了，但是在本小节中，我们将谈得更加详细。

"批判性思维"究竟是什么

你可能知道"criticise"这个单词的意思，通常是指"对某人或某事给予负面的评论"。然而，老师们常常说起的"critical thinking"可不是这个意思。对于批判性思维并没有一个唯一的定义，不过可以给你举几个例子：

具有批判性思维的人：

（1）思考很有逻辑。

（2）会把事物分门别类。

（3）会判断某件事情究竟是事实还是某种论证的观点。

（4）会用大量的证据来对论证进行评估。

（5）会对证据进行分析，然后得出自己的结论。

（6）会将不同的想法联系起来。

（7）会把理论应用于实践。

（8）会问像"Why?"以及"What if ...?"这样的问题。

（9）会问一些问题并且能够在正常的情况下发现问题。

因此，批判性思维指的是思考的方式以及分析想法和论证观点的能力。

为什么批判性思维在英语国家的大学里那么重要

在英美文化中，一个人的个人发展是很重要的。学生必须展示出他们有能力阅读、思考、提问、分析并得出自己的结论，老师也希望并鼓励学生能够自己发现一些事情。他们可能会问类似下面这样的问题：

你觉得怎么样？

你是如何得到这样的结论的？

你在多大程度上认为……？

因此，只会死记硬背、一味努力学习是不够的，而且也得不了高分。这可能与你自己国家重视勤奋努力的观念很不一样。

对于批判性思维，你可能会有什么问题

批判性思维在大学中的很多领域都很重要。例如，你会发现：

（1）老师会期望你能够以一种积极、怀疑、探索的方法来学习，并通过自己的力量来解决问题。

（2）课程的设置会有差异——对于小班课来说，你需要对想法进行讨论并做出评价。

（3）老师布置的作业通常都需要你进行批判性的评估和论证。

（4）老师给你的反馈意见与你以前所得到的会有很大的差异。

（5）你在大课中和小班课上发言的方式以及你所问的问题也不一样。

（6）阅读方法及对阅读材料提出质疑的方式不同。

（7）规划和完成作业的方式不同。

（8）作业中文献的引用方式非常重要。

（9）答题的方式及打分的方法也有很大差别。

当你在努力进行批判性思考时是什么感觉

这真的很难！看看下面这些大一的学生是怎么说的吧！

> "我并不是一个懒惰的学生。我一直都非常努力，但是我的分数就是上不去。"

> "这就像是在做一场你很擅长的运动，但是却有着你不明白的新规则，和过去的规则不同。"

> "我感到很茫然。我不知道应该怎么着手完成这次作业或是回答这个问题。"

> "老师总是问我的观点。我自己其实没有什么想法，就算是有的话，我也只是一个初学者，和这些书的作者比起来，我的观点根本不重要。"

剽窃与批判性思维之间有什么联系

如果学生不理解什么是批判性思维的话，他们可能就会面临剽窃的问题（见Chapter 8）。还记得本书一开始案例研究中的Umut吗？下面就是造成她剽窃的一系列事件。边读边思考一下她的问题与批判性思维之间有什么联系，你应该怎样避免发生这样的情况。

（1）老师给同学们布置了一个作业，要求大家对某一话题的相关研究文章进行汇报和评价。她希望学生们能够显示出他们确实是对这些研究进行了批判性的思考，最终得出了自己的结论。作业的题目是这样的："With reference to the work of X, Y and Z [three important researchers on the topic], to what extent do you agree with the idea that ...?"

（2）Umut 并不是完全理解老师布置的作业题目，只根据自己理解了的那一小部分——也就是第一部分——就开始写了。她不知道自己其实还需要对这些研究进行分析，并得出自己的结论。

（3）Umut 非常细致认真地阅读了文章，然后完成了作业。她想汇报和总结一下作者所写的内容，但这真的很难，而且她对自己作业中的英语表达也很担忧。

（4）在交作业之前，Umut 检查了一遍她的文章。她对自己的文章并不是很满意，里面的用词不如原文中那么好，而且改变了作者原来的意思也让她感到很不舒服。所以她把原文的一些句子原封不动地用在了自己的文章里。

（5）Umut 把作业交了上去。老师读了她的作业后，把里面所有抄袭原文的内容都划了出来，还在给出的反馈意见中用了下面这些单词："PLAGIARISM ... SERIOUS OFFENCE ... THIS UNIVERSITY ... INTELLECTUAL PROPERTY ... URGENT APPOINTMENT"等。

现在看看下图，Umut 应该怎样回答这道作业题目。

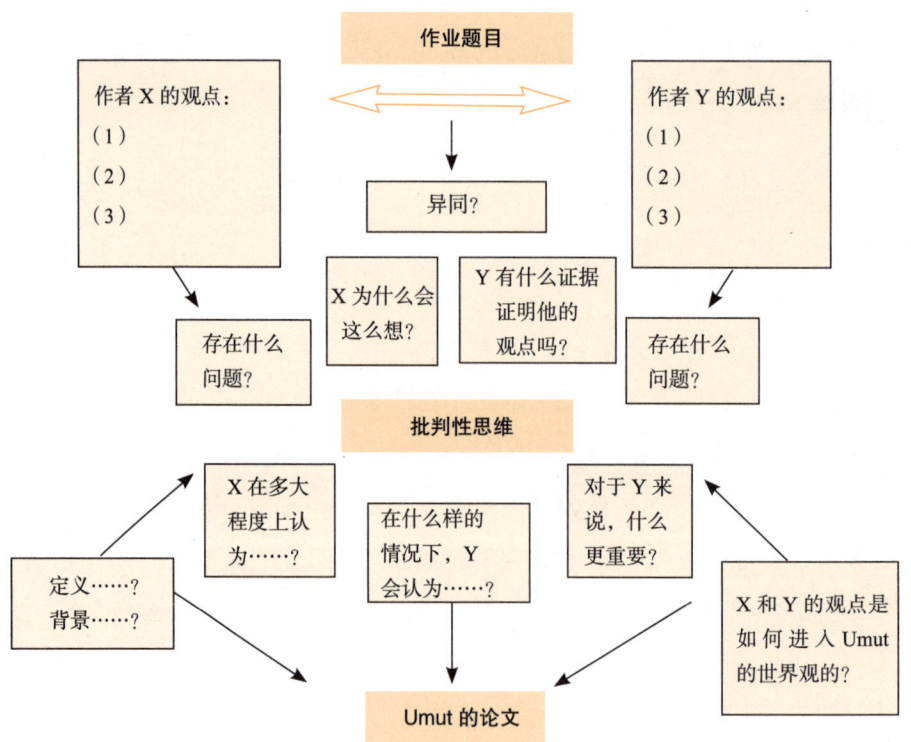

那么，怎样才能提高自己的批判性思维能力，得到更高的分数并且避免剽窃这样的问题发生呢？

这是一个很重大的问题。如果你已经读了本小节的内容以及前面讲阅读和写作那几章中有关批判性思维的部分，那么你就已经有了一个好的开始。但是你要做的可不止这些。

做什么	怎么做
了解更多有关批判性思维的信息	很多的大学或系部都会开设有关批判性思维的课程，你所在的系部可能会要求所有的学生都上一门这样的课程。就算没有这样的课程，你所在的系部、图书馆或者自主学习中心也会举办类似的研讨会或讨论会。具体情况你可以问问留学生办公室或者你所在的系部。
思考一下你以前所做过的比较成功的事	列出过去曾使你成为一个好学生的一些做法。判断一下如果是在需要批判性思维的情形下，这些做法是否还有用。
找到改变的方法	跟和你来自同一个国家上同一所大学的其他学生聊聊，从他们的错误当中吸取教训！问问他们是如何看待批判性思维的，看看他们都遇到了哪些问题，他们是如何提高自己的批判性思维能力的。如果你有导师的话，你可以向导师咨询一下有关批判性思维的一些问题。
向你的老师寻求帮助	当你的老师在布置作业或讲解考试信息时，这一点尤其重要。如果你有哪里不太理解的话，你要告诉老师。你也可以把其他同学的作业借来，看看他们是怎么做的，你就知道自己需要做什么了。问问老师作业的评分标准是什么，这样他们就会给你解释各部分答案的重要程度。
了解如何正确引用文献并提高自己这方面的能力	去听听那些有关文献引用以及如何借用别人观点的讲座，你可以向你所在的系部或大学里的自主学习中心寻求帮助。如果你有什么问题或者对文献引用的方法还不太确定，你可以约一个时间向老师或学术顾问咨询，记住把你写的文章一起带过去。

学术问题：小结

这里我们所讲的学术问题和其他章节比起来更有深度。要知道，大学文化和你以前所经历的可能会有所不同。你可以问问别人作为一名学生都有哪些责任，也可以看看别人对你有什么期望。你需要积极主动一点——如果你觉得有什么问题，一定要做点什么，把问题告诉其他人（或者很多人），例如你的同学、大学自主学习中心的指导教师、学术顾问或者你的老师，这样你就能够在采取行动之前先对这个问题有一定的了解。

结交朋友

很多学生都会觉得很难结交到新朋友，而要想在一个新国家的新城市结交到朋友就更是难上加难，因为你谁也不认识。好在其他人也很想和大家成为朋友，特别是在第一个学期。

在新的大学里认识新朋友的方法

阅读下面的建议，思考一下，选出其中你可能会尝试的几种方法，在旁边做上记号。

搬到集体宿舍去住

你并不需要特立独行，大学宿舍是认识新朋友的一个很好的地方，而对于刚到一个新城市的留学生来说，也是最方便的住宿选择。如果你不喜欢和太多的人一起住，你可以搬到公寓和三四个人合住。

和班上的其他同学结成学习小组

你们可以边喝咖啡边探讨一下讲座或作业的问题，也可以聊聊关于老师的八卦。

进行语言交换

语言交换是指你与另外一个人之间的语言练习，对方的母语是你想学的语言，而他正在学的语言是你的母语。你会有一半的时间说母语，剩下一半的时间说对方的语言。你的大学里可能会有这样的语言交换活动——留学生办公室应该知道这方面的信息。如果没有的话，你可以自己创建一个。去问问大学里的现代语言系，把你的联系方式用通知的形式贴出来。

参加大学社团

大学里有很多的社团，你能想象到的这里都有，比如登山、政治、辩论、工程、电脑游戏、宗教、国际象棋、室内乐、环保、戏剧、舞蹈、诗歌等。要想参加社团，你可以在海报上找找有没有联系方式。通常社团都会在开学第一周招新，所以注意一下有没有你比较感兴趣的社团。即使你没有什么兴趣，你也可以去参加，因为你会遇到形形色色的人。

参加管弦乐队或运动队

如果你比较擅长某些活动，例如音乐或运动，你可以参加大学里或者市里的管弦乐队或运动队。

找一份兼职

赚钱与结识新朋友可以同时进行。你可以去学生会那里问问，看有没有一些公司招聘兼职的广告。

成为班级代表

班级代表是指每个班选出的参加系部会议并在会议上提出班级问题的人。这是一种融入大学生活的很有用的方法。你需要经过投票选举才能成为班级代表，不过通常都很容易，因为大家都很喜欢把当班级代表的机会让给别人。首先，你要给班上的其他同学做一个自我介绍，告诉大家如果有什么问题的话可以告知你。然后，有问题的同学就会给你发电子邮件。之后，你会参加系部会议，最后把答案带回给全班同学。有的时候，班级代表还要负责组织班级聚会。你可能还会发现，你所在的系部还会为你们的事务提供资助！

注意留学生活动

注意留学生办公室的通知栏，看看有没有专门为留学生组织的活动。这是一种很好的认识新朋友的机会，你可以结识很多和你处在相同境遇中的人。

小结

和别人第一次见面通常都会令人感到紧张，但是请记住——每个人都是这样的。尽管如此，你也要走出图书馆，看看有没有机会认识和你有相同兴趣的人。幸运的是通过电子邮件、聊天软件和免费的网络电话这些工具，就算你离家很远，你也可以整日整夜地和你的老朋友聊天，这样你就不会感到孤独了。

财务问题

大多数的学生都会不时地遇到一些财务问题。留学生的花费更高——你的学费要高于当地的学生，你可能没有拿到助学金或助学贷款，你还需要支付机票的费用，而且你的签证类型可能还规定不允许你做任何工作。财务方面的担忧通常会给人带来压力和焦虑。本小节可以帮你做出一个预算方案并推荐一些方法，让你在学习的同时也能赚钱。

案例研究

看看下面这三个案例研究，确保你不会犯同样的错误：

> Cindy（辛迪），23岁，来自中国台湾：
>
> "我非常认真地对自己以后在蒙特利尔的学习生活进行了规划——但是我从没有想过财务方面的问题，因为我的父母已经为我安排好了。我带了大量的台币去加拿大，这是我一整个学期的生活费。我在去系部路上的兑换窗口换了一点

钱，然后把剩下的钱藏在了公寓里。大约在学期结束的前三周，我们的公寓被盗了，当我们回到家的时候，已经发现整个公寓都被翻了个底朝天，我的钱也被偷走了，没剩多少，还好不是最糟的情况。我立刻进城把我钱包里所有的钱都存进了银行——真的很简单——甚至还有人会说中文。"

Kenshiro（贤志郎），21岁，来自日本：
"我父母为我去澳大利亚留学支付了全部的费用，当我到达澳大利亚的时候，银行账户中的钱够我一年的生活费。以前我从没有拿到过这么多的钱，所以我一到澳大利亚就买了很多东西——都是我在日本习惯用的东西，包括一辆尼桑Skyline汽车、一套立体声音响以及一台新的笔记本电脑。当然，这种做法太愚蠢了。后来我不得不向别人借钱，最后卖了车、吃了几个月的米饭才还清了债务。第二年的时候，我学会了做财务预算。"

Hamed（哈默德），23岁，来自沙特阿拉伯：
"在我们国家的文化中，如果你在和朋友出去玩的时候因为没钱付不起账，是很丢脸的一件事情。所以上大学的时候，我常常和别人出去玩……最后几乎把钱都花光了。我真不敢相信怎么会花掉这么多钱，我甚至连酒都不喝的！现在我知道，对别人说'不了，很抱歉，我没有那么多钱'也没有什么，我还会建议大家晚上不要出去，而是在家打牌或者讲故事。"

记录你的开销

我们很容易在消费的时候超出自己的承受能力，特别是在另一个国家的时候，因为使用的货币不同，而且你可能也不知道在哪里能买到比较便宜的东西。现在网上有很多免费的记账软件，把你的开销情况输入进去，月底的时候就可以知道你这个月总共花了多少钱，这些钱都花在了什么上面。当你的开销太大的时候，这个软件也能提醒你。接下来，用你最喜欢的搜索引擎搜索一下"free expense tracker"吧！

学生省钱的方法

用这个方案算出每周所需要的生活费用。在空白处填入数目,算出总额 a 和总额 b。

做一份你自己的预算

收入(写下你本学期所有的收入)		开销(写下你本学期所有可能的开销)	
项目	数额	项目	数额
助学金		课程费用	
奖学金		考试费用	
储蓄		学生会费	
其他来源(如家人)		健康保险(对留学生来说非常重要)	
工资		住宿(房租等)	
其他		其他	
总额 a =		总额 b =	

现在,算一下:
总额 a – 总额 b = c _____ (这是你本学期的生活费用。)
接着,算出你每周的开销。
让 x = 本学期的星期总数(例如,14)+ 假期的星期总数(例如,期中休息 = 2)。
c ÷ x = y _____ (这是你每周的生活费用。)
有一些东西你可能需要用 y 来买:

账单(电费、电话费等)	衣服	图书馆罚款
食物	和别人出去玩	其他
交通	图书	

下面为你提供了一些削减开支的策略。阅读这些策略,在你已经用过的策略旁边做一个记号。

(1)在笔记本或记账软件上把你的所有开销都写下来。

(2)和别人合租一套公寓,而不是自己把整套都租下来。

(3)尽量住在离大学比较近的地方,这样可以节省交通费用。

(4)在电影院、酒吧、理发店等地方享受"学生特价"。

(5)自己做饭,不要出去买饭。

（6）买二手书和二手衣服。

（7）用预缴电话卡打长途电话或者是用 Skype（Skype 是一种能够代替电话而在电脑上打电话的系统）。

（8）和朋友分担学习书籍的费用。

寻宝游戏：在新城市寻找最实惠的东西

刚到一个新的城市或者新的国家，人们通常都不知道在哪里能买到物美价廉的东西。在课程刚开始的第一周，城市里的企业会向新同学做广告，不过最好还是自己花一两天的时间在这个新城市找找有没有可以节省开支的好方法。

在你留学的城市中找到下面这几项内容：

（1）设有"学生之夜"的电影院

　　　名字：＿＿＿＿＿＿　　　哪一天晚上：＿＿＿＿＿＿

（2）食物和衣服卖得比较便宜的商店位置

　　　位置：＿＿＿＿＿＿　　　哪天：＿＿＿＿＿＿

（3）离大学很近且房租比较便宜的社区

　　　名字：＿＿＿＿＿＿

（4）学生卖书时做广告的地方

　　　地点：＿＿＿＿＿＿

（5）二手书店的店名

　　　名字：＿＿＿＿＿＿

（6）可以买到二手家具的网址（例如，www.ebay.com）

　　　名字：＿＿＿＿＿＿

（7）二手自行车店的名字和位置

　　　名字：＿＿＿＿＿＿　　　位置：＿＿＿＿＿＿

（8）预缴长途电话卡的名字及购买的地点

　　　名字：＿＿＿＿＿＿　　　地点：＿＿＿＿＿＿

（9）向学生出售打折公交卡的商店

　　　地点：＿＿＿＿＿＿

（10）给学生提供优惠的理发店

　　　地点：＿＿＿＿＿＿

边学习边赚钱的方法

看看你签证上的要求,你也许可以在学习的同时找一份兼职。有些签证只允许你工作一定的时间,例如每周最多不超过10个小时。首先你可以去问问学生会,在那里的通知栏上可能会有一些公司贴出招聘启事。

下面是留学生在大学赚钱的一些方式,可能会对你有所启示,指导你应该如何边学习边赚钱。看看哪些是你的签证所允许的,然后根据"从最好到最差"的顺序对它们进行排列。

利用你所学的知识

"我的专业是计算机编程,现在急需用钱。有一天我和某个体育馆的经理聊过,他需要建一个网站——所以我就为他设计了一个。这个过程很简单,而且还能写到我的简历里,是一种很好的资本积累。"

利用你的才能

"虽然我学的是戏剧,但是我在大学里做了很多和音乐有关的事情。我组建了一个小乐队,我们曾在大学里的很多聚会上演唱过——比如说学生舞会、毕业聚会等。我们还曾经在一家比萨店演唱过,后来还为婚礼演奏过音乐。我们得到的报酬还是不错的,而且也不累,什么时候想做都可以做。"

利用你的系部

"我学的是化学,当时恰好看到一份招实验室助理的招聘启事。于是我每晚都要工作两个小时,打扫实验室及做好第二天实验课程的准备。之后我就成为一名实验室助理,帮助大一新生做实验。"

利用你的母语

"我得到一份教孩子学中文的工作,帮助他们通过高中考试。以前我从没有教过课,但是这似乎并不重要。我还得到了一份给学校翻译文件的工作。"

利用你的民族

"我是日本人,很容易就在一家日本餐厅找到了工作。虽然薪酬不是很高,但是能在那里见到很多日本人,能帮我克服想家的感觉。"

利用你的学习技能

"大三的时候,我开始在语言学习中心为其他刚开始学习的留学生举办讨论会,做他们的学习顾问,同时我也能获得一定的报酬。"

利用你的假期

"假期的时候我并没有回家,而是去农场摘水果,也算是赚了一点钱。他们提供住宿,我基本没有什么开销。"

利用你的图书馆技能

"我从没有想过我会成为一名图书管理员,但是当看到招聘广告的时候,我还是申请了。在那里,我认识了很多人,对大学图书馆的了解也更加深刻。"

参加实验

"我的老师正在为某个心理学实验找参与者。虽然我认为自己不会做医学实验,但是这个实验的确很有趣,而且薪酬也不错,赚钱很容易。"

现在,再看一遍上面的这些举列,判断一下哪些可以应用于你的学习当中,而哪些会花费很长的时间。

平衡工作与学习

找工作赚钱会带来的一个问题是它会占用你宝贵的学习时间。然而,工作也是有乐趣的,你肯定会认识更多的人,可以从学业中抽出身来放松一下,工作还可以帮助你融入另外一个国家的生活中去。如果你找到了一份兼职工作,那么你应该好好地安排一下工作时间,这样在考试或者是有很多作业要交的时候就可以少工作几个小时。

助学金、奖学金、助学贷款及其他资助方式

学生们通常都不知道他们能获得什么样的资助。在某些文化中,寻求额外的资助是很丢脸的一件事情。但是作为一名学生,寻求资助总比捉襟见肘要好得多。

下面为你提供了一些寻求额外资助的方式,请把你觉得可能会用到的选项用记号标出来。

额外助学金

如果你已经得到了一份由政府或其他来源提供的助学金,那就再问问他们。跟他们说你需要更多的资金才能完成学业,解释一下究竟发生了什么事情(例如,你的房租上涨了),看他们能不能为你提供更多的帮助。

特殊助学金

你现在可能正在做一个特殊的课题,需要一些很昂贵的设备,那么你就可能有资格获得对这些设备的资助。

复印或课本补贴

有的系部会提供有关复印和购买课程资料费方面的补贴。你可能有这种申请的需要，所以要确保你已经对这种补贴形式有一定的了解。

奖学金

有的奖学金是由系部或学院奖励给本学年成绩最好的学生的，但是你也能申请其他的奖学金。具体的信息你可以上大学网站看看或者问问你的系部秘书。

研究经费

如果你正在做一项研究，你就可以申请研究经费来负担雇佣研究助理的成本或其他的开销，如翻译费用。这方面，你可以问问你的导师。

困难救助金

通常学生会都会设有一项"困难救助金"，用来应对一些紧急情况。例如，你找房子花了很多的钱，结果发现吃饭的钱不够了，那么你可以问问你们的学生组织，他们可能会给你提供一定的帮助。

银行贷款

大多数的银行都会为学生提供低利率的透支额度，你也可以申请，其中的条款与条件还是很值得一看的。

财务——小结

把钱花光了对于很多留学生来说都是极为苦恼的一件事，但是你可以通过下面这几种方法来减轻自己在财务方面的压力：

（1）做预算方案。

（2）把开销降到最低。

（3）打工赚钱。

（4）申请所有可以获得的援助。

另外还要记住一点——你也可以向你的大学辅导员寻求预算方面的帮助。大学通常都非常担心学生（特别是留学生）完不成学业，所以去找财务顾问谈谈这方面的问题是一个不错的想法。

小结

作为一名留学生，你很有可能会在留学期间碰到本章中探讨的那些问题（以及一些其他的问题），同时我们也给你提供了一些应对问题的创造性解决方案并鼓励你能更加积极主动一点。我们也希望你能找别人说说自己所遇到的问题，不论是什么，只要一说出来，就会觉得这个问题也是可以控制的，还可以消除你的焦虑情绪。在大学里，你可以跟很多人说出自己的学习、财务或个人问题，例如你的朋友、留学生辅导员、学习中心指导老师、大学辅导员以及你的导师或者老师，所以不要独自承担。

结论

接下来应该做什么

不论你是把这本书从头到尾都读了一遍还是只重点看了一下那些能解答你疑问的章节，你都会意识到这只是冰山的一角，还有很多其他知识需要学习。当我们在探讨词汇积累这个问题时，我们也只是从很多的例子中间挑了几个而已。甚至是我们用两个章节来讲的写作那部分内容，也几乎把所有的篇幅都留给了论文写作。一些专门针对大学写作的书籍可以给你提供更多的信息，例如如何回应案例研究以及如何书写特殊报告等。在规划这本书的内容时，我们一直提醒自己，你需要的是一本正常大小的书，而不是像电话簿那样的东西。

我们还在书中提到了一些除了图书以外的寻求帮助的渠道。例如：

- 登录我们所列出的那些网站。
- 参加大学学习小组。
- 在学生学习中心听讲座。
- 和学生健康中心的工作人员聊聊自己所遇到的问题。
- 看看有没有自己比较感兴趣的俱乐部。

在你的大学里，你可能还会发现更多的地方和更多的人，特别是当你多关注一下通知栏和学校网站的时候。

最后，我们讲一个小故事。从前有一只小蚂蚁，他总是闷闷不乐。每天早晨起床后，他都会冲出小窝去找食物，找到后又冲回来，剩下的时间他就会坐在他的小窝里担心有一天食物会吃完或者自己生病了但却没有人知道。他开始怀疑生活不只是生存这么简单，但是他又想不出别的方法。

与此同时，在角落里，有一个更大一点的窝，那里住着几十只蚂蚁。每天早晨他们也会起床找食物，不过他们会有所分工，把这一天的工作都分配给不同的蚂蚁。大家会组队去找食物然后再排着长队把食物带回来,这是很有趣的。而且总会有人看着他们的窝,再派其他人去找食物。大家都不会感到孤独。

如果这个小故事是讲给小孩子听的,那么我们就会把它的寓意告诉他,但是因为你已经是成年人了,所以应该自己去思考。希望你不会是那些上完课就冲回房间开始独自担忧的人。

最后,不论你是刚上大学、正在攻读你的第一个学位,还是准备深造,我们都祝你能够学业有成、一切顺利。大学里充满了各种各样的课程和形形色色的人,充分利用好这些资源吧!

附录 1

大学词汇表

最后一章列出了本书中所提到过的大学词汇以及它们的含义。当你刚到一所新大学时，你会听到很多新的词汇和短语，有的指人，有的指地点，还有的指课程中的某些内容。下面这些词汇在英国的大学中非常常见，但和美国的大学相比会有一些差异。

词汇	含义
active listening	积极地聆听，思考老师所说的内容而不是把所有内容都抄下来。
additional or recommended reading	额外或推荐阅读材料，老师推荐的一些课程阅读书籍与文章。
aegrotat pass	因病免试，对于患病比较严重而无法参加考试的人所设置的一种免试通过的优惠措施，主要是奖给那些平时成绩也很优秀的学生。
assessment	测试评估，衡量学生学习情况的方法（作业、小测试、考试）。
assignments	作业，占一定课程分值的学生论文和项目等。
attachment	附件，附加在电子邮件中的文件。
body of the lecture	上课的主体内容，讲课中处于引言和结语之间的主要部分。
Boolean operators	布尔运算/逻辑运算，为了使网络搜索更具体而使用的词汇。
brainstorming	头脑风暴，在一次写作中思考很多的想法。
Breaks（mid- or inter-semester breaks）	短假期（期中或学期间比较短的假期），没课的那几周。
calendar	校历，包含大学所有官方信息的小册子。
campus	校园，大学所有的建筑和场地。

(续表)

词汇	含义
catalogue, online catalogue	目录，在线目录，图书馆所有图书列表。
CEO（Central Executive Officer）	校长，大学校长（有些大学用的是"Vice-Chancellor"）。
certified copy	经过认证的复印件，经过签字认证证明此复印件为原文件的真实复印件。
chaplaincy	牧师，关注学生的精神生活的人。
conjoint degree	联合学位，两所不同大学的学院所授予的一种学位，通常攻读时间要比一个学位长，比两个学位短。
co-requisites	同时修读科目，两门必须同时修读的科目叫作 co-requisites。
counsellors	顾问、辅导员，聆听学生问题的大学工作人员。
course reader	课程读本，复印并装订在一起供某课程学生阅读的文章或章节。
credit	学分，为完成某学位而在另一所大学研修课程须获得的学分。
criteria（singular: criterion）	标准，可以做某事的条件（例如，"上这门课需满足三个标准"）。
database	数据库，通常是指计算机上信息的集合。
dean	院长，学院院长。
degree	学位，例如，BSc（理学学士）、BA（文学学士）、BCom（商学学士）等。
degree programme	学位课程，获得学位需攻读的所有课程。
department	系部，大学的一个部门，例如 the History Department。
deputy vice-chancellor	副校长，和校长一起工作的人，但级别比校长低。
diagnostic test	诊断测试，能够告诉学生他们擅长什么和不擅长什么的一种测试。
draft	草稿，最后版本前的作业或文章。
edited book	编辑图书，各章节作者不止一个的图书。
e-journals	电子杂志，可以在电脑上阅读的杂志。
eligible	有资格的，能够做某事，例如 eligible for a course。
emoticon	表情符号，表现脸部表情的小图片，例如：;-）。
exchange programme	交换项目，来自两个不同国家的学生可以分别到对方国家学习的项目。
exemptions/exempt	免修，给予不用上必修课的许可。如果你很了解一门语言，你就可以免修第一年的课程。

(续表)

词汇	含义
facilities	设备，学生使用的地点（图书馆、机房）和器材（复印机）。
faculty	学院，大学中教授类似学科的更大的部门。与系部相比，学院要更大一点。在美语中，faculty 也指大学或学院的全体教员。
foundation studies programme	预备课程项目，不够上大学条件的学生所上的课程。
GPA	平均分，过去的学习成绩。
graduation ceremony	毕业典礼，拿到学位的时候。
handouts	讲义，上课时要用到的材料。
harassment	骚扰，骚扰是指大学教员与学生之间不可接受的一种行为。性骚扰是一种很严重的冒犯他人的行为。如果你遭受了性骚扰，你可以联系大学辅导员。
HOD	系主任（Head of Department）。
IELTS	雅思/国际英语语言测试系统（International English Language Testing System）。
index	索引，书后以字母顺序排列的词汇及其所在页码列表。
International Baccalaureat	国际文凭考试，世界公认的一种离校考试。
international office	留学生办公室，主管留学生工作的部门。
intonation	语调，演讲人用声调的上扬或下沉来改变意思的方法。
Justice of the Peace	公证人员，除签署法律文件之外，公证人员还可以是签字过程的见证人。根据不同的培训，他们也可以协助法庭事务。
keyword	关键词，在电脑上用于搜索某一话题而使用的词汇。
language conversation exchange	语言对话交换，你教对方学你的母语，对方教你学他的语言。
learning journals	学习杂志，发表研究文章的小册子。
lecturing styles	讲座类型，公共演讲的不同方式。
literature	文学，文献。1. 某国或某种语言的小说、戏剧和诗歌等。2. 关于某学科的书籍和文章。
mailing list	邮箱通讯录，邮箱收件人地址列表，可以与列表中的收件人对某一话题进行交流。
major	专业，主要学科。
mentor	顾问，指比较有经验的学生，与新同学结成伙伴关系为他们的学习及大学生活提供帮助。

（续表）

词汇	含义
minor	辅修专业，只学习一年或者两年的学科。
moderated discussion list	小范围讨论列表，一种电脑地址列表，信息在发送给列表上的所有人之前要先经一人或多人阅读。
needs analysis	需求分析，找出不足以及首先需要提高的领域的方法。
non-verbal information	非言语信息，文字以外的信息（例如，通过演讲人的手势）。
orientation day	入学日，新学年开始时欢迎新同学入学的日子。
PhD	博士，大学最高学位。
portfolio	综合信息，作为课程测试一部分的某学科作品的集合，例如 an art portfolio。
predict	预测，在听讲座或阅读时对下面所讲内容的猜测。
prefix	前缀，实意词汇的第一个组成部分（例如，pre-departure）。
prerequisites	必修科目，在参加某一课程或项目前必须学习的科目。
prescribed/required reading, reading list	规定/要求阅读材料，阅读材料列表，必须阅读的课程图书和文章。
proficiency	能力，熟练掌握某事。
provisional entrance	临时入学，不符合入学条件而进入大学学习的许可。临时入学后表现较好的学生可以正式进入大学学习。
reference books	参考书，学生在图书馆里可以阅读的书籍，但不能借出去。
references	参考文献，在一本书、一篇文章或论文中引用和参考过的资料列表。
research article	研究性文章，杂志上发表的原创性文章。
research assistant	研究助理，系部雇来协助教员与高年级同学做研究的人。
scholarship	奖学金，为学生学业提供帮助的资金。
semesters	学期，构成大学学年的两段或三段时间。
seminars	研讨会，学生口头展示自己作品的形式。
short-loan collection	短期借阅图书，借阅时间很短的图书。
spellchecker	拼写检查程序，检查文件中拼写和语法错误的电脑程序功能。
state-of-the-art or review articles	优秀或评论文章，把其他人对某一话题的观点进行总结的文章。
study break	学习间歇，指学生为考试做准备的那段没课的时间。

（续表）

词汇	含义
supervisor	导师，为你的论文写作提供指导的老师。
style	风格，某人做事的方式，通常与其他人不同。老师会有不同的风格（说话和讲课的方式）。
teaching assistants（TA）	助教，承担一部分讲课任务的学生（大都是研究生）。
thesaurus	同义词词典，集合意思相近的词于一册的词典。
thesis	论文，为取得研究生学位而写的原创性文章。
thread	意见，讨论板上有关某个话题的各种信息。
tips	小贴士，使事情做得更好的建议或看法。
TOEFL	托福，检测母语为非英语者的英语能力考试（Test of English as a Foreign Language）。
truncate	缩短，例如 very long emails may be truncated。
tutors	小班课老师，组织小班课（见下）的人。
tutorials	小班课，一小部分学生与老师探讨课程内容的时间。
（under）-graduate advisor	本科顾问，帮助学生做本科学位规划的人。
under-graduates	本科生，还没有取得本科毕业证书或学位的学生。
vice-chancellor	校长，大学校长。
voicemail	电话答录机。你可以在别人的电话答录机上留言。

附录 2

参考资料

进一步深入学习的材料

下面这些网站和图书都是练习的好资源。

普通英语

www.bbc.co.uk/worldservice/learningenglish/news/index.shtml ——通过 BBC 每周的新闻节目学英语，话题包括运动、音乐或工作。你可以在这个网站上做一些小测试、看视频、听一些唱作人的音乐等。

www.gutenberg.org/ ——古登堡计划在线图书目录提供了超过 17000 本免费书籍的下载方式。事实上，这里图书的种类非常之多，不仅仅是英语学习书籍，你也可以找到一些可以用来学习英语的小说等图书。

雅思

www.ielts.org——你正在考虑参加雅思考试吗？还是只需要在考试前了解一些细节信息？在考试前，你应该先熟悉一下雅思考试的官方主页，所有关于雅思考试的信息都可以在那里找到。

托福

http://www.ets.org/toefl——有关托福考试的一些信息。

语法

https://owl.purdue.edu/——这个网站提供了超过200个免费的资源和建议，涵盖了大量会对写作产生影响的问题，包括冠词和不规则动词的用法等。

www.edict.com.hk/diagnostic/pathways.htm ——这是一个很有用的英语技能测试网站，包含了两个语法诊断测试，还可以对你的表现提供反馈建议。之后，你还可以利用这些信息来制作你的"学习曲线"，并根据你犯的错误为你提供一个学习计划。

www.englishpage.com/irregularverbs/irregularverbs.html ——如果你在学习过去时和过去分词的过程中遇到了问题，那么你可以用这个网站来加强练习。

www.aitech.ac.jp/~iteslj/quizzes/grammar.html ——这里有很多专门针对初级、中级和高级学习者的语法和词汇练习，那么为什么不自己测试一下呢？测试的领域包括介词、冠词、习语及句子结构等。

发音

www.edict.com.hk/vlc/pronunciation/ ——如果你对某个特殊的发音有什么问题，例如 /s/ 或 /d/，那么这个网站可以为你提供很多帮助。它用图画的方式展示出某个音标的发音位置和方法，同时还配有真人发音以及真人发音时的视频，让你可以看到他们的唇部动作。

拼写

www.esldesk.com/esl-quizzes/misspelled-words/misspelled-words.htm ——如果你想加强自己的拼写技能，那就每天花几分钟的时间上这个网站看看。对于你拼错了的单词，你可以查看它们的意思和发音，然后试着记住它们的拼写，再做一个小测试。

综合技能

http://iteslj.org/quizzes/ ——这个网站包含了很多针对初级、中级和高级学习者的语法和词汇练习。

www.englishmaze.com ——英语迷宫这个网站上包含了几百个口语、听力、阅读、写作和语法谜题。选择一个适合你的级别，然后开始解谜吧！这里有帮你学习新语言的预备活动，也有复习旧知识的后续活动。

词汇

www.jbauman.com/aboutgsl.html ——这个列表涵盖了2000个最有用的英语词族。据估计，这些词占到了学术文章总词数的80%，因此你应该先检查一下自己是不是都认识这些词，这一点很重要。点击进入"The actual 2,284 words, with frequency numbers"，可以看到整个列表。

学习技能

www.antimoon.com/ ——看看这几个成功的语言学习者是怎样通过使用一个叫作Supermemo的电脑程序使自己的英语口语达到一个非常高的水平。阅读一下他们的经历还是很有趣的。

https://www.skills4studycampus.com/main/——提供学习小贴士、下载服务和学习建议的顶尖学习技能网站。

词汇学习网站

http://language.massey.ac.nz/staff/awl/sublists.html ——这个学术词汇列表包含了570个词族，这些词在很多的学科领域内都很常见，例如艺术、商业、法律和科学。在这个网站上你可以找到一些子列表，主要是根据词汇的使用频率从高到低进行排列分组。要想在大学里取得成功，你首先应该学会这些词。

www.englishdaily626.com/ ——这个网站有很多针对英语不同技能的信息和练习。要想扩大自己的词汇，可以阅读习语那一章节的内容。

www.lextutor.ca ——这是一个完全版的词汇指导网站。这里有很多的词汇练习与测试，可以测试你的词汇等级。

词汇等级在线测试

www.er.uqam.ca/nobel/r21270/levels/ ——如果你不知道应该学什么单词，你可以选择一个测试，看看在高频率词汇中你的词汇量有多大。注意，这个测试只能告诉你哪里错了，而不是告诉你正确的答案。根据测试结果判断一下自己应该学哪些单词。知道了自己的词汇量后，你可以点击"learn words"来根据你的词汇量大小找到最适合自己的词汇列表。

在线词典

http://dictionary.cambridge.org ——剑桥国际词典系列

www.merriam-webster.com/ ——韦氏词典

http://nhd.heinle.com/ ——纽伯瑞词典

www.thesaurus.com ——同义词词典

www.dicts.info/ ——全免费词典，翻译词典

www.urbandictionary.com/ ——城市词典

www.websters-online-dictionary.org/ ——韦氏在线词典

www.wordsmyth.net ——Wordsmyth 词典

专业词典

http://www.gecdsb.on.ca/ ——科技词典

https://chineselanguage.org/dictionaries/ ——中英、英中词典

www.ucc.ie/cgi-bin/acronym ——缩略语词典

www.cellbio.com/dictionaries.html ——细胞生物学词典

http://foldoc.doc.ic.ac.uk/foldoc/index.html ——计算机词典

https://www.oreilly.com/ ——个人电脑硬件与数据通讯词典

http://allpsych.com/dictionary/ ——心理学词典

http://axone.ch/ ——金融术语词典

www.animatedsoftware.com/statglos/statglos.htm ——统计术语网络词典

www2.let.uu.nl/UiL-OTS/Lexicon/ ——语言学词典

www.nolo.com/lawcenter/dictionary/wordindex.cfm ——诺络在线法律词典

其他参考资料

Beglar, D. and Murray, N.（1993）. Contemporary Topics, 3. Longman.

Hewings, M.（2007）. English Pronunciation in Use: Advanced. Cambridge: Cambridge University Press.

Lewis, Marilyn（1999）. How to Study Foreign Languages. Basingstoke：Macmillan.

Lewis, Marilyn（2000）. 'ESOL Students' Notetaking in Lectures'. The tESOLANZ Journal, 8, 79-91.

Lewis, Marilyn and Reinders, Hayo（2003）. Study Skills for Speakers of English as a Second Language. Basingstoke：Palgrave Macmillan.

Nattinger, J. R. and DeCarrico, J. S.（1992）. Lexical Phrases and Language Teaching. Oxford: Oxford University Press.

学科专用写作指南

商务

- Manolo, Wang-Toi and Troffart（2002）. Business of Writing: Written Communication Skills for Business Students. Pearson Education. 大学商务专业作业。
- Ashby（2003）. Oxford Handbook of Commercial Correspondence. Oxford: Oxford University Press. 实用英语写作——报告、简历、提案、商务信函和写作参考等。
- Comfort, Revell and Stott.（1984）.Business Reports in English. Cambridge: Cambridge University Press. 商务报告写作，有大量的举例以及语言练习。

法律

- Krois-Lindner/Translegal. International Legal English. Cambridge: Cambridge University Press. 主要针对那些工作中（而不是学习中）需要用到英语的语言学习者，但对于法律专业的学生来说仍然是一个很有用的资源。

医学

- Glendinning and Holmstrom. English in Medicine, 3rd edition. Cambridge: Cambridge University Press. 主要针对需要学习医学英语的语言学习者，涵盖了英语的四大技能，但也有医学写作的例子，例如，病历、介绍信等。

科技

- Kirkman（2005）.Good Style: Writing for Science and Technology. Routledge. 对于需要写作技术材料的人来说是一本不错的词汇和语法书。

补充阅读材料

批判性思维

Cottrell, Stella（2005）. Critical Thinking Skills. Basingstoke：Palgrave Macmillan.

语法

McCarthy, M. and Carter, R.（2006）. Cambridge Grammar of English: A Comprehensive Guide: Spoken and Written English Grammar and Usage. Cambridge: Cambridge University Press.

语言学习

Lewis, Marilyn（1999）. How to Study Foreign Languages. Basingstoke: Macmillan.

学习词典

Adrian-Vallance, E.（2006）. Longman Exams Dictionary. Longman.

Rundell, M.（2002）. Macmillan English Dictionary for Advanced Learners. Basingstoke：Palgrave Macmillan.

听力与笔记

Beglar and Murray（1993）. Contemporary Topics, 3. Longman.

Lewis, Marilyn（2000）. 'ESOL Students' Notetaking in Lectures'. The tESOLANZ Journal, 8：79-91.

发音

Hewings.（2007）. English Pronuncation in Use: Advanced. Cambridge: Cambridge University Press.

口语

Reinhart, S. M.（2002）. Giving Academic Presentations. Ann Arbor: University of Michigan Press.

Van Emden, Joan and Becker, Lucinda（2004）. Presentation Skills for Students. Basingstoke：Palgrave Macmillan.

学习技能

Brick, Jean（2006）. A Student's Guide to Studying at University. Sydney: Macquarie

University.

Cottrell, Stella(2008). The Study Skills Handbook, 3rd edition. Basingstoke: Palgrave Macmillan.

Lewis, Marilyn and Reinders, Hayo(2003). Study Skills for Speakers of English as a Second Language. Basingstoke: Palgrave Macmillan.

词汇

Nattinger, J. R. and DeCarrico, J. S.(1992). Lexical Phrases and Language Teaching. Oxford: Oxford University Press.

Schmitt, D. and Schmitt, N.(2005). Focus on Vocabulary Mastering the Academic. Word List. Cambridge: Cambridge University Press.

写作

Lawrence(1996 edn). Writing as a Thinking Process. Ann Arbor: University of Michigan.

Trzeciak, John and Mackay, S. E.(1995). Study Skills for Academic Writing. London:Prentice Hall.

Peck, John and Coyle, Martin(2005). The Student's Guide to Writing, 2nd edition. Basingstoke: Palgrave Macmillan.

附录 3

参考答案

Chapter 1

关于 Chamroeun

（1）Chamroeun 主要遇到了三个问题：作业、女朋友以及老师只对作业感兴趣。

（2）在西方大学里，老师的这种态度是很正常的。通常不同的教员会有不同的分工，所以学术教员主要关心的是学生的学习情况。但这并不意味着老师不关心学生的生活，只是他们负责的领域不同而已。因此当老师建议 Chamroeun 去找辅导员的时候，并不是说他有什么精神问题，而是因为辅导员能够给他更恰当的建议。

想了解更多的信息

Chapter 10 和 Chapter 11 的内容可以帮你解决这些问题。

关于 Hanna

Hanna 主要遇到了下面几个问题：

（1）她不太清楚影响分数高低的因素，而认为分数的高低应该跟做作业的时间成正比。

（2）她不知道对于很多学生来说，攻读的学位越高，就越难得到高分。

（3）她对 B 这个分数的意义理解有误。

想了解更多的信息

你可以在 Chapter 9 和 Chapter 11 中找到更多有关这些问题的信息。

关于 Tanako

（1）出现这种问题的原因是口语与书面语之间存在着很大的差别，特别是对于学术写作来说。有些人就像 Tanako 一样，练习口语和听力的机会要远多于阅读和写作。反之亦然，有的学生更擅长写作，但口语却不是很好。

（2）给 Tanako 的建议：把写作和口语看成是两种不同的技能，然后在写作等书面语方面寻求别人的帮助。

想了解更多的信息

见 Chapter 7 和 Chapter 8 有关写作的讲解内容。

关于 Laura

（1）有很多的原因可以解释 Laura 的态度，而且并不都是她自己的问题。例如：

- 可能老师不太擅长以一种鼓励的方式使大家融入课堂气氛中。
- 有的学生可能说得太快、太多，没有给其他的同学留出足够的时间。
- 可能 Laura 以前有过自己讲话别人没有听懂的经历。

（2）我们的建议是不要放弃小班讨论课。如果放弃的话，学习进度就很可能会落后，也会错过老师对作业提出的一些建议。应该提醒她，很多人都会害羞，不只是她会这样。

想了解更多的信息

见 Chapter 5 小班讨论课和 Chapter 11 如何根据不同的个性类型消除焦虑情绪。

关于 Phond

很不幸，Phond 的想法完全错了。如果有学生认为自己的分数太低，他们可以去问问老师，老师会非常欢迎的。他们可以问下面这些问题：

What is my main problem in this answer?（我的答案中主要存在哪些问题？）

What should I do to improve?（我应该怎样改进？）

I don't understand what you wrote here.（我不太明白你写在上面的批注。）

但是，学生不能只是因为家长会不高兴而让老师帮他们改分数。

当然，老师也会偶尔打错分数。如果出现这样的情况，学生可以说：

I'm wondering if there's a mistake in my mark here because...（我的分数似乎有一点问题，因为……）

想了解更多的信息

见 Chapter 9 评估测试及 Chapter 11 应对学术问题。Chapter 10 推荐了一些向老师提出请求的好方法。

关于 Ken

Ken 的想法并不完全正确，不过如果不记笔记的话，还是会比较麻烦。当然，不同的课程会有不同的情况，同时也取决于老师讲课的方式。如果老师习惯把课上讲的所有内容都做一下总结，那么 Ken 就可以省去自己记笔记的力气了。但也有的老师更喜欢互动，而不是换一种方法来解释课程内容。还有的老师所讲的内容对做作业比较有帮助，可能与课本或是布置给学生阅读的杂志文章有关。

总之，课堂笔记有的时候还是很重要的。

想了解更多的信息

给这个学生最好的建议请看本书 Chapter 4 和 Chapter 9 有关上课与测试评估话题的内容。

关于 Fukang

在很多西方国家，学生们更喜欢和几个朋友聚在一起，不喜欢有太多的人。解决这个问题的办法是可以先试着单独跟别人见面，在课后邀请他去喝杯咖啡。另外，虽然大家更喜欢和朋友一起运动或者做其他的活动，但这并不意味着他们不想认识新朋友。多和他们接触几次，大家就会互相认识了。关于只能一个人学习的问题，很多大学都有学习俱乐部，可以让大家在一起学习。这可能需要花些心思才能找到，但确实是有的！

想了解更多的信息

见 Chapter 11 如何结交新朋友以及如何融入团体。

关于 Tanya

跟老师请假这个办法，不到万不得已，最好不要用。但对于某些课程，有时候是可以请假的。例如，视力不好的学生无法使用某些仪器，或者有严重口吃的同学可以不用做演讲。

在这种情况下，如果你是她的朋友，你可以给她下面几个建议：

- 在以后的生活中，她可能还会碰到很多需要做演讲的时候。现在有这么好的观众，为什么不试试呢？
- 大学里的咨询辅导员可以给她提供一些建议。
- 朋友们可能愿意先听她讲一遍，这样可以让她更有勇气在班上做演讲。

想了解更多的信息

Chapter 9 提供了一些有关演讲的建议。

关于 Marco

为什么老师不把课本摘要发给学生呢？对于这个问题，我们可以想到很多答案。例如，在大学里，老师更鼓励同学们自己去发现某些问题。比较一下你在十岁时上的课和五年后所上的课，思考一下它们之间的区别。其中一个区别就是你学会了独立思考。

另外一个原因就是如果有人把摘要发给你，即使他是老师，你也只能获得他认为重要的东西，而不是原作者的看法。

如果你是 Marco 的朋友，你可以建议他去参加学生学习中心的快速阅读课程或者是找一本书向他展示一下如何提高阅读的速度。

想了解更多的信息

你可以在 Chapter 6 中找到更多的方法来帮助这名学生。

关于 Umut

这名学生是不是不诚实呢？不一定。如果这是她到国外写的第一篇大学论文的话，那么她可能并没有意识到，不同的国家对于论文可以借用的内容和不可以借用的内容有着不同的标准。另外，她可能也不知道应该怎样在论文中表示这是别人的观点。几乎每一个人，特别是在本科阶段，都会从书籍中或者是别人的文章中借用一些想法，确实也应该这么做，但前提是必须标明这是别人的观点。

想了解更多的信息

对"plagiarism"一词的解释请见 Chapter 8。这个问题也可以和批判性思维联系起来。更多的信息请见 Chapter 11。

Chapter 2

你属于哪种类型的学习者

算出你的总分：

（1）回答 A 到 H 这几个问题，然后把各题的分数加起来。_____

（2）回答 I 到 P 这几个问题，但得分规则相反，即如果你得到 3 分，则要算作 1 分；得到 1 分要算作 3 分。0 分和 2 分不变。_____

（3）现在把各题的分数加起来算出总分，看看自己属于下面哪种类型。_____

0~12 分

无法确定？你的分数并不能说明你不是一个好的语言学习者，也许这是你第一次思考如何学习英语这个问题。更详细地了解自己的偏好可以帮你找到最适合自己、最高效的学习方法。认真阅读本章的内容，下次学习英语的时候，花点时间思考一下学习的方法。

13~24 分

喜欢冒险？在学习英语的过程中，你很喜欢冒险，而且你非常自信。也许你的口语技能会突飞猛进，但是也要注意准确率，这在口语和写作中都很重要。

25~36 分

全能型？你很了解英语里的规则，会注意自己的准确率，同时你也会主动练习口语，提高自己的流畅度，而且并不会对此产生恐惧。这是一种很好、很全面的方法，不过也要懂得在不同的场合采取不同的方法。

37~48 分

谨慎学习者？你认为说英语犯的错应该越少越好。你不喜欢犯太多的错误，也不喜欢使用一些不太有把握的用法。也许你英语的准确度会非常高，但是不要忘记，英语是一种技能，最终要达到一种不需要思考就能自动输出的境界。也许你可以专门抽出点时间不加限制地练习一下口语，或者试着在时间压力下写作。

你需要学什么类型的英语课程

Waleed：雅思 6.0 分的成绩差不多是属于中高级别，所以在达到这个水平之前，他可能还需要学习一段时间。要让他的父母认识到这一点很重要。通常学生要想从中低级水平提高到中级需要整整三个月的学习时间，而要想达到中高级，则需要再学三个月。一开始可以先上普通英语课程，做大量的语言练习，三四个月以后可以上学术英语课程，而不能直接就上学术英语课程或是雅思准备课程。

Li Ping：做大量的雅思测试题也许能帮她提高一下应试技巧，但是却无法真正提高她的英语水平，而且她已经开始对做题感到厌倦了。还要记住一点，大学中所用到的英语可不只是雅思考试那么简单。她应该考虑一下去上学术英语课程，这样可以帮她提高雅思分数，同时也要比做测试题有趣得多。

Sun Woo：他可以去语言学校上学术英语课程，也可以考虑一下专门为留学生设计的预备课程。在这些课程中，除了教授语言之外，还会有很多其他实用的内容。例如，他可能需要完成一篇统计学论文或者研究一些与所学课程有关的主题。通常预备课程的难度相当于当地高中最后一年课程的难度，他所学到的内容和当地学生所学到的是一样的，这一点大可放心。另外，有一些预备课程还提供直接升入大学学习的机会，这样就不用再参加雅思考试了。具体情况可以问问大学的相关院系部门，看看有没有这样的课程可以推荐。

Ekaterina：首先，她应该试着参加一次托福考试，这样可以更加了解自己的情况，知道自己还差多少。她最好是上学术英语课程而不是托福准备课程，从而有针对性地提高大学中会用到的语言技能，而从中获得的有关学术语法、词汇和技能策略方面的知识在上大学后会非常有用。当然，这样做也可以帮她提高自己的英语水平，在托福考试中取得更高的分数。根据她所选的学校，也许她还可以参加托福预备课程的学习或者是在学校的自主学习中心为托福考试做准备。

Ernesto：去语言学校上高级普通英语课程是一个不错的想法。可以考虑参加剑桥的某个考试（例如，Cambridge Advanced——剑桥高级水平证书考试或 Cambridge Proficiency——剑桥精通证书考试）。这些课程都是很有用的，因为它们可以在很短的一段时间内涵盖大量的语言知识。如果通过了考试，那么他所获得的证书会是终身有效。因为这些考试都属于普通英语考试，所以不要只把注意力放在学术文章上，同时这些考试对于提高他的英语水平也是很有用的。他还可以把自己的时间用来准备托福考试。

Chapter 3

词汇的类型

根据正文中的那段话，你知道植物是如何为储存水源做出适应性改变的吗？

答案：They can have long, deep roots; shallow, horizontal roots or leaves and stems that store water for a long time.

类型	举例
日常词汇	a / activity / advantage / after / although / among / and / as / basic / become / blow / by / common / contain / desert / develop / either / for / full / growth / has / having / heat / hours / in / infrequent / is / just / last / leaves / like / long / many / mats / much / needs / number / of / or / plants / quickly / rain / reach / return / roots / shallow / soil / sometimes / spread / stem / stems / store / stored / such / summer / supplies / supplying / surface / taken / the / they / to / total / using / water / within / years
非技术型学术词汇	adaptations / capable / devoted / obtain / periods / regions / sources / sufficient / survive / unpredictable / volume
学科专有技术词汇	cacti / cactus / carssula / echeveria / euphorbias / fibrous / genera / mesembtyanthemum / metabolic / perennial / sedum / succulent / tap root
普遍低频词汇	arid / cells / drought / enlarged / horizontal / lifeless / moisture / moths / parched / soaked / species / succulents / underground

正式与非正式语言

（1）列表中更加学术的词汇有：

Consider Investigate Describe Summarise Establish Minute

（2）在这三个单词中，"killed"的情绪最弱，而"butchered"的情绪最强。其他词汇按照情绪的强烈程度由低到高的排列顺序如下：

growth / big increase / explosion

successful outcome / huge success / victory

good / great / fantastic

embarrassed / insulted / trashed

（3）下面是几种使这些句子更加学术的改写方法：

原句：The argument is over the top.

改后：The argument is made too strongly.

原句：That is nonsense.

改后：These findings do not appear to be supported by the evidence.

原句：The great article.

改后：The well-known article.

原句：I don't like this.

改后：My preference would have been to...

原句：This is a bad research project.

改后：This study does not seem have been constructed carefully because...

找出新单词的意思

前缀	在英语里的意义	举例
ante- & pre-	= before	pre-war period
anti-	= against	anti-war protestors
auto-	= alone, self	autonomous, autocrat
bi-	= two	bicycle
inter-	= between	interaction = action between people
intra-	= inside	intraregional = within a region
mis-	= wrong	misinterpreting = interpreting the wrong way

(续表)

前缀	在英语里的意义	举例
mono-	= one	monotone = one tone, i.e. boring
multi-	= many	multinational = for many nations
neo-	= new	neo-colonialism = new colonizing
pan-	= all	pan-Pacific = all the Pacific
tele-	= far away	telephone, television

词典能够提供哪些信息

第一部分："词典里都包括了哪些信息？"

1. 在国际音标（IPA）当中的发音。如果你不知道怎么读，你可以看一下字典前面的有关讲解。

2. 意思或定义。

3. 用法举例。

4. 我们可以知道这个单词既可以用于主动语态（X accentuates Y），也可以用于被动语态（X is accentuated by Y）。

5. 我们可以知道"accentuate"这个单词既可以接人，也可以接物。

6. 我们可以从菱形的数量上看出这个词的使用频率，看来它的使用频率并不高。

7. "Vn"的意思是这个动词可以接名词，也就是说它是及物动词。

8. "= intensify"表明"intensify"是这个词的同义词。

第二部分："你能找到以下问题的答案吗？"

1. 可以。"To call a meeting"的意思是组织一场会议。

2. 不是。

3. 不尽然。它没有"damn"的语气强烈，"damn"这个词更具有冒犯性。它还可以做动词，意思是"to mend a hole"（织补），例如补袜子上的洞。

4. "break out"字面的意思之一是"to escape"（逃出），而"break away"也有同样的意思，但是通常都用在比喻中。

5. 在第一个音节。

6. Shocking。

正确使用同义词词典

（1）第七个义项："the means or procedure for doing something <figured out the best way to accomplish the task>"。见同义词词典中"METHOD"一词。

（2）从意思上来看，下面这几个词可以用在这句话中（不过你可能还需要稍加改动，这样才能正确地用在句子中）：approach, strategy, system, technique。

（3）注意句子语法的改变：

approach: One of the best approaches to learning new words is using vocabulary cards.

strategy: One of the best strategies for learning new words is using vocabulary cards.

system: One of the best systems for learning new words is using vocabulary cards.

technique: One of the best techniques for learning new words is using vocabulary cards.

（4）"Approach""strategy"和"technique"都属于学术词汇列表当中的词汇，因此会使句子听上去更加具有学术性。

Approach 与 way 的基本意思很接近；

Strategy 更注重成功的过程，也就是你为了取得成功而做的一些事情；

System 强调的是制作词汇卡片的组织方式；

Technique 强调的是制作词汇卡片的实用性。

用在线检索工具查找搭配

第一部分："轮到你了"

1. "Scared of"是最常见的用法。

2. 可以，这种用法也很常见。换句话说，"to scare"既可以做及物动词，又可以做不及物动词。

3. 这个很难区分。似乎可以用"scared"的句子都可以用"afraid"，不过"afraid"也会用在语气比较弱的情况下，例如："I'm afraid I can't give you a good guide because..."，这里的意思相当于"I'm sorry"。"scared"的语气更加强烈一点。

第二部分："补充句中缺失的单词"

这三个介词分别是：

（1）of;（2）with;（3）on。

Chapter 4

上课的目的

1. 为了保证学生们都能认真对待他们的学习。

上课怎么可能检查出学生是否认真对待学习呢？上课时很多坐在最后面的学生都在发短信，可见来上课并不能代表一个人的态度。

2. 为了检查出勤率。

有的老师确实会检查出勤率，而且出勤情况也要占课程总分的一部分。除了完成一些额外的学习任务之外，你应该先了解一下允许缺课的次数。

3. 为了给学生们提供其他地方找不到的信息。

也许这些信息也可以在其他地方找到，但都比较分散，往往有不同的来源。

4. 为了给大学学习增添一点乐趣。

确实是这样的。如果一个老师讲课讲得很好的话，那么他就能够让学习的过程变得更有趣。

5. 为了让学生们提出问题。

有的时候学生可以在课上提问，有的时候是在小班课提出。这并不是上课的重点。

6. 为了把不同来源的信息集中起来。

是这样的。见上面第3点。

7. 为了让学生们互相认识。

虽然这并不是上课的主要目的，但上课确实也是一个大家互相认识的好机会。

8. 为了给学生们提供不同于教科书的新信息形式。

是这样的。课堂上所讲到的材料不会与课本内容相冲突，但讲的顺序可能会不一样，老师也可能会举一些例子或换一种说法。

还有其他原因能够说明为什么上课很有用吗？

1. 通过听老师讲课可以把信息记得更牢固。

2. 是认识其他同学的好机会。

3. 有的课会发一些很重要的材料。

4. 有的时候老师会把今天的上课内容与之后的测试评估联系起来。

5. 记笔记要比单纯地读书更容易集中注意力。

通过上课主题预习

（1）The Case for Censorship（journalism）

Why is censorship generally assumed to be negative?

What are the problems with freedom of speech?

In what situations can it be useful?

If it is used positively, how should it be applied?

Are there any working models of how it can be made to work?

What does the lecturer think of censorship in journalism?

（2）Intermittent Reinforcement（psychology）

What is intermittent reinforcement?

How does it affect our behavior?

What studies have been carried out on animals/humans on it?

What are the applications of it?

（3）The Rise of Social-networking Websites（sociology）

What precisely are social-networking websites?

How popular are they?

Who uses them? What age group? Which countries?

（4）Restorative Justice: a Workable Model?（law）

What is restorative justice? How is it different from Western law?

In which countries does it operate?

What are the advantages and disadvantages of it over current legal practices?

Are there reasons why it cannot operate as a working model?

记笔记的不同方式

这份笔记比较好的地方包括：

- 项目符号的使用。
- 对每部分的起始句划线。
- 每一点的例子都很明显，都进行了标记。

- 用"？"来表示讲课中比较有意思的问题。
- 用括号来表示老师顺便提到的比较有趣的内容。
- 缩略语和标记的使用，例如 etc., celeb.（= celebrity）, $（= money）, $$$（= lots of money）, v.（= very）, <（= less than）。
- 用箭头来表示逻辑关系 / 结果。

总结

OK. Thank you all for coming. Today our seminar is about good note-taking practice. At the beginning of last year, I did a small study of the note-taking habits of successful students, looking at the techniques they use when taking notes in lectures, and then I asked them for their advice to students who wanted to improve their note-taking. I will present some of the findings of this study and then at the end of this presentation, there will be an opportunity for you to talk about the note-taking strategies that you found the most effective. First of all, let's look at what you should make notes on – I mean the paper – not the topics! Now lots of students use notebooks for their lecture notes. This is fine, but some students find it easier to use a loose-leaf notebook – that means one that you can take the pages out of – rather than one with fixed pages. This means that you can take the pages out and put them into a folder with your course notes. Then you can collect notes and course readings for each course in one place, in a separate notebook or section of a notebook – write name + date of lecture. Sometimes lecturers give out a handout with the main points from the lectures. You could find it useful to make notes on the handout, in the margins – this will help you organize the notes you make. Also, some lecturers put their own notes on the course website after a lecture. You can print these out and put them in your folder next to your notes. The appearance of your notes is really important too because you will need to refer to them later. If you find yourself making doodles or writing notes to your partner on your lecture notes, remember that not only is this manual activity stopping you from concentrating but it will be annoying and confusing when you look back at your notes – i.e. when you are using them to revise for an exam. It is worth losing a bit of speed in *order to write legibly – this saves time in the long run. If you find you don't have time to write neatly, then you are probably writing too much. Note only <u>key words</u>, not every word – and think critically about what you write down. If it is not going to be useful later – don't write! The other thing you can do if you can't keep up is to leave gaps [ ] when the speaker is moving too fast. You can always check with a friend later if you see a gap in your notes. In fact, it's a really good idea to review your notes as soon as possible. You could do this with another student. Read through and improve the organization as necessary. <u>Looking at the layout of your notes</u>, some students make the mistake of writing all their notes in the top quarter of the page. Leave space between points. Indent. Spread it out. Mark ideas which the lecturer emphasises, with an arrow or some special symbol. Put a box around assignments and suggested books so you can identify them quickly. <u>In terms of developing your listening skills</u>, pay attention to signals for the end of an idea and the beginning of another. If you hear these, they will help you follow the flow of a lecture and lay out your notes logically. Transitions such as 'therefore', 'finally', and 'furthermore' usually signal an important idea. Also, pay attention to the lecturer's voice. The voice will often go down in pitch at the end of a section and then up at the start of a new section. <u>As a final point</u>, often the most interesting and useful things you can gain from lectures are the examples, sketches and illustrations that the lecturer presents. Lecturers often talk about their research in relation to points they make, or tell stories from their experience. You can get the theory from a textbook, but often this experience is unpublished and cannot be got from books. They are often the most interesting parts of lectures and you can use them in your assignments and exams – so although stories may seem off the point, they may be worth noting down.*

OK. Now, I'd like you to look back over your notes and …

老师都讲了什么

这些话……	意思是……
I'd like to talk about … What we're doing today is … This morning we'll start looking at …	引出话题。

（续表）

In other words … So the question is … So …/What I'm saying is …	换一种方式来解释他刚刚说过的话。
That's not the same as … The catch here is … That's not what we really mean by …	这与其他事物都不同。
And that leads to … We now come to look at … Right. Well, if we move on …	下面要讲一个新的分话题。
For instance … For example … One of the ways this works out is … Let me give you an illustration …	举例说明刚刚说过的话。
According to … I'm a great believer in … X would have us believe … The most interesting point here is …	这只是人们的观点，并不是事实。
By the way … I might say here … As a sidelight … But I'm getting a little ahead of myself … So where was I? Well anyway … To get back on the track …	这不是我们要讲的主要内容。
That would go for X as well as for Y … Along the same lines …	这和某事是一样的。

上课文本

老师的原话	说话的目的
…selected by lecturer	从这里开始：
In today's lecture I'll be starting by discussing the need for strategies and some definitions of them. I'll be passing on some theories as well as providing you with some examples. Finally there will be some general points about how you might apply the ideas from today's lecture.	概括（指出）讲座内容的顺序安排。
Let's start with a question. Why is this topic important to you? …	指出讲座"真正"开始的位置以及讲座对学生的重要性。

（续表）

We have various categories of learning strategies. These are social strategies, cognitive strategies, organizational strategies and metacognitive strategies …	引出学习策略的理论部分。
Now let's turn to some examples of cognitive strategies for learning vocabulary. You have probably used some of these yourselves. Let's see, how many of you try to remember a word by linking it to another word you know in any language? …	开始举例。
Another aspect that students say they need to learn better is listening. Think of all the contexts where you need to listen: on the telephone, in a social conversation, at a public place and of course in a lecture like this one. In some of these places you have to practise selective listening. What we mean by this term is that a person decides to block out much of what is said and listen just for some information that they need. Some of the occasions when you might practice selective listening are… Etc. etc.	解释技术用语。

根据有用的程度对问题进行排序

（1）Is it OK if we email you about changing the time of handing in the next assignment? 不满足条件（3）

（2）Excuse me. What was that point again? 不满足条件（2）

（3）I have a problem with reading our handwriting on the board. My eyesight isn't great. 不满足条件（1）

（4）Will you be telling us more about that shortly? 不满足条件（4）

（5）How does this point compare with what you said earlier about...? 这是一个很好的问题

Chapter 5

小班课的目的

12分以下

你肯定有过一些比较愉快的小班课经历。也许小班课很适合你的学习方式，而且你也觉得这种课程类型很有用。

12~18 分

你对小班课的看法比较复杂,但总体上来说,你还是觉得它们是有用的。可能在之前参加的小班课上,你很难有机会说出自己的想法,这样的话,你可以看一下"讨论的语言"这一部分内容。也许这种小组学习的方式在你自己的文化中并不是很重要,也有可能是因为你曾有过一些不愉快的经历。

19 分以上

你不太喜欢上小班课。小班课是大学学习生活中很重要的一部分,如果你不参加的话,你就会错过这个好机会。你可以看看"为小班课制订计划"这一小节,可以让你认识到这类课程的重要性。

发起讨论:回应别人的发言

1. 问问别人的看法。
2. 问问别人的看法。
3. 补充自己的看法。
4. 不发表任何看法。
5. 补充自己的看法。
6. 换一个讨论的话题。
7. 完全同意他们的观点。
8. 不同意他们的观点。
9. 部分同意他们的观点。
10. 总结他们说过的话。
11. 核实一下你对他们的发言是否理解正确。

如何解释这种行为

(a)—(3)对于这样的学生来说,老师是这个教室里最重要的人,也是他们学习的焦点。他们看不到与其他同学交流或者做小组任务的重要性,因为他们只想从老师那里得到正确的答案。

(b)—(5)这种学生不是很自信,很害怕在全班同学面前讲话,他们可能比较担心自己的英语水平或者科目知识。

(c)—(2)这些学生似乎不会积极地参与到课堂活动当中。他们只有在不得不发言的情况下才会作出回应,但仍旧不太能够融入整个气氛。

（d）—（4）这样的学生不能够积极融入整个气氛。他们所感兴趣的是小班课本身，但却在课堂活动当中表现得非常被动，也许是因为他们不太熟悉这样的学习方式或者是没有学习的动力。

（e）—（1）这些学生可以完全融入课堂的气氛当中，但他们只和自己的朋友交流。

问题的类型

学生提出的问题	问题类型
1. Could you please tell us what... means?	下定义
2. What would happen if someone...?	预测
3. What is...had been written in a different century?	假设
4. Is this similar to the point you made last week about...?	比较与对比
5. Reading between the lines, is it true that the poet is trying to say...?	推断
6. Can we sum this up by saying...?	总结
7. In your opinion, what would be the most likely cause of...?	评估

Chapter 6

看看其他学生的经验

Christophe 学会了如何把阅读与课程结合起来，使它们成为一个整体——通过阅读来为课程做准备，在课上还可以了解关于某些话题更多的信息。他还知道，即使没有时间来阅读全文，这些阅读材料仍然非常有用。(见"制订你的大学阅读计划"及"提高你的阅读速度"这两小节。)

Marie 意识到课本其实是非常有用的，因为其中涵盖了课上讲的一些技术性词汇的意思。(见"学术文章的类型"这一小节。)

George 明白了一点，那就是阅读可以与别人分享的，而且这还是一种节省时间的好方法。(见"提高你的阅读速度"这一小节。)

Rose 非常努力地想成为一个具有批判性思维的读者，最后她明白了她应该对所有的观点都提出质疑，而不能只是单纯地接受。这与她在自己国家所接受的教育非常不同。(见"批判性阅读"这一小节。)

　　Andrea 意识到她需要把每一篇文章和每一份研究都与他人和自己联系起来——也就是要知道她所研究的领域在过去的这段时间里都发生了哪些变化。(见"批判性阅读"这一小节。)

　　Khaled 发现阅读可以帮助自己提高英语水平,而且他还发现理解某一写作类型的结构对他来说是非常有用的。(见"学术文章的类型"及"研究性文章的组织结构"这两小节。)

学术文章的类型

　　规定文章或推荐图书(prescribed texts or recommended books)——(d);编辑图书(edited books)——(g);单一作者图书(single-author books)——(a);杂志文章(journal articles)——(e);优秀文章(state-of-the-art articles)——(c);研究报告(research reports)——(f);论文(theses)——(h);会议记录(conference proceedings)——(b)。

研究性文章的组织结构

　　1. 研究是如何进行的?(研究方法)
　　2. 研究结果说明了什么?(讨论、建议与结论)
　　3. 谁对研究结果感兴趣?(讨论、建议与结论)
　　4. 研究的对象是什么?(摘要)
　　5. 为什么这个话题很重要?(引言)
　　6. 研究人员希望找到什么结果?(引言)
　　7. 研究最主要的发现是什么?(摘要)
　　8. 研究是在哪里进行的?(研究方法)
　　9. 研究人员发现了什么?(研究结果)
　　10. 用了哪些研究工具?(研究方法)
　　11. 还有谁研究过这个话题?(文献综述)
　　12. 其他研究者发现了什么?(文献综述)
　　13. 这次研究的结果和之前其他研究人员所得到的结果是如何联系起来的?(讨论、建议与结论)
　　14. 文章中引用的书籍和文章的全名在哪里可以找到?(参考文献)

在图书馆寻求帮助

第一段对话中的图书管理员可能会感到很烦，因为她有很多的工作要做，而等待的学生也已经排起了长队。让她感到很不耐烦的是，这些学生似乎都没有先试着自己去找找。可能这个学生有点紧张，也有可能是比较担心自己的英语，或者是怕别人笑他笨，不想让别人看出他对图书馆的运作方式不了解。总之，图书管理员似乎不是很愿意帮助他。

在第二段对话中，虽然图书管理员非常繁忙，但她并没有对这个学生感到不耐烦，因为：

- 他称呼了她的名字（她佩戴了姓名牌）。
- 他向她问了好。
- 他说出了自己的请求（"I'm having trouble finding this book."）。
- 他有所准备。

错误的阅读方法

关于这名学生的阅读方法，主要存在两大问题。首先，他没有采用批判性的方法来阅读，也就是说在阅读的时候没有真正去思考，而是单纯地获取信息。他应该用一种更加积极的态度来对待阅读，也应该认真地思考一下阅读的技巧，这样可以在更短的时间内获得更多的信息。这些问题在本章接下来的几个小节中都有讲解。如果你像他这样去阅读的话，会浪费很多时间。不过如果你读的是英语材料的话，确实很容易出现这种情况，因为：

1. 词汇很难。
2. 话题比较复杂。
3. 对文章的结构或组织安排不够熟悉。

这样的话，你就不想错过任何一个看起来重要的信息！

采用正确的阅读方法

情景1：会议中哪些演讲看上去会比较有意思？都是在什么时间段？地点在哪里？我想在开会的过程中去买点东西，应该在什么时候去才不会错过一些重要的内容呢？从车站去会场应该怎么走？

情景2：我应该用多大的字号？对行间距有没有要求？参考文献引用是否符合规

范？作业应该交给谁？是否需要封面？如果需要的话，应该去哪里拿呢？交的时候需不需要签什么东西？老师办公时间到什么时候？

情景3：这些实验和我要做的是否相似？他们的实验方法有没有什么优点和不足？他们都得到了哪些实验结果？我预期的实验结果是什么？

情景4：这些剪报都报道了什么事情？是什么原因引起了这些事故？事故的后果是什么？

情景5：这些文章都探讨了卫生政策的哪些方面？都有什么主要的研究发现？有没有什么问题我希望能在讲座中得到解答？

大学生如何阅读

1. 扫读；2. 主旨大意阅读；3. 略读；4. 精读；5. 深层阅读。

阅读策略列表

算算自己的总分是多少，并根据自己的得分看看下面对自己所用策略的描述。
你的得分……

20 分以下

你现在所使用的阅读策略很有限，不妨试试本章所讲的其他方法，对你会很有益处。你可以在阅读的时候把自己所使用的策略记录下来，然后和另外一个在阅读上表现比较优秀的同学进行比较。一种方法是用录音机把你的阅读方法录下来，然后再倒回去听一听，看看哪里还可以改进。你可以说："I am looking at the heading and need to check the meaning of two words in my dictionary. Next I'm going to write down some questions I want answered."你还可以跟大学学习中心的语言指导老师谈谈你的阅读方法，这也是很有好处的，然后你们可以一起制订一个提高计划。

20~30 分

你使用了一定的阅读策略，但可能在阅读的过程中还是会浪费很多时间。你可以把你的策略和别的同学比较一下，也可以试试本小节所提到的一些策略。如果你还想得到更多的帮助，你可以和语言顾问约一个时间谈谈你现在所使用的阅读方法。

30 分以上

你使用了很多的阅读策略。如果你觉得自己已经可以驾驭这些阅读材料了，那么也要记住以下几点：要在适当的时候使用恰当的策略，这一点非常重要；要确保自己有意识地使用这些策略；另外，你还需要对自己所使用的策略进行评估，看看是否有效果。

在线阅读与纸媒阅读：异与同

（1）**你仍然需要批判性地阅读**。这是肯定的！每个人都可以在网络上发表他们的看法，作者也不再需要通过出版社的审核了，这非常的民主。然而，作为一个读者，你仍然需要像读书一样对你在网络上看到的文章进行批判性的分析。你可以问问自己以下这些问题：

- 这篇文章的作者是谁？你是否了解他们？在你读过的杂志文章中有没有引用过他们的观点？
- 他们都在哪里工作？
- 他们是不是想要卖什么东西？或者为某个观点辩护？
- 哪里有能够支持他们结论的证据？他们是如何找到这些证据的？
- 哪些证据没有讨论？
- 如果他们引用了某个观点，那么有多少人能够接受这种观点呢？或者这只是一小部分人的想法？

（2）**在线阅读时也能使用同样的阅读策略（略读、扫读、精读等）**。你仍然需要保证自己的阅读效率，避免太过于关注细节，否则速度会很慢。对于在线阅读来说，用扫读的方式要更容易一些。下一小节提供了有关这方面的建议。

（3）**在线阅读的时候很容易走神，很浪费时间**。很有可能。如果你在阅读的时候很清楚自己要读什么内容，也知道自己希望得到解答的问题是什么，那么当你打开一个网页时，你就可以很容易地对它进行评估。但如果你不知道自己阅读的原因，也不清楚自己需要找什么内容，那么你就很容易走神，浪费时间。有的时候，网络链接可以把你带到一些有用的网站，但更多的时候，这些链接会把你带到本来没打算去的网站，到时候你就会忘记自己为什么要看这个网页。例如，你可能正在 www.wikipedia.com 这个网站上看有关早期汽车设计的文章，其中提到了"steam engines"。你点击进入这个链接，打开了讲蒸汽机的一个新网页。这个网页倒是很有趣，但这并不是你上网的目的。

（4）**对眼睛不好**。确实如此。想得到这方面的建议，请看"在线阅读：爱护好你的眼睛"这一小节。

（5）**你可以在网上找到相同类型的文章**。很多同一类型的文章，如书评、研究报告和期刊杂志，都可以在网上找到，还包括一些新的内容，如在线讨论、电子列表以及网站等。

（6）**更加环保**。有这种可能性。你可以减少纸张的用量，但是也会有很多材料打印出来却从没有看过。另外，电子废物（旧电脑零部件）也逐渐成为一个新的环境问题。

在线阅读：爱护好你的眼睛

Jason 应该做出哪些改变？

1. 不要总盯着电脑，可以时不时地离开电脑放松一下。

2. 可以偶尔考虑一下把资料打印出来。

3. 可以考虑给自己的笔记本电脑接一个显示器。

4. 把文字放大一点。

5. 放一个合适的工作台，这样他就可以坐直身子。把显示器调整到一个合适的位置，还要保证有充足的光线。

Chapter 7

如何理解论文题目

1. ANALYTICAL；2. EXPOSITORY；3. ARGUMENT；4. ARGUMENT；5. ANALYTICAL；6. ARGUMENT

简化论文话题

下面是简化了的题目及与之相对应的论文题目的题号。

What is similar about...?—9

Why is...important? —4

What happened...?—2

What was the result of...?—10

What is the purpose of...?—1

Why should...?—6

What is the difference between...?—5

What causes...?—3

Why did...happen?—3

What is...like?—7

Why...?—6

换一种方式来理解论文题目

每个题目我们只举了一两个例子,你也可以有其他不同的表达方法。

论文题目	简化了的口语问题
Give an account of the war of...against..., including...In what ways is this war unlike the...War?(Classical Studies)	What happened in the war?What's the difference between this war and...?
Discuss the ways in which...derived influence from...?(Physics)	How did...affect...?
What, according to..., is the relationship between...and...?(Physics)	How are...and...similar?
Examine the significance of...(Physics)	Why is...important?

写作类型

1. 过程
2. 问题/解决方案
3. 原因/结果
4. 比较/对比
5. 分类
6. 定义与例证
7. 分析

设计调查问卷

下面这些问题可以给你一些参考。

1. 你应该问什么问题才能找到与你拥有相同语言水平和需求的人?

(1) What is your English level?(IELTS/TOEFL score)

(2) What problems do you have with grammar/vocabulary/pronunciation/writing/speaking/listening/reading at university?

(3) What sort of help do you need from the university with these skills?

2. 找到后你应该问他们什么问题来了解他们的观点呢?

(1) Which of the following university services do you know about?(List the ones you know.)

（2）Which of them have you used?

（3）How useful were they?

　　（not at all useful　quite useful　very useful）

（4）What problems did you have with the services?

（5）How could the services be improved?

Chapter 8

有什么区别

第一部分:"练习写作论题"

话题1：While it may seem illogical that companied selling products that are recognized to be harmful to health are allowed to market their products through sport, it would be impossible to limit sports sponsorship to "healthy and ethical" companies for a number of reasons.

话题2：Some immunization programmes have been highly successful, however, there are many reasons why immunization is not always the best way to fight disease.

话题3：Although tourism is frequently reported in the media to benefit local people, in practice this is often overstated and any benefits tend to be at the expense of the environment.

话题4：For restaurants to be successful they need a combination of good stuff, good food and a good location, amongst other factors.

第二部分:"调查"

这封信的论题是：

While I understand how the victim feels, it would be crazy to introduce the type of dog control legislation that he advocates.

这篇文章可以有很多不错的标题，例如：

"NO" TO ANTI-DOG LAWS

DON'T BLAME DOGS

PROSECUTE OWNERS, NOT DOGS

也许你自己想出来的标题也不错!

引言的各组成部分

论文引言举例	各句的意图
(1) Ideas about when and whether children should have compulsory education have varied through the ages and from country to country. (2) In some countries the choice has been left to individuals and in others the government has made one rule for everyone. (3) Most countries of the world now have compulsory schooling between certain ages but the form of the schooling may vary between institutions. (4) Variety may sound like a democratic idea but in practice how does it work out? (5) In this essay the case will be made for national education to include certain fixed areas of learning. (6) The reasons will be explained in terms of equity for individuals and the good of the nation.	(1) 指出这个话题大概的历史和地理背景。 (2) 这句话要比概述更加具体。 (3) 列举事实。 (4) 作者对正在发生的事情向读者提出疑问。 (5) 论题。 (6) 指出论文的大体组织架构。

引言的结构顺序

1. With the movement towards globalization in recent decades, both business and education have become more international.

2. It is becoming increasingly important for individuals to experience life in another country to make them more employable in a world job market.

3. While many people clearly benefir from the experience of studying at university in another country, for some students the experience is far less positive.

4. By looking at a series of individual case studies, this essay will outline the ways in which young people can benefit from study overseas.

5. The case studies also suggest that for some individuals, the sacrifice made for an overseas education may not ultimately be worth it.

是否属于剽窃

1. "我在论文中的引用通常都比较长,有时候能有半页那么多,但是我都会在论文后面的参考文献里标出它们的出处。"

不太清楚。还要取决于这名学生是否使用了引号以及是否在文章中提到作者的名字或者写在脚注里。

2."每次引用别人的观点时,我都会加上引号并标出作者的名字和发表的日期。"

不属于。但也不必每次都加上引号,可以用自己的话把作者的观点说出来,只要加上类似"As X has pointed out..."这样的短语就可以了。

3."我觉得不做任何引用是最安全的,因为有时候连你自己都不知道你正在剽窃别人的成果。"

肯定不属于剽窃,但肯定也不会是一篇好的大学论文。你应该参考一下其他的信息,不能只依赖于自己的思考。

4."我会引用课本里的观点,但是我都会换一种说法。"

如果这名学生没有标明信息的来源,那就属于剽窃了。

5."如果我从书中引用别人的观点,我都会说明这些观点的来源。网上的资源也特别丰富,而且很容易就可以复制粘贴下来,这样就大功告成了。"

这位同学表明观点来源的做法非常值得肯定。记住,你的老师读过的有关这个话题的文章可要比你多得多!不过,直接从网上复制粘贴也属于剽窃,学生会因此而被惩罚。很多的大学都会用软件来检查同学们交的作业,看看有没有哪些内容是直接从网上粘贴过来的或者是从过去学生的作业那里抄来的。

完整的论文

Is the world a better place today?

(a)引言。

(b)支持论文主要论证的句子。

(c)与娱乐相关的例子。

(d)与主要论证相反的观点(我们把这样的观点叫作反论证)。

(e)举例说明100年前人们是如何发送祝贺信的。

(f)对这一段的要点进行总结。

(g)与死亡原因相关的例子。

(h)简要概述反论证的观点,然后重申本文的论点。

(i)("better"一词的)定义。

把不同的观点联系起来

Furthermore = 补充说明同一个观点。

On the other hand, Conversely = 提出相反的观点。

Similarly＝补充说明同一个观点。

As an example＝举例说明某个观点。

In other words＝用另外一种方法说同一件事情。

Even though＝在某个观点上先选择让步，再进行反驳。

Despite the fact that＝勉强同意（对某个观点做出让步）。

This is not the same as saying＝将事情解释得更清楚。

This point is also made by...＝引用别人发表过的观点。

找出错误

错误种类	举例	严重性
拼写错误	superfical（应该是 superficial）	type 1
语法错误	quick（应该是 quickly）	type 1
词语使用错误	wonders（应该是 wanders）	type 1 或 2
衔接错误	however（应该是 even more so）	type 2 或 3

Chapter 9

测试评估的方法

1—（e）；2—（a）；3—（j）；4—（c）；5—（k）；6—（g）；7—（l）；8—（h）；9—（b）；10—（f）；11—（d）；12—（i）。

测试评估标准举例

准备

- 文献资料的使用；
- 论证的质量；
- 理论与案例的结合；
- 细致的阅读；
- 与二手资料有关的第一手文献的使用；
- 具有想象力的解读；

- 得出的结论。

演讲的内容

- 清楚地阐明将要讨论的问题或立场;
- 选出其中你认为最重要的方面并加以解释;
- 思考这种问题或立场的不同分析方法;
- 回答其他同学或老师对你选的话题所提出的问题;
- 在接下来的讨论中解释并澄清自己的观点。

演讲的方式

- 表达

—时间的安排;

—声音的大小;

—结构与指示;

—标题或材料的使用。

- 讨论

—讨论中的引导与参与;

—对宏观问题的意识(包括认可和坚持主要问题的能力);

—回答问题的连贯性;

—在解读和理解小组问题的过程中发挥想象力。

问题答案

(1)你需要做演讲、回答大家围绕演讲主题所提出的问题并发起讨论。

(2)老师对与"学术内容以及论证、分析的质量"有关的信息最感兴趣。看看这些标准当中有多少与批判性思维有关:论证的质量;具有想象力的解读;得出的结论,选出你认为最重要的方面并加以解释;思考这种问题或立场的不同分析方法;在解读和理解小组问题的过程中发挥想象力。

论文反馈意见的模板

(1)评语类型

正面的评语:

You have presented a competent discussion of the article with an analytical approach that conveys aspects of the researcher's work in a systematic way.

详细的批评意见:

The section that needed more consideration was the final part, in which I would like to have seen a fuller account of the practical implications of the study. Mostly the essay is well written; however, at times, I found it difficult to follow your argument and had to re-read sections to understand your logic. I felt that more signposting would have helped me with this.

最后正面的结尾总评：

Overall though, the assignment was a balanced critique of the issues that arose from the research and it was good to see that you mentioned many of the limitations of this kind of research that we have discussed in class. Well done.

得分：B-。

（2）这名学生应该：

- 认真阅读题目，确保他对题目中所有的问题都进行了深入的回答。
- 确保论证清晰，可以使用指示性语言（见 Chapter 7）或次标题。另外，他还需要花更多的时间对文章的组织结构进行修改。

找出批评意见

1. 从某些方面来说，这名同学的论证并不清晰。老师可能希望在文章的引言部分看到这样的句子："In this assignment, I will first examine the issue of … before … and finally …"如果老师在定位论文结构时还不太容易，那就说明这篇论文真的是很难读懂。

2. 这个例子中的问题就在于这名学生在自己文章中引用其他作者观点的方式，也就是说当他在引用别人的观点时，应该标明作者的姓名与出版日期，例如（Carter, 1990）。如果他是直接引用了某位作者的原话，那么就需要在这段话上加引号（"…"），同时也要标出作者的姓名和出版年份。这是一个非常严肃的问题，具体信息请看 Chapter 8 有关剽窃的内容。

3. 这篇论文的语言不够准确，可能有很多打字错误、词汇缺失、句子残缺（不完整的句子，例如"Because of the war."）、拼写问题或标点错误。具体信息请看 Chapter 8 "校对"的相关内容。

4. 这名学生没有回答题目中的所有问题。在写作时及写完后，都要再检查一遍题目，再看一遍写作要求，这一点很重要，可以确保自己回答了所有的问题。很多的作业题目都包含不止一个问题，例如，Describe the chief causes of the rise in global terrorism in the early years of the 21st century and assess the impact of tighter security procedures on everyday life in the West.

5. 这意味着这名同学应该在文章中多介绍一下自己的观点，而不应该只是把别人以前说过的观点写上去。见 Chapter 6 "批判性阅读"的相关内容。

6. 老师期望这名学生能多读几篇有关这一话题的文章，然后把这些文章的观点综合起来（把其中的要点集合在一起）。

7. "A coherent whole"指的是一篇整体可读性较强的完整文章。这个例子主要的问题就在于"coherence"（连贯性），即文章的组织方式。作者可以看看本书之前所讲过的有关文章组织方式的内容，会很有帮助——例如，从概括到具体、从问题到解决方案或者从要求到反要求，然后把要表达的观点嵌入到这些组织架构当中。

8. 这篇文章没有什么问题。

考试复习

复习的时候应该采用一些比较积极且具有批判性和互动性的方法，也就是说你应该确保自己对这些信息的运用而不是简单的重复。如果条件允许的话，还可以和其他人一起复习，这样你们就可以互相测试了。下面这几种方法都是比较有用的复习策略：1；3；4；7；8；9。

注：第6种策略是非常不好的一种方法，因为你不可能在考试中碰到一模一样的问题，而且你背会的那篇文章还可能会影响你的思路。

理解题目

要处理的话题

手机——发信息；沟通交流——在家里/在公共场所。

处理话题的方式

1. 描述手机不断攀升的流行趋势。

2. 看看手机是如何改变我们的沟通方式的——也就是说，之前私下讨论的话题现在会在大街上、火车上、汽车上进行。别人在一天 24 小时当中都可以联系上我们，而且还会希望我们能够立即给他们答复。

3. 探讨一下这种改变所带来的影响，例如，我们私下的谈话可能会被别人听到；电信公司（和警察）要想追踪我们的谈话和联系人的话也会变得更容易——隐私法。

考题是什么意思

1. 20年前，管理理论领域发生了哪些变化？当时的管理实践是什么样的？现在的情况又如何？为什么会出现这种差异？两者有什么不同？这些变化很重要吗？为什么？

2. 为什么她对南京大屠杀的解读会存在争议？谁同意她的观点？谁不同意她的观点？对这一事件还有没有其他的解读方式？

理解题目中的问题关键词

analyse：criticise, assess, review, examine, explore;

argue：justify, discuss, comment;

explain：interpret, give an account of, relate;

develop：extend, elaborate, expand;

prove：verify, show, illustrate, demonstrate;

compare：distinguish, contrast, compare;

describe：give an account of, show.

做演讲：时间安排

从这份时间安排中可以看出，演讲人可能觉得下面的观众并不认识他，而且也应该不知道他到底要讲什么内容。另外，由于演讲人花了几分钟的时间来解释"attrition"这个单词，所以观众也很有可能不太了解"attrition"这个话题。

如果你知道会有人先对你进行介绍，而且观众也知道你要讲什么话题，那么你就大可不必再重复一遍了，只要打个招呼就可以开始演讲。这样的话你可以省出2分钟的时间用来回答大家的问题，等等。另外，如果观众非常了解你要讲的话题，那么你就不需要再花4分钟的时间来解释这个单词的意思，不过你可以简单地再提醒一下大家。

演讲的语言

你可以说：

Often runners start running much longer distances when they are training for a race. Some of these runners increase their running distances too quickly and much of this running on roads and hard surfaces. When runners run on roads, there is a lot of impact with each stride. This repeated impact causes lots of injuries to the lower leg. One of these injuries is called shin splints...

口语与写作——有什么区别

（1）对待同样的一个话题，哪个用词更多？ 口语

（2）哪个用的句子更复杂？ 写作

（3）哪个用的句子更简短、频率更高？ 口语

（4）哪个用词更复杂？ 写作

（5）哪个重复更多？ 口语

（6）哪个内容更准确？ 写作

避免使用太多的非正式语言

非正式语言	她应该怎么说？
Hi guys. How's it going?	Thank you all for coming.
If you've anything you wanna ask keep it to yourself until the end.	There will be time to ask questions at the end.
I'm going to give you the dirt on the dos and don'ts of working in a restaurant.	I'm going to talk about some health and safety rules for people working in restaurants.
That dude Richards – he had some sweet ideas about …	Richards（1992）made some good points about …
It's crazy not washing your hands. It is like so gross.	Not washing your hands is both disgusting and dangerous.
Now that's it. We're outa here.	Thank you for listening. If there are no further questions, then we'll finish.

演讲反馈——这些同学应该如何提高

（a）这名学生应该在发音上多下工夫，声音要比平时说话再洪亮一点、清楚一点。

（b）要让这名同学明白一点，那就是口语要比书面语更简单。

（c）这名学生需要再改进一下自己演讲的结构，可以使用一些指示性语言。

（d）大声朗读很容易让人感到无聊，而且也不易于理解。

（e）没有结语。

（f）演讲人可以用一幅图片来展示公司的架构。

（g）在使用PPT的时候，注意不要只是读屏幕上的文字，要和观众进行眼神交流。

（h）想一想观众是谁。要讲给谁听？他们对这个话题了解多少？

如何解决演讲中的这些问题

问题	解决办法
（a）	1. 想象一下你正在跟一个坐在教室后面的老人讲话，而且他还有点耳背，这样一来，你就会注意提高你的音量并努力说得更清楚一点。
（b）	2. 当你做练习的时候，把你的演讲情况录下来，然后听听自己的录音，看看自己是否说得足够清楚。
（d）	3. 试着用提示卡（一种小卡片，上面只有 3~4 个词）来做演讲。
（c）	4. 在各部分之间留出更长的停顿时间。
（b）（d）	5. 使用更多的重复，例如 "Let me say that another way..."
（c）	6. 用语调下降来标志一部分的结束。
（c）	7. 用语调上扬来标志新内容的开始。
（c）	8. 使用更多的语篇记号，例如 "Let me give you an example"；"My next point is about..."；"I'd like to move on to...now."
（b）（d）	9. 尽量使用简短的句子。
（b）（d）	10. 用更多的句子来表达同一个观点。

学生的综合评估经历

1. 积极；2. 消极；3. 后来是积极的；4. 中立；5. 积极；6. 积极。

Chapter 10

关于电子邮件的正面看法和负面看法

观点	正面看法	负面看法
阅读速度快	是的，阅读每一封邮件都很快。	但如果一个人每天要处理几十封邮件的话，就很麻烦了。
回复快捷	是的，特别是在需要立即回复的时候。	但如果没有标明邮件重要性的话，就很难说了。
态度友好	是的，只要学生能够使用礼貌用语。	但如果学生在邮件中使用的语言像是跟同学聊天的话，就不是这么一回事了。

（续表）

观点	正面看法	负面看法
意思清楚	是的，只要学生能在发送之前先好好检查一遍。	但如果写的时候很匆忙，同时又没有好好检查就急着发出去的话，就会很麻烦了。
节省时间	可以为学生节省很多时间。	但那些亲自去拜访老师的同学会给老师留下更好的印象。

面对面提出请求中需要思考的问题

1. 在我们采访的这几位老师中，除一位老师之外，大家都无一例外地说他们不会把书借给学生，因为通常把书借出去就很难再还回来了。不过，他们确实也说过，这样的请求会促使他们考虑跟图书馆探讨解决这个问题的办法，比如将这本书放在图书馆供学生阅读，不过不外借。

2. 所有受访的老师都认为由于身体原因而无法按时交作业的行为是可以接受的，特别是在有鉴定证明的情况下。

3. 没有一个老师会接受这样的请求。

4. 大家都说自己会认真考虑这种请求，只有一位老师认为应该在提出请求之前先给他一点时间看一下这名同学的成绩。

提出请求的语言

有哪些比较好的开场白

Sorry to be a nuisance but...

和许多其他的语言比起来，sorry（很抱歉）这个词在英语中更加常见。道歉可以说明你很尊重对方，承认自己可能打扰到对方的工作了。

Excuse me. Is it possible...

Excuse me 也可以清楚地表明自己知道对方很忙，现在说话可能会打扰到对方的工作。Is it possible? 这个句子更加抽象一点，要比用 you/I 的个人语气更弱。

This is just a small request.

这样会使请求听上去没那么重大，老师也更容易接受。这是个不错的策略。

Sorry I didn't make an appointment. Do you have a couple of minutes?

和上面的一样，也是先对自己打扰到对方工作的行为表示抱歉……a couple of minutes 相当于两三分钟，这样说会让老师更容易接受，即使所需要的时间可能不止两三分钟。

如何处理师生之间的对话

第一部分：对话

可以看出，这两段对话有很多的相似之处。

对话一

1. 老师跟他打招呼后，他没有回应，而是保持沉默。
2. 这名学生在说出自己的问题前等了太长时间。

对话二

这名学生来找老师的主要原因是自己对作业还有一点疑问。老师似乎也对此很纠结，因为她并不知道这名同学为什么要来找她，也不知道她想要什么。这名学生大概尝试了三次才说出了她想要问的问题，而且还用了10秒钟的时间，这对于老师来说是很长的一段时间，因为他们工作很繁忙，而且可能还有很多同学正在办公室外面等着进去问老师问题。老师也是尝试了很多次才最终知道这名学生是对自己的写作技能有一些疑问。

第二部分：向老师解释你的请求

原因	你会跟老师怎么说？
你想上一门你没有选的课程，因为你觉得这门课程比你已经选了的那门课更有意思。	"I'm really interested in your course on … Would it be OK to sit in on the class this week?"
你对讲座有一个疑问，但是你不想当着其他同学的面提出来。	"I really enjoyed your lecture… the other day. Can I ask you a question about something you said?"
你不知道作业应该怎么写。	"I am not exactly sure how to do the next assignment. I'm going to...（说说你的想法）. Does that sound right?"
你有一次作业的分数很低，但是你不知道老师为什么给你打这么低的分。	"Can I ask you about may last assignment? I didn't get a good mark but don't understand why."

让别人理解你说的内容

1.（1）这是一种很礼貌的开场方式，但是如果你不说出自己的名字，对方可能无法给你一个很好的答复。毕竟班上有那么多的学生，老师不可能认出你的声音，甚至还会以为你是刚刚他留过言的那个人呢。

（2）先报出自己的姓名是一个不错的方式，不过还要记住在说出自己要问的问题时留出一点停顿时间，老师可能会在听到整个问题之前先给你一些建议。

（3）让老师来决定这个问题是否紧急要更好一些，除非你的问题真的是非常重要。

2.（1）有的人很不喜欢听到挂断电话的声音，但也有人听到后会感到如释重负，因为这意味着自己什么都不用做了，所以很难给大家一个确切的建议。只要别每五分钟就打一次，然后再挂断就好。

（2）这样做不太好，除非你是高年级的同学。想象一下如果你是老师，有几十个学生让你给他们回电话，你会是什么感觉，你不可能一直守在电话旁边吧？而且大学也不会给你报销手机费。

（3）这是一个好想法。你还可以再补充说明一下自己会再打过来或者给他发邮件。

什么时候需要找班级代表谈谈

下面这几种情形都是一些个人问题，最好用其他方法来解决：

情形3："你觉得老师给你一个很低的分数是因为他不喜欢你。"遇到这种情况，如果你不想直接找老师谈，你可以和学生会的顾问联系（见Chapter 11）。注意：班级代表不负责处理骚扰案件。

情形4："你有一门考试不及格而且不知道为什么。"可以直接找你的老师谈谈。

情形7："对于你的某次作业，你需要更多的指导。"可以找你的老师谈谈或者向语言指导老师寻求帮助。

Chapter 11

你会去主动解决问题吗

把每道题的得分加起来算出总分。

（1）（a）1分（b）2分（c）3分（见Chapter 6）

（2）（a）1分（b）3分（c）2分（见Chapter 6和Chapter 8）

（3）（a）1分（b）2分（c）1分（见Chapter 10）

（4）（a）2分（b）1分（c）2分（见Chapter 8和Chapter 10）

（5）（a）1分（b）3分（c）2分（见Chapter 6）

（6）（a）2分（b）3分（c）2分（见Chapter 4）

（7）（a）3分（b）1分（c）2分（见Chapter 11）

（8）（a）2分 （b）1分 （c）3分（见 Chapter 11）

（9）（a）2分 （b）1分 （c）3分（见 Chapter 11）

现在根据你的得分看看相对应的建议：

9~13分

你更喜欢用自己的方式来解决学术问题，但是一遇到麻烦，你就会像鸵鸟一样选择把头埋进沙子里。如果你考了一个很低的分数，你要么选择逃避，要么会更加努力地学习，但却不会真正地思考一下应该怎样解决这个问题。这种方法也许以前很适合你，但有的时候最好能向别人寻求帮助，采取更加积极的方法来解决学术问题，否则情况是不会很快好转的。

14~21分

你更喜欢用感性的方式来解决学术问题。你会自然而然地思考一些事情，也会在采取行动之前先跟其他人谈谈这些问题。这是一种很好的策略——你确实对这些问题进行了思考，而且也给自己一定的时间来解决它们，还会向周围的人寻求帮助，但不管怎么说，你仍然是在处理自己所遇到的学术问题。

22分以上

你对学术问题的处理方式有点极端，往往会立刻采取一些过激的行为。虽然通过自己的努力来解决困难是一件好事，但是这种方法的不足在于你并没有从源头上解决它们。你应该再好好想想这些困难，可以和其他同学或老师交流，在采取行动前先听听别人的意见，否则将会带来更多的问题。